民营企业
法律顾问指南

张民元◎著

人民日報出版社

图书在版编目（CIP）数据

民营企业法律顾问指南 / 张民元著 .—北京：人民日报出版社，2019.1

ISBN 978-7-5115-5811-4

Ⅰ . ①民… Ⅱ . ①张… Ⅲ . ①民营企业－企业法－中国－指南 Ⅳ . ① D922.291.91-62

中国版本图书馆 CIP 数据核字（2019）第 006170 号

书　　名：民营企业法律顾问指南
作　　者：张民元

出 版 人：董　伟
责任编辑：周海燕
封面设计：墨航工作室

出版发行：人民日报出版社
社　　址：北京金台西路 2 号
邮政编码：100733
发行热线：（010）65369527　65369509　65369512　65369846
邮购热线：（010）65369530　65363527
编辑热线：（010）65369518
网　　址：www.peopledailypress.com
经　　销：新华书店
印　　刷：玉田县昊达印刷有限公司

开　　本：710mm×1000mm　1/16
字　　数：260 千字
印　　张：15.25
印　　次：2019 年 1 月第 1 版　2019 年 1 月第 1 次印刷

书　　号：ISBN 978-7-5115-5811-4
定　　价：58.00 元

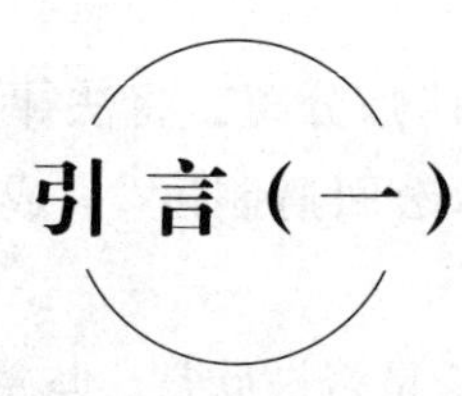

引言（一）

人之一生，从出生到终老，感谢父母、配偶、同学、同事的一路陪伴，人生欢乐、疾病、苦难、幸福，只因一路有你。

陪伴或许是人生的最高境界，无论生死，无论贫富，不管远近，忽略喜忧，只因有你，便会一路伴随。

法律顾问因护卫公平正义而生，虽不弄枪使棒，也非摇尾乞怜，但若你心中有正义，追寻公平的路途中，法律顾问便一路伴随。

也许你并不认识法律顾问，但他（她）们存在，并在人类生存的美丽空间处宣传演讲。

也许你聘请过法律顾问，但却弃他（她）们而去，法律顾问曾为你建章立制的硕果，即使躺在你不经意的角落，也仍在散发着公平正义之光。

也许你正跟法律顾问在一起，法律顾问正以其过人的法律智慧为你出谋划策，调纷止争。

也许你已将法律顾问纳入团队的一部分，深入团队，尽职调查，为你的团队绩效做出公止的考核与评价。

法律顾问，从诉讼律师队伍中分离出来的一支公平正义的陪伴者，为秩序而歌，为和谐而舞，为你心中的公平正义而无止境地陪伴。

笔者为寻求公平正义而投身为诉讼代理律师，历征沙场，尘土满天，无论胜与败，却总是充满忧伤。因为胜战时不能忍受对手落败的眼泪，而落败时不能忍受对方胜利者的矫情。其实公平正义的天平里，何为胜？何又为败？若法律人永远只能站在天平的一端，当你落下，却见另一端跷起；当你升起，却目睹另一端落幕。公平正义的天平里，是不是总有那么些惆怅，那么些忧郁，那么些失落！

当笔者卸下那身戎装，忘却那金戈铁马，徜徉在讲台、在车间、在群众中，宣传培训，建章立制，策划调解，评价考核。当笔者以群众的经验与智慧，回到群众中去之后，没有了唇枪舌剑，有的是平和而安详，有的是规范而有秩序。

笔者由此而感到多么骄傲，便异想希望能“天开”一个法律顾问的独立群体，将法律顾问与诉讼律师分离，将法律顾问与独立董事并轨，消灭诉讼，实现法律顾问的“诉讼回避制度”，成就一支“中立”而“独立”的法律顾问队伍。

本书稿便因此而生，无论是否被欣赏，均愿以此生之力尽无限陪伴。

中观法律顾问

目录

第一部分　法律顾问概述

第二部分　民营企业法律顾问服务的内容

第三部分　民营企业法律顾问服务的方法与程序

第一部分
法律顾问概述

第一章　法律顾问的定义与职责范围

第一节　法律顾问服务指导思想及概括性定义

法律顾问的定义有广义和狭义之分。广义的法律顾问是指所有非诉讼法律服务的统称，相当于英美法系的事务律师（solicitor）。

狭义的法律顾问仅指为政府、协会、企业和个人提供法律咨询、培训、策划、调解、评价与考核的律师或法律工作者。

本书中所讨论的法律顾问是指狭义的法律顾问，且只讨论为民营企业提供法律咨询、培训、策划、调解、评价与考核的法律顾问。

要明确法律顾问的准确定义，必须从法律顾问的指导思想、职责范围、职业定位、功能绩效等多个视角进行完整分析。笔者为了全面分解法律顾问的完整定义，援引曾经在中国律师网发表的多篇文章加以剖析，希望能让读者对法律顾问有一个全面而深刻的解读。

拓展阅读（一）:《为人们提供法律服务》

法律顾问指导思想是什么？这是个很严肃的话题，也是个非常书面化的用词。在这里，我想谈谈担任企业法律顾问的心态。

先举个例子，认识一位公司的老总好多年了，最初认识他时，我夫人还在新华书店上班，因为新华书店的员工每年都有挂历征订的任务，为了帮夫人完成挂历征订任务，我当时托朋友帮我介绍认识这个老总，因为有人介绍，所以给面子每年在我夫人所在新华书店征订挂历。征订了许多年之后，我夫人辞职当了全职太太，挂历征订任务便没有了。

我曾经连续三年向这位老总推荐我自己，每次见面老总都很客气，但提及聘请法律顾问的事，总是说："再说吧，现在公司也没什么法律上的事情，有事情一定聘你做法律顾问。"

跟老总认识有七年了，向他自荐法律顾问也有三年了，却没有任何成效，2007 年那年，那位老总突然打电话给我，要我去一趟他的公司，到公司见面居然二话没说，直接要求跟我签订常年法律顾问合同，而且主动提出来签十万每年的合同（连续三年来，我自荐的都是五万每年的合同类型）。等签完合同后，老总告诉我：在一次企业协会的年会上，老总遇到了我的一个老客户，他是一家集团公司的总裁，老总跟那位总裁是一个村子里的邻居，老总看到我的客户总裁从一家只有50万起家的制笔小企业发展成为现在的集团公司，并且担任区工商联的副主席，就问总裁是如何发展的。当我的客户总裁谈及公司的集团化改造以及产业链的设置时，总裁推荐了他的法律顾问，总裁跟我之间订立的是二十万每年的包干型法律顾问合同，我在他集团公司的身份相当于集团公司的总裁助理，公司所有的法律事务均由我率领的中观法律顾问团队全部承包处理，总裁完全可以不管法律上的事情。

这位老总回到办公室，就直接跟我打电话，神速地跟我签订了常年法律顾问合同。自我推销了三年时间，却顶不上总裁一句话，这就是客户推荐客户的效果与分量。

我举的这个例子听起来似乎跟心态没什么关系，但其实我要讲的是发展客户的心态，最初我一直所抱的心态是：该是你的，自然是你的，是你的客户跑不掉，不是你的客户你再怎么求也不会来。

这种心态看起来是消极的，但应该一分为二地去看待这种淡泊，如果我们抱着这种淡泊的心态去跟我们潜在客户打交道，就不会心里总想着要去赚他的钱，他不出钱我就不提供服务，如果给潜在客户一种不好的印象，潜在客户可能会远离你。你可能就永远失去了再次获得这个客户的机会。

再举一个例子。有一位老总，委托我处理一家房地产企业欠款2000万的事，当老总委托我的时候，那家房地产企业已经破产了，老总担心拿不回来钱，就主动提出要跟我签一个风险代理合同，并谈定了按收回款项5%作为律师代理费的奖励。后来我们中观法律顾问团队通过努力将2000万元全额收回了，老总却没有兑现承诺。在最初我是非常生气的，因为手里有风险代理合同，同事就建议我打官司，根据风险代理合同我可以讨回100万，在当时可以抵我半年的业务收入了。

但我选择了放弃诉讼，而是一如既往地继续为那位老总提供法律服务。

在这件事情上，我的想法的是：如果当时提起诉讼，我可以收回100万，但我与老总之间的关系从此就了断了。而且律师费要通过诉讼方式去追讨，我内心里觉得做律师做得太失败，律师费的获得应该是当事人自愿自觉地支付，才能体现律师服务的价值。

而从另一个方面来说，在这个案件发生之前，我跟这位老总之间一直都是签订的每年六万的合同，自从这件案件发生之后，这位老总可能在心理上也有些压力，就主动提出来将法律顾问费用提高到 20 万每年，至今我收 20 万每年的法律顾问费也已经超过五年了，总金额早超过了 100 万。

这个例子我是想说明提供法律服务的心态，律师提供法律服务必须收取律师费用，这是法律规定的，也是天经地义的，但律师在服务的过程中，不能将收钱作为唯一的目的，正如医生在治病时不能以收费作为唯一目的是一样。治病救人是医生的天职，法律救赎也是律师的天职。

我要举的第三个例子，还是关于企业老总的，我帮助一位公司的老总处理完一个员工集体讨薪的群体事件，在这件事情处理完之后，我被老总解聘了，解聘的理由很简单：公司经营非常困难，律师费已经付不起了。

在老总通知我解聘的消息时，我非常平静，并且承诺在一个月之内移交五年来我提供常年法律顾问服务的所有资料，老总也很客气，说："资料可以全部放在你那里，我这里有需要时可以找你来拿，不做顾问了咱们还是朋友"。

可在一年不到的时间，这位老总又迫不及待地打电话给我，见面就跟我说要重新续订合同，我有点不想续签了，就说："现在的情况跟以前不同了，如果要续签合同，我只能跟您签 20 万每年的常年顾问合同"。

那位老总手一挥："20 万就 20 万，公司再困难，律师费总付得起！"

原来在我离开的这一年里，公司发生了太多的事情，而那位老总委托的另外一位律师在处理几件大案件时又非常不顺利，好几个案件都输了，其中有一个 1000 万的案件，那位老总认为完全没有理由输的，结果仍然输了。所以他重新把我请回来，希望以后能够顺利一些。

这个例子说起来道理还是一样的：该是你的客户永远是你的，一定逃不掉的。

听了上述的这些例子和我的结论，您可能会给我下个结论：顽固不化的宿命论者！

但我并不这样认为，我认为这其实是一种境界，一种为客户提供法律服务的恬淡静无的高深境界，只不过我用宿命论的表达方式说出来，听起来更通俗些，也更容易接受些。如果我跟您说："我们要视金钱如粪土，无私无畏地坚持为人民服务，不计较报酬，不计较得失，做一个品德高尚的人。”您会觉得这些话好像很熟悉，却似乎又很陌生。

但您仔细比较一下：“该是你的就一定是你的，不是你的要也得不到”跟“无私服务、不计较报酬、不计较得失”是不是表达的其实是同一个道理呢？只不过一个被冠以宿命论的帽子，而另一个却被罩上了崇高的光环而已。

所以指导思想很重要，提供法律服务的心态是关键，只有抱着恬淡静无的心态（也就是为人民服务的高尚情操），才有可能平静地对待在提供法律服务过程中发生的任何公平或不公平的遭遇，也才有可能静下心来以应该有的方式发挥正常的智慧为人们提供法律服务！

拓展阅读（二）:《法律顾问的“权威解释”》

法律顾问是什么？如何定义，目前没有非常权威的解释，所以在这篇文章里，我来班门弄斧，来个带引号的权威解释。

解释法律顾问之前，先解释一下律师。

什么是律师呢？

首先，律师不是一个普通人。

什么是律师？不是读个法律本科，考出个法律执业资格，拿到律师执业证，就可以称之为“律师”，所拿到的本本仅仅只是代表有当“律师”的资格而已，就好比婴儿降临在这个世界上，就有了做人的资格一样，但要真正成为“人”，还至少需经过十八年的培养和教育，婴儿才能真正地成“人”。

律师是什么呢？古人云：“师者，传道、授业、解惑也。”那身为法律之师呢？当然是要传法律之道、授法律之业、解法律之惑。要能传法律之道，首先必须了解法律之精神，懂得法律之灵魂，精通法律之技能，掌握运用法律之能力；授法律之业的前提是必须在法律的理论和实践上有超出常人之能力，才能成为人之师，传授法律之业；若本身对法律之精髓未参悟透彻，又何来能力解普通人法律之困惑呢？

鉴于以上，本人认为：第一，律师并不是普通人，身为法律之师，在法律的空间领域里，律师是为普通人之师的，若律师将自己视为未进入法律之道的普通人，那就没有资格站在法律人的圈子里说话，也不配被普通人称之为“律师”。

第二，法律顾问并不是普通的律师，法律顾问无论是学识，还是能力都是在普通的律师之上的。所谓法律顾问，就是指法律领域的长者和前辈，是指在法律界学识渊博能力超群的资深法律人士。你有见过没有任何学识的人，敢在别人面前称“顾问”吗？你愿意找一个什么都不懂，或者了解得不够博大精深的人当你的“顾问”吗？

先来百度一下，“顾问”是什么？百度的解释是这么写的：“顾问是一个职位，泛指在某件事情的认知上达到专家程度的人，他们可以提供顾问服务，顾问提供的意见以独立、中立为首要。例如：政治顾问，军事顾问、国家安全顾问。

由此可以得出结论：并不是所有的律师都可以担任法律顾问的。法律顾问必须是律师中的人杰、律师中的专家、律师行业中的佼佼者、律师中学识渊博、经验丰富之人！

要做一名合格的法律顾问，没有深厚的法律功底，没有坚定的法律信仰、没有熟练的工作技巧和对风险的把控能力，没有法律的智慧和解决法律问题的灵感，没有百折不挠的精神和持久的战斗力，是不可能成为一名合格的法律顾问的。

作为一名头发已掉光的前辈，请允许我以颤动的手和滴血的心，来阐述我对法律顾问的理解和思维。

第一，法律顾问必须对法律充满敬畏，必须有坚定的法律信仰。法是有生命的，法从最初的罗马法出生到现在，在人类空间里存活已经几千年了。对于法律，是必须充满敬畏的。在现实中，你完全可以看到，不敬畏法律的人会有什么样的后果，任何一个国家、任何一个民族、任何一个团体、任何一个家庭都会有强大的国家机器、民族族规、团体意志和家法来捍卫法并制裁不敬畏之人。

身为法律人，进入法律的圈子，并且自认为是法律之师，却不敬畏和信仰法律，那是非常可悲的。若不信法律，却何必为难自己；若不敬法律，却何必勉强进入法律的圈子。人生来为自由之身，是可以选择自己所属的圈子的。

第二，法律顾问必须具有法律界的“超能力”。不是所有的律师都可以担任法律顾问，首先他必须是律师，然后还必须是律师中的专家，否则是不配法律顾问这个职位的。

一个法律顾问，必须什么法律都懂。客户遇到员工辞职，法律顾问必须精通人力资源方面的法律；客户单位员工打架或员工侵占公司货款，法律顾问必须精通刑事法律；老板的亲戚朋友要离婚或有财产继承，法律顾问得懂婚姻家庭法；公司的股东之间发生争议，法律顾问必须精通公司法。总而言之，法律顾问必须是“万金油”，得什么都懂，还必须样样都精通。

第三，法律顾问必须具备百折不挠的精神和超出常人的意志力。客户一般遇到法律问题，能自己解决的，肯定不会来找你；找普通一般的律师或法律工作者一次性就可以解决的问题，也没有必要花一年的顾问费来聘请法律顾问，法律顾问所接手的活，一定是而且必须是法律界的疑难杂症，老板来找法律顾问，是来看专家门诊的。

法律顾问的聘期一般在一年以上，也说明老板需要解决的问题并非可以在短时期内解决，一定是需要法律顾问持续的努力和坚持的抗争，许多难的案件可能会持续好多年，许多复杂的事件可能需要克服各种各样的困难。担任客户的法律顾问，必须给客户充分的信心，在法律界的领域，没有法律所解决不了的难题，只要我们秉持追求公平正义之精神，按照法律所指引的方向，坚持再坚持，努力再努力，法律是一定会彰显正义的。

总而言之，法律顾问的“权威”定义应该是：律师应该是法律的使者与导师，而法律顾问应该是律师的导师，是骨灰级的律师界精英和大师。

拓展阅读（三）：《法律顾问是所有非诉讼法律服务的统称》

一、法律顾问究竟是什么？

笔者在写了数十篇法律顾问的专业文章之后，仍有人在问我，法律顾问究竟是什么？所以笔者觉得有必要给法律顾问下个规范的定义，列个规范的框架体系与提纲，以正法律顾问的视听。

那法律顾问究竟是什么？

笔者的理解是：法律顾问是所有非诉讼法律服务的统称，是基于区别诉讼法律服务（诉讼或仲裁）而提出的一个总称类的概念。

也就是说，法律人提供的法律服务可分为两大类，一类为诉讼法律服务（诉讼或仲裁），另一类为法律顾问，而法律顾问服务又可以分为：综合性法律顾问（也称为常年法律顾问）、专业性法律顾问、专项法律顾问三种类型。

二、法律人可能不接受笔者对“法律顾问”定义的理由

笔者对“法律顾问”的“非诉讼法律服务的统称”的定义，许多法律人可能不会接受。

理由之一：笔者的定义为非法律规定的定义。

因为《中华人民共和国律师法》第二十八条规定：律师可以从事下列业务：

1. 接受自然人、法人或者其他组织的委托，担任法律顾问；

2. 接受民事案件、行政案件当事人的委托，担任代理人，参加诉讼；

3. 接受刑事案件犯罪嫌疑人的委托，为其提供法律咨询，代理申诉、控告，为被逮捕的犯罪嫌疑人申请取保候审，接受犯罪嫌疑人、被告人的委托或者人民法院的指定，担任辩护人，接受自诉案件自诉人、公诉案件被害人或者其近亲属的委托，担任代理人，参加诉讼；

4. 接受委托，代理各类诉讼案件的申诉；

5. 接受委托，参加调解、仲裁活动；

6. 接受委托，提供非诉讼法律服务；

7. 解答有关法律的询问、代写诉讼文书和有关法律事务的其他文书。

从第二十八条规定可以看出：律师从事的业务中第 1 项是法律顾问，第 6、7 是非诉讼，第 2、3、4、5 均为诉讼（含调解或仲裁）。

而且《律师法》第二十九条规定：律师担任法律顾问的，应当按照约定为委托人就有关法律问题提供意见，草拟、审查法律文书，代理参加诉讼、调解或者仲裁活动，办理委托的其他法律事务，维护委托人的合法权益。

从第二十九条规定可以看出，法律顾问的职责也包括代理参加诉讼、调解或仲裁活动。

所以，法律人会说，笔者对法律顾问的定义与《律师法》的精神不一致。

理由之二：笔者的定义本身就在挑战法律人的职业边界。

笔者也深知，正因为《律师法》对于“法律顾问”的定位边界非常模糊，从《律师法》第二十九条规定的职责来看，“法律顾问”无所不能，是万金油型的法律服务人员，诉讼、调解、仲裁、非诉讼一肩挑了。所以可能从业了一辈子的法律人，也会质问：“法律顾问究竟是什么？”

笔者说“法律顾问是所有非诉讼法律服务的统称”，这个定义许多法律人不会接受，更重要的原因是：这个定义会抢夺许多正在执业中的法律人的饭碗。如果“法律顾问”定位是提供非诉讼法律服务的执业人员，那就意味着许多正在担任政府或企事业单位法律顾问的执业律师，就不可以承接诉讼、仲裁业务了，这对于法律人来说，是一个巨大的职业挑战。

三、法律顾问职业要发展，就不得不“割肉”。

法律顾问立法上定义的边界模糊，导致的必然结果就是：（1）担任法律顾问，就意味着要承担所有的法律服务，无论上班或者休息，无论白天或黑夜，而且法律顾问没有拒绝服务的理由，委托人的理由非常充分："因为你是我的法律顾问"；（2）委托人聘请法律顾问，就相信法律顾问可以解决所有的法律问题，任何一件极小的法律事务若服务不到位，可能会导致委托人的不信任甚至被解聘，因为委托人也会学习《律师法》，法律规定"法律顾问就是要承担所有的法律事务"。

对于法律顾问立法上的边界模糊，许多法律人都明知，专家学者也可能知晓，但没有人站出来为法律顾问呐喊，也没有学者呼吁"法律顾问要立法"，是因为这涉及所有法律人的执业利益，如果法律顾问立法，对于法律人来说，是必须要"割肉"的。

现实中的执业状况是：知名教授不仅承接全国知名的大案要案，而且也接受聘请担任知名企业的法律顾问；资深律师承接大案要案能提升知名度，担任知名企业的法律顾问也是一种崇高的荣誉；刚出道不久的执业律师若能担任企业法律顾问，本身就为其获得了稳定的诉讼案源；即使是退休的法官、检察官在其离任不满三年的时间里，担任法律顾问也是不用回避的。

四、十八大提出的"普遍建立法律顾问制度"其根本要旨是"建制度"，而不是普遍聘请法律顾问。

现实中的"法律顾问一肩挑"存在其合理性，也是现实法律服务实践的行业必需，但笔者在专业从事了近二十年的法律顾问业务之后，却希望建立"法律顾问的诉讼回避制度""法律顾问的司法调解制度""法律顾问的绩效考核制度"，就是希望社会能实现法律服务的专业化分工，将诉讼律师与非诉讼的法律顾问区分开来；将法律顾问的司法调解权从人民法院的法官手中分离出来；让法律顾问能够作为中立的第三方成为诉讼律师和管理者法治管理绩效的考核者。有效的社会分工，才能带来有效的法制治理；合理的专业化调整，才有可能带来和谐的法律执业，也才有可能提升法治管理的综合绩效，真正实现各尽其能、各司其职的法治管理综合秩序。

笔者个人认为：法律顾问的正确定义应该是"法律顾问是所有非诉讼法律服务的统称"。这是我们所有法律人应该去为之努力的方向，我们的崇高职责就是推动法律顾问的立法，为法律顾问正名。

第二节　法律顾问的职责范围

法律顾问的职责范围在现实中也是非常模糊的概念，现实法律服务实践中从事法律顾问业务的律师往往不清楚法律顾问具体应该服务什么样的内容，聘请法律顾问的企业单位也不知道法律顾问可以提供哪些法律顾问服务。

笔者在本书中，将民营企业法律顾问的职责范围界定为服务涉及民营企业生存与发展的四大核心要素（知识产权、公司治理、资产管理、人力资源）；服务民营企业日常经营的四大管理体系（信息体系、合同体系、制度体系、档案体系）；服务民营企业持续经营的两个风险管理落脚点（风险控制与应急管理）。笔者界定的民营企业法律顾问的职责范围是根据笔者从业经验总结而来。而法律顾问职业包罗万象，包括政府法律顾问、行业协会法律顾问、企业法律顾问、家庭法律顾问和私人法律顾问等多种类型，不同行业的法律顾问所服务的范围和职责权限也均不一样。

为此，笔者只能从法律顾问服务方法的角度给法律顾问圈定一个比较模糊的职责范围，即为委托人提供法律咨询、法律培训、辅导与建制、策划与调解、评价与考核等综合性的非诉讼法律服务。

为进一步明确法律顾问的职责，笔者以在中国律师网公开发表的相关文章来阐述法律顾问的职责范围与服务内容。

拓展阅读（一）:《法律顾问的职责》

我在讲课的时候，有许多年轻的律师问我："张老师，法律顾问应该为顾问单位提供什么样的法律服务呢？我们每次跑到顾问单位去了，公司管理人员都很忙，没有时间来接待我们，我们也找不到事情做，顾问合同到期后，也没有积极性去续签合同，该怎么办呢？"

当时我的回答是："没事找事呗！"

年轻律师都一脸迷茫：没事找事的前提是客户单位必须给你找事的机会，其次，你还得有机会找到有价值让法律顾问来干的事情。

根据我十八年的法律顾问服务经验，"没事找事"还确实是我提供法律顾问服务的经典要旨。因为客户单位的管理层都很忙，除了紧急和突发性的重大事务，公司管理层可能会想到法律顾问，平时日常工作事务，公司管理层都自行处理了，很少会想到办理任何事情前都先去咨询法律顾问，所以，如果一个法律顾问没有学会"没事找事"，可能客户单位顾问合同到期后"就没你什么事了"。

下面我便来分享一下"没事找事"的学问与经验：

一、法律顾问该找什么事做

一般客户单位的法律事务，无外乎四个板块，两个支撑。四个板块是客户单位法律事务的范围，包括知识产权、公司控制权、资产、人力资源。也许有许多法律人会发问："企业单位那么多的法律事务，你为何只用这四个板块就将企业单位的法律事务全部概括了？"我先打个比方：知识产权好比企业的大脑，是企业生命力和生产力的指挥棒；公司控制权是企业的咽喉和心脏，直接关系到企业的生存和整体系统的协调运转；资产好比企业的五脏六腑，是企业的主体部分；而人力资源好比企业的双腿，是企业生存的支撑点和运动力。至于企业的其他法律事务，其实都是这四个板块延伸出来的，这四大板块的法律关系理顺了，其他的法律事务也自然顺风顺水了。

两个支撑呢？两个支撑我将它比喻为企业的两只脚，左脚是"风险"，右脚是"应急"。为何要将风险和应急比喻为脚，因为脚如果站不稳，企业就倒了，风险和应急事项如果处理不到位，主体结构再坚固，企业也无法立起来。

四个板块，两个支撑，虽然不能构成企业的全部法律事务要素，但囊括了企业的核心法律要素及法律事务主体，这六个方面法律顾问能够把控到位了，法律顾问对企业的服务也就到位了。

图 1：

二、法律顾问从哪里去找事做

前面明确了法律顾问的服务范围包括四个板块、两个支撑，可这六个方面还是有点抽象，看不见摸不着，法律顾问到客户单位后如何去找到这些点呢？

任何本质的东西都会以一定的形式存在并展现，关键问题在于当那些形式的载体从你身边飘过的时候，你能不能从这些形式要素里发现真理。

对于一个企业来说，体现其生命主体的形式要素也无外乎四种载体：信息、制度、合同、档案。同样用人体的比喻来形容这四种载体，信息好比眼耳鼻舌身等各类知觉感觉器官，制度是企业的骨架和经络，合同是企业的双手（对内对外联络的手段），档案是企业生存所留下的痕迹（便便和脚印）。

这四类载体都存在于公司的各类媒介之中，法律顾问进入公司之后，就一定可以在任何角落发现这些载体的存在，法律顾问进入公司后的最初要务，便是发现并整理这些载体，并且以你的法律专业知识和专业能力对这些载体进行分析和判断。

图 2：

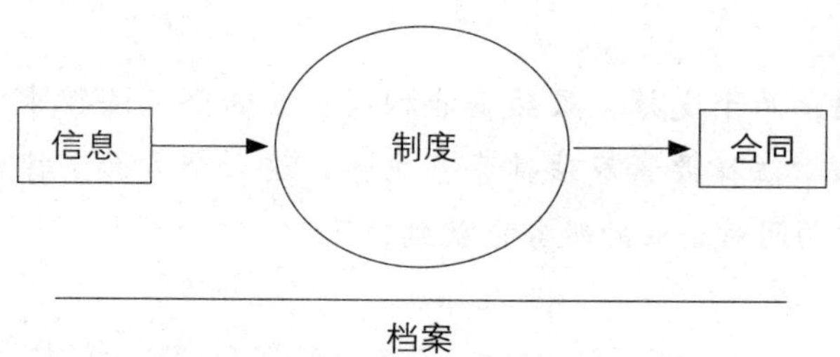

三、法律顾问用什么方法去找事做

明确了提供法律顾问服务先要发现并分析信息、制度、合同、档案四大载体，那如何入手呢？医生看病有望闻问切，法律顾问为企业把脉也一样是“望闻问切”，只不过，我们法律人用了一些法律词汇，叫“法律体检”或“尽职调查”。法律体检也好，尽职调查也罢，其方法就是顺着企业的四大载体，找到企业的四大板块和两个支撑，发现问题、提出问题、分析问题、然后解决问题，这便是法律顾问工作最基本的方法和最原始的技巧。

下图以知识产权法律服务为例：

图 3：

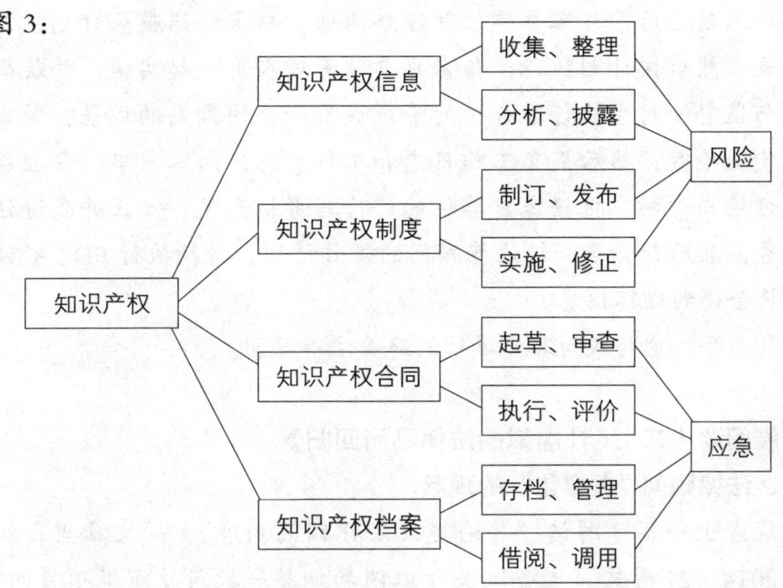

对于法律顾问提供人力资源、公司控制权、资产等板块的法律服务时，也是从信息、制度、合同、档案四大载体入手，通过一定的法律技术和方法，发现风险，建立应急处理机制，在此不再赘述。

四、法律顾问找到事之后如何做

前三部分提出“找事”的方法与途径，当法律顾问发现问题之后如何发挥一名专业法律顾问的能力呢？

方法：PDCA

P（Plan）定计划、D(Do) 执行、C(Check) 检查、评价、A（Action）监督与修正。

图 4：

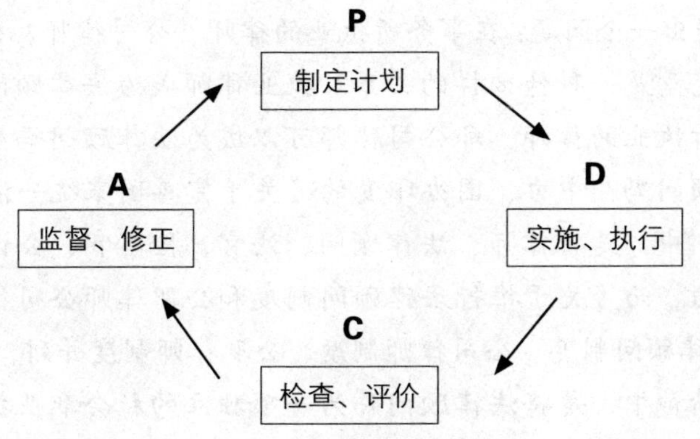

找到问题之后，与客户单位管理层沟通，确定法律服务计划，制定计划进程表，然后按计划执行，与客户单位管理人员一起实施，并获得高层的支持与监督，对于执行过程中的阶段成果和合同期内的成果，首先进行自我评价与检查，然后提交工作日志和工作总结，向客户单位管理层汇报并接受评价与考核，根据客户单位的评价与考核意见，修正并改进法律顾问的服务，然后开始下一轮法律顾问的工作计划，持续执行PDCA，法律顾问合同将会得到循环往复。

年复一年，您将成为客户单位的终身法律顾问。

拓展阅读（二）:《让虚拟的法律顾问回归》

一、法律顾问“虚拟化”的现状

在笔者上一篇《解读“普遍建立法律顾问制度”》的文章里，提及在国发（2014）27号文《国务院关于取消和调整一批行政审批项目的决定》将企业法律顾问资格考试取消之后，中办、国办后续又发布了《关于完善国家统一法律职业资格制度的意见》、《关于推行法律顾问制度和公职律师公司律师制度的意见》。笔者认为，法律顾问作为一项职业有不清晰之处。

（一）主体身份不清。根据现有的法律文件规定，法律顾问的主体身份被虚拟化了，处于一种非常真实却又难以准确定位的状态。政府机关聘请法律顾问，政府法律顾问的身份与公职律师的身份难以界定；企业聘请法律顾问，企业法律顾问的身份与公司律师的身份难以界定；执业律师接受政府机关或企业的聘请担任法律顾问，法律顾问的身份与执业律师之间的定位也是非常模糊。

笔者曾提出一个问题：在事务所执业的律师、公司律师、公职律师与法律顾问之间究竟是一种什么样的关系？执业律师成为法律顾问，其身份仍然是在事务所执业的律师，那公司律师可以成为法律顾问吗？公职律师可以成为法律顾问吗？中办、国办印发的《关于完善国家统一法律职业资格制度的意见》中，是将律师、法律顾问、法官、检察官、公证员作为不同的职业并列的。而《关于推行法律顾问制度和公职律师公司律师制度的意见》，又将法律顾问制度、公司律师制度、公职律师制度并列，很显然中办、国办的文件精神中，是将法律顾问作为一项独立的社会职业提出来的，但其主体身份却没有任何文件加以界定。

（二）权限职责不清。执业律师、公司律师、公职律师、法律顾问都是法律职业人员，如果在一个社会单位中这几类法律职业人员同时并存的时候，各类法律职业人员的权限职责就非常模糊。比如：在一家国有企业中，可能同时存在聘请执业律师代理诉讼或非诉讼法律事务，聘任公司律师为企业提供法务管理和处理日常法律事务，聘请法律顾问担任企业常年法律顾问，可能还同时存在公司法务人员，那这四类法律职业人员如何分工呢？现实的状况可能是：执业律师所代理的非诉讼业务与公司律师、公司法务人员处理的日常法律事务，与法律顾问提供的法律顾问服务可能是完全交叉的，很难界定他们之间的分工与责任范围。

即使在国家大力推行“普遍建立法律顾问制度”的热潮中，许多投身于“法律顾问”事业的法律人，也不知道“法律顾问”的权限职责究竟是什么，只是茫然地响应号召，顺其自然地就成了“法律顾问”，至于如何“顾问”，却可能处于迷茫状态。

（三）组织归属不清。根据现有的法律职业的框架体系，社会执业律师均属于中华全国律师协会的会员，归属全国律师协会行业管理序列；公司律师应该属于企业员工，归属企业行政管理，公职律师应该属于公务员序列，归属国务院的公务员管理序列。而法律顾问呢？目前没有任何规定，法律顾问既不属于全国律师协会的行业管理序列，也不属于企业的行政管理序列，也不属于国务院公务员管理序列，法律顾问的体系归属处于模糊状态，呈现出一种虚拟化的状态。

二、法律顾问回归“现实化”框架

（一）法律顾问的主体身份定位

对法律顾问的主体身份定位，首先要解决的是法律顾问的职业资格准入制度及执业资格许可制度。中办、国办印发的《关于完善国家统一法律职业资格制度的意见》已经将法律顾问并入国家统一法律职业资格考试序列之中，法律顾问的职业资格准入制度已经有了定论。但目前对于法律顾问的执业层面，并没有规定相应的执业许可制度。法律人在通过考试取得统一法律职业资格证书之后，如何才能开始法律顾问执业，目前没有任何文件加以规范。笔者认为：建立法律顾问执业资格准入制度已提到议事日程。笔者建议的框架是：A. 法律顾问执业的前提必须是取得国家统一法律职业资格，从事法律相关职业满五年之后，方可申请取得法律顾问执业资格。其理由笔者在《法律顾问的“权威”解释》一文中已详尽阐述：法律顾问不是普通人，也不是普通的律师，而必须是律师的导师，法律职业中的精英人物，因为法律顾问是“万金油”型的法律人，从事的是关乎聘请主体单位生存风险和重大利益决策的独立判断和中立性的见解，并非一般的普通法律人所能担当。B. 取得法律顾问执业资格的人员可以是在律师事务所执业五年以上的执业律师，也可以是从事法官、检察官、公证员、仲裁员五年之后离职或退休的法律职业人员。C. 法律顾问执业资格的取得应该向法律顾问的行业管理机构“法律顾问协会”提出申请，经“法律顾问协会”按章程和行业规定的办法考核合格后，经“法律顾问协会”注册登记，方可从事法律顾问执业，并在执业过程接受“法律顾问协会”的后续教育培训和执业监督管理。

（二）法律顾问的执业权限及职责范围

笔者在《法律顾问的职责定位》一文中阐述了企业法律顾问的职责定位。在本文中，笔者再次强调：法律顾问的执业职责不同于公司律师、公职律师和从事非诉讼业务的社会执业律师。从社会分工的定位来说：公司律师、公职律师和从事非诉讼业务的社会执业律师，所承办的是聘任单位的具体法律事务，是微观的，而法律顾问执业的职责，是对聘任单位的法律要素和法律风险提供独立性、中立性的判断，并提出宏观的决策指导意见和建议。从执业特征上来说：法律顾问是局外人，其判断和建议带有独立性和中立性，不受聘任单位的利益纠结和行政管理的影响，法律顾问的判断水平和执业能力接受社会公众的监督与评价。而公司律师、公职律师和从事非诉讼业务的执业律师均是聘任单位的内部人，其执业或提供服务的利益与聘任单位之间是绑定的，其执业或提供服务的质量与效果直接受到聘任单位的考核、制约与监督。

（三）法律顾问的组织归属

法律顾问作为一项独立的法律职业，应该有其特定的组织归属，而不是以虚拟化的方式存在于各类法律职业共同体之中。现实的状况是：只要是法律人，都可以成为法律顾问，都可以提供法律顾问服务，但实际从事的法律顾问事务却没有任何一个法律职业的组织可以来规范和管理，所以法律顾问被“虚拟”化了。笔者建议的框架是：建立健全“法律顾问协会”行业组织，由“法律顾问协会”对法律顾问执业的申请、注册、管理、考核、监督等实施行业管理，提升法律顾问的服务能力，强化法律顾问的专业管理。

三、法律顾问回归现实的具体路径

（一）法律顾问的主体身份定位需要立法

法律顾问作为一项法律职业，存在其特殊性，在一定程度上体现了中国特色的社会需求。在英美法系为主导的西方立法体系中，法律作为体现统治阶级意志的国家机器，其主要出发点是维护私人财产权，作为以私人财产权保护为核心的法律体系框架，西方法律人的工作重心也是以维护当事人的私有财产权为天职，而在以公有制为主体的国家，维护私人财产权只是法律体系中的一部分，公有制经济体制下的法律人核心工作任务是维护国家利益和社会公共利益，维护社会的公平正义才是法律人的核心工作职责。而法律顾问职业作为维护社会公平正义的一支重要力量，必须以立法的方式来确认其主体身份和地位。正如法官、检察官、律师都有相应的《法官法》《检察官法》《律师法》一样，解决法律顾问的主体身份和社会定位问题，必须通过相应立法才能实现。

（二）法律顾问的工作职责范围需要通过订立“标准”来实现

在党政机关和行政部门，政府法律顾问做什么、公职律师做什么、政府机关法制工作人员做什么，都应该有明确的分工。在企事业单位，企业法律顾问处理什么事务，公司律师处理什么事务，公司法务人员处理什么事务，均应该有明确的岗位职责。现实的状态下，法律顾问干着公司法务人员的活，公司法务又在履行法律顾问的职责，这种状态必须改变。改变的有效路径，便是标准化，通过建立企业标准、团体标准、地方标准、行业标准、国家标准等各种标准的形式，将法律顾问的工作职责标准化，明确各自的分工，做到岗位明确，各司其职。

（三）“法律顾问协会”的建立需要政府引导

法律顾问的管理应该通过在全国设立“法律顾问协会”、各个省市设立“法律顾问协会地方分会”的方式来实现，但在目前法律顾问主体身份定位不明，权限职责划分不清的状态下，依靠法律顾问从业人员自发组织成立行业协会，几乎是不现实的。现实状况下的许多法律顾问协会，均不是按照中办、国办的指导意见来建设的，许多行业协会仍在传统的法律顾问体制框架下运行，有许多法律顾问协会的会员均不属于取得统一法律职业资格的法律人。许多协会之间也没有统一的管理规程，而是各行其道，各自为阵。因此建立统一的全国性的“法律顾问协会”便成为当务之急，且必须在政府的引导下按章建设，才能保证协会的管理能力，才能实现协会的规范管理职能。

总而言之，笔者认为：法律顾问作为维护国家公平正义的一支重要队伍，不能被虚拟化，也不可以被边缘化，法律顾问制度应该在国家规划的指导下，有组织有计划地建设并推进，而不是简单地在每个单位和组织配备一个“虚拟”的法律顾问职位，若法律顾问成为“摆设”，国家的公平正义便是空想。

第三节 法律顾问的制度体系及功能定位

任何职业不可能孤立存在，也不可能独自成为一种市场主体，作为一项社会功能定位的职业体系，应该以完整的制度体系关联性地存在并持续发展，因此法律顾问的定义离不开其完整的制度体系，法律顾问只能以完整的制度体系存在，才有相应的生命力和持续的发展空间。因此定义法律顾问，不能离开其制度体系而孤立解读。

法律顾问服务应该实现什么样的目的与效果，这是法律顾问服务实践必须研究和面对的课题，也是对法律顾问完整定义的前提。

法律顾问服务的功能绩效是什么，应达到什么样的目标和实现何种效果，笔者援引中国律师网的相关文章予以解读。

拓展阅读（一）:《解读“普遍建立法律顾问制度”》

十八届三中全会提出“普遍建立法律顾问制度”，笔者看到一种社会现象：在十八届三中全会之后，法律顾问遍地开花，上至政府部门，下至村社集镇，普遍聘请法律顾问。作为一名专业从事法律顾问实践探索十八年的法律人，笔者在欣喜之余，却在杞人忧天地关心国家财政是否因为法律顾问的如此普及而增加了巨大的一笔财政投入，其投入与产出是否成正比的问题。

虽然笔者提出如此奇妙的问题，确实有杞人忧天的嫌疑，但全国上下如此广泛地突增大量的法律顾问，对于财政支出来说，应该是一笔不菲的开支，而且笔者认为：这种普遍聘请法律顾问与十八届三中全会提出“普遍建立法律顾问制度”之间，还是有很大一段距离的。

十八届三中全会提出的“普遍建立法律顾问制度”，是作为一项基本国策提出来的，并且是深思熟虑的。“普遍建立法律顾问制度”包含了四个关键词和两个基础含义。四个关键词为“普遍”“建立”“法律顾问”“制度”；两个基础含义为：（1）普遍法律顾问；（2）建立制度。

“普遍法律顾问”是浅层次的，也是最基础的要求，而“建立制度”是深层次的，才是“普遍建立法律顾问制度”的应有之意。对于“普法”层面，大多数政府机关和企业都意识到了，并且积极响应号召，正在全面推广，笔者不再详述，笔者在此文谈谈建立制度。

一、法律顾问制度的建设历程

中国律师制度起源于1912年《中华民国律师暂行章程》，但民国时期，笔者没有查询到有任何法律条文对“法律顾问”加以规定或解释，“法律顾问”在民国时期并非一个独立的词，而是由“法律”和“顾问”两个词组表达了一种称谓，即从事法律事务的顾问。在民国时期的“法律顾问”与其他的如“投资顾问”“理财顾问”“健康顾问”等并没有什么区别，都是“顾问”，只是顾问的内容不同而已。民国时期出现的“法律顾问证书”，也只是大律师签章颁发给客户的一种证明，证明某某大律师担任某某客户的“顾问”，凡涉及某某客户的法律事务均由某某大律师来处理。

新中国恢复律师制度是1980年8月26日颁布的《中华人民共和国律师暂行条例》，该条例第二条规定：“律师的主要业务如下：（一）接受国家机关、企业事业单位、社会团体、人民公社的聘请，担任法律顾问”。根据笔者的检索，这应该是“法律顾问”在中国法律条文中的正式出现，但“法律顾问”仍然只是个称谓而已，即仍然只是提供法律服务的“顾问……”

1997年3月，人事部、原国家经贸委和司法部联合颁布了《企业法律顾问执业资格制度暂行规定》，国家经济贸易委员会1997年5月3日颁布了《企业法律顾问管理办法》，1999年3月18日，国家经济贸易委员会颁布了《企业法律顾问注册管理办法》，这几项法律文件标志着中国企业法律顾问制度基本建成，企业法律顾问不再仅仅是一项称谓，而提升为一项“职业”。但国发（2014）27号文《国务院关于取消和调整一批行政审批项目的决定》将企业法律顾问资格考试取消，企业法律顾问制度走入交叉路口。

2015年12月，中共中央办公厅、国务院办公厅印发了《关于完善国家统一法律职业资格制度的意见》，明确提出：“担任法官、检察官、律师、公证员、法律顾问、仲裁员（法律类）及政府部门中从事行政处罚决定审核、行政复议、行政裁决的人员，应当取得国家统一法律职业资格”。在该《意见》中，将法律顾问与法官、检察官、律师、公证员、仲裁员并列，确定为统一法律职业资格人员。

2016年6月，中共中央办公厅国务院办公厅印发《关于推行法律顾问制度和公职律师公司律师制度的意见》，该《意见》将法律顾问、公职律师、公司律师三项制度分别列项区分并提出建设指导意见。

从以上法律顾问制度的发展历程来看，2015年《关于完善国家统一法律职业资格制度的意见》才将法律顾问作为一项独立的“职业”重新提出来，显然，法律顾问制度的建设才刚刚开始。

二、法律顾问制度将何去何从?

法律顾问作为一项独立的“职业”正式确立了，但“法律顾问”与法官、检察官、律师、公证员、仲裁员均完全不一样，前述这些法律职业在新中国成立之后，已经历从制度的建立到完善，从改革到成熟的发展阶段，而法律顾问制度在某种意义上还不成熟。

比如:《关于完善国家统一法律职业资格制度的意见》明确法律顾问必须经过统一的法律职业资格考试，考试合格人员取得的是“法律职业资格”证书，那如何才能成为法律顾问呢?

如果一个法律人通过“法律职业资格”考试，到公司去从事法律工作，他的身份有可能是“公司律师”，而如果到政府部门去工作呢，他的身份可能是“公职律师”，到律师事务所去工作，他的身份是“律师”，到法院工作是法官，到检察院工作是检察官，到哪儿去执业才是“法律顾问”呢?

而且同样为公司提供法律服务的人员，谁的身份是企业法律顾问，谁的身份是公司律师呢?同样为政府部门提供法律服务的人员，谁的身份是政府法律顾问，谁的身份是公职律师呢?“法律顾问”与“公司律师”和“公职律师”应该有一定的区别。

以上这些问题，成了一个应该思考也必须思考的课题。

三、法律顾问的制度体系

根据中共中央办公厅、国务院办公厅印发的《关于完善国家统一法律职业资格制度的意见》《关于推行法律顾问制度和公职律师公司律师制度的意见》(以下简称两个意见)的精神，法律顾问制度的体系框架应该是如下结构的:

法律顾问制度体系一般包含指导思想、目标、原则、运行与流程控制、评价考核、监督改进等几个方面。

(一)法律顾问制度的指导思想:普遍建立法律顾问制度，通过法律顾问对主体单位的引导、培训、建议、评价、考核等工作方法，让主体单位的决策、执行、后续服务均符合法律规定的精神。

（二）法律顾问制度的目标：为主体单位决策、执行、服务提供法律意见、法律评价，引导主体单位合法运营，有效避免法律风险。

（三）法律顾问制度的原则：独立性原则、中立性原则。

（四）法律顾问制度的运行与流程控制：包括：法律顾问的入职资格、执业许可、工作责任范围、工作方法等。

A. 法律顾问入职资格：根据“两个意见”的规定，应通过统一法律职业资格考试；

B. 法律顾问执业许可：目前未规定，但笔者认为：法律顾问应该从执业律师、退休（离职）法官、检察官、公证员、仲裁员中选任产生，并应规定从事律师、法官、检察官、公证员、仲裁员一定年限之后，通过相应的考试或考核才能取得法律顾问执业资格。

C. 法律顾问的职责范围：法律顾问的职责包括：四个板块，即知识产权、控制权、资产、人力资源；两个支撑，即风险与应急。

D. 法律顾问的工作方法：内容较多，笔者将在以后的文章中阐述。

E. 法律顾问的评价与考核：包括评价机构、评价标准、评价指标、评价与考核方法、奖励与惩罚制度等。

F. 法律顾问的监督与改进：包括监督机构、监督原则、监督方法、改进计划与方案等。

其他内容笔者不想再展开，本文重点在于阐述“普遍建立法律顾问制度”的正确解读与实践探索，希望阅读者能正确理解十八届三中全会提出的“普遍建立法律顾问制度”的真实意义，不是把“普遍”理解在聘请法律顾问的数量上，而是将“建立制度”作为“普遍”的理想目标和实践导向。

第二章　法律顾问的分类与企业法律服务相关方关系

第一节　法律顾问的分类

一、法律顾问根据服务方式的不同，现实法律实践中通常分为：常年法律顾问、专业法律顾问、项目法律顾问。

常年法律顾问是指为客户提供长期的综合性的涵盖服务对象所有法律事务领域的法律服务方式。专业法律顾问是指为服务对象提供某一个专业领域的法律咨询与法律帮助，比如：知识产权法律顾问、人力资源法律顾问、合同管理法律顾问、风险控制法律顾问等。项目法律顾问是指为某个专项的事务，在一定期限内为完成该项目阶段性的工作任务而提供法律咨询与法律帮助的服务方式。比如：IPO企业上市法律顾问、房地产某楼盘法律顾问、企业并购重组法律顾问、企业破产重整（清算）法律顾问。

二、法律顾问根据服务对象的不同，实践中又可以分为政府法律顾问、行业协会法律顾问、企业法律顾问、家庭法律顾问与私人法律顾问。

政府法律顾问，是指接受国家机关、政府部门的聘请，担任政府机关法律智囊，为政府立法、决策、执法等政府公务行为提供法律意见的专职（公职律师）或兼职（社会律师）法律服务提供者。政府法律顾问包括党政机关、政府部门、乡镇人民政府和事业单位、国有企业单位的法律顾问。行业协会法律顾问，是指接受行业协会社团和各类组织聘请，为组织提供法律意见和法律咨询的服务人员。企业法律顾问，是指接受企业公司聘请，为公司企业经营决策、日常经营管理、风险控制等法律事务提供法律咨询和法律策划的律师。家庭法律顾问，是指为家庭提供家事财产传承、纠纷调解等法律服务的法律专业人士。私人法律顾问是指为社会名流、知名人士、演艺工作人员等个人提供人身、财产、名誉、社交圈等涉法事务提供服务的人员。

本书中所提及的企业法律顾问均指为民营企业提供法律咨询与策划

的律师，并不包含为国有企业、事业单位提供服务的法律顾问，也不包含企业内部录用的专职从事法律事务管理的企业法务人员，更不包含企业为决策需要聘请的高校或科研机构的学者、研究人员兼任的决策顾问或管理顾问。

本书所提供的标准文本也仅适用于民营企业的法律顾问服务，虽然相关的服务流程和方法可以为其他对象的法律顾问所参考，但鉴于服务对象的特殊性决定了法律服务的范围和方法以及评价指标完全不相同。

第二节　企业法律顾问与企业法律服务相关方关系

本书中将企业常年法律顾问与企业为法律纠纷而聘请的个案代理律师区分开来，意在建立现代公司企业诉讼代理制度和法律顾问诉讼回避制度，本书中所阐述的企业常年法律顾问是一个相对独立的法律服务群体，与企业法务和诉讼代理律师存在分工协作的专业划分与职责划分，并各自承担不同的岗位责任。

一、企业常年法律顾问与企业法务的区别

企业法务是由企业招录，在企业法律事务岗位上就业的内部管理人员，其编制属于企业员工，由企业缴纳社保并与企业存在劳动合同关系，其职责是负责企业涉及法律各项事务的管理与协调，承担的是企业内部具体的法律事务。

企业常年法律顾问是企业外聘，为企业提供宏观决策和企业管理咨询意见的律师。企业常年法律顾问是律师群体中专业从事非诉讼法律服务的专业执业律师，属于中华全国律师协会注册并管理的执业律师，其职业群体相当于英美法系的事务律师。

之所以要将常年法律顾问与企业法务加以区分，是因为在现实生活中常年法律顾问与企业法务之间存在大量的执业交叉，甚至有许多企业老板把担任常年法律顾问的律师视作企业法务来指派工作，导致的结果是常年法律顾问承揽了企业法务大量琐碎的事务，而宏观决策与宏观管理的本职工作却无暇顾及，造成了本末倒置。

将常年法律顾问与企业法务加以区分的另一个重要理由是为了完善企业法律事务的执业分工体系，发挥各个执业群体的优势，专业分工，各司其职。对于企业法务而言，因为专注于一个公司的内部法律事务，会站在

企业内部管理者的角度维护企业利益，在企业内部法律事务的处理上侧重于管理与执行公司决策层的意志。而企业常年法律顾问作为来自企业外部的社会律师，不但肩负着帮助企业宏观决策与宏观管理的责任，同时也必须兼顾国家和社会公共利益平衡的社会责任，确保企业的决策符合国家和社会公共利益，而社会公共利益层面和国家利益层面的平衡职能也只有来自公共群体的社会律师才有可能胜任。笔者在后面章节将阐述法律顾问的独立性原则。

拓展阅读:《法律顾问的执业定位》

一、法律顾问与律师的区别

（一）1980 年 8 月 26 日,《中华人民共和国律师暂行条例》颁布，标志着中国律师制度正式恢复,《律师暂行条例》第十三条规定：律师执行职务的工作机构是法律顾问处。但在“法律顾问处”执行职务的并不全都是“法律顾问”。《律师暂行条例》对“法律顾问”的职责规定在第四条：律师担任法律顾问的责任，是为聘请单位就业务上的法律问题提供意见，草拟、审查法律事务文书，代理参加诉讼、调解或者仲裁活动，维护聘请单位的合法权益。

在 1980 年《律师暂行条例》的规定中，律师与法律顾问的界线是分不清的，从规定的内容来分析，“法律顾问”应该属于律师执行职务的一种法律服务类型。

（二）1997 年，人事部、原国家经贸委、司法部下发了《人事部、国家经贸委、司法部关于印发〈企业法律顾问执业资格制度暂行规定〉及〈企业法律顾问执业资格考试实施办法〉的通知》，国家开始实施企业法律顾问执业资格制度。

人事部的《暂行规定》似乎把“法律顾问”作为一项独立的社会职业从律师工作中分离出来，成为一项独立的社会执业资格。

（三）2013 年 11 月，党的十八届三中全会《决定》第九项“推进法治中国建设”中提出“普遍建立法律顾问制度”。

2014 年，国家人力资源和社会保障部发布《关于做好取消企业法律顾问职业资格后续工作的通知》人社厅发〔2014〕122 号文，法律顾问执业资格考试取消了，法律顾问执业资格与律师执业资格并轨，律师与“法律顾问”又难以区分了。

（四）2016年6月，中共中央办公厅、国务院办公厅印发了《关于推行法律顾问制度和公职律师公司律师制度的意见》，提出“积极推行法律顾问制度和公职律师、公司律师制度，充分发挥法律顾问、公职律师、公司律师作用”的指导性意见。

从该《意见》来分析，“法律顾问”制度又作为一项独立的制度提出来，并且区别于“公司律师”“公职律师”制度。

从以上四个阶段关于法律顾问的政策规定来看，在国家立法层面，国家一直在努力完善立法，试图通过立法给予“法律顾问”一个准确的定位，但至今法律顾问与律师的职业定位仍然非常模糊。

二、法律顾问与法务的区别

“法务”一词，应该是个外来名词，查《新华字典》中的“法”字，并无“法务”这个词语出现，无论是网络还是书籍，笔者也未能查阅到“法务”的权威性解释。查询中国的相关法律和政策性规定，也并无“法务”的相关法律及规定，人力资源和社会保障部也并未将“法务”作为一项独立的职业界定区分出来。

规范“法务”的相关法律，也只有《劳动法》和《公司法》等法律，但法律条文中也未出现“法务”相关名词或字样。

由此可见，“法务”一词并非中国传统法律上的概念。而系从国外的“Law works”和中国台湾的“法务专员”引申而来。

关于“法务”的职责，在现实生活中，关于职责的定义也比较模糊，很难区分企业的“法务”和企业“法律顾问”在职责上存在多少实质性的区别。唯一能界定的差别为：（1）法务是单位的员工，律师是独立于单位外聘的法律工作人员；（2）法务可以不通过司法考试，律师必须通过法律职业资格考试并领取律师执业资格。

在当今时代，有许多律师将执业证挂靠在律师事务所，但实际到企业从事“法务”工作，有许多在企业从事“法务”的工作人员也在努力通过法律职业资格考试希望能进入律师队伍。

总而言之，现实工作中的“法务”和律师，很难精确地加以区分，职责也是相互混同的，难以独立区分开来。而企业“法律顾问”作为律师执业中的一种法律服务类型，与“法务”之间，就更加难以区分，甚至有许多企业实际控制人认为：法律顾问就是企业的法务，法务就是企业的法律顾问。

三、法律顾问的职责定位

笔者根据近二十年的企业法律顾问工作经验，认为法律顾问与法务之间存在本质的区别，是两种完全不同的职业类型，具有完全不同的工作职责与分工，两者之间不可能互相代替，也不可以职责混同。

（一）法律顾问可以不具备律师执业资格，但法律顾问必须是外聘的，必须完全独立于聘任单位的编制之外，因为这将直接影响法律顾问的“独立性原则”。

法律顾问的“独立性原则”，是法律顾问的一项重要原则，该项原则直接决定法律顾问的性质和地位。法律顾问的“独立性”决定了法律顾问服从于法律，忠诚于法律，以“传法律之道、授法律之业、解法律之惑”为天职。法律顾问的“独立性”原则决定了法律顾问不受聘任单位的实际控制人或职业经理人的意志操纵与控制，法律顾问对于聘任单位的实际控制人或职业经理人有“建议权、批评权、评价权、监督权”。任何从属于聘任单位实际控制人或职业经理人的法律顾问，或者受实际控制人或者职业经理人的意志所左右的法律顾问，都不是称职的法律顾问，当聘任单位的实际控制人或职业经理人的意志违背法律原则的时候，从属的或受控制的法律顾问都只能是个法律的“摆设”。

（二）法律顾问是聘任单位在法律层面上宏观的“建议者”和“监督者”，也并非聘任单位法律事务的执行者。

法律顾问的职责应该是从宏观聘任单位管理体系的构建角度出发，为聘任单位提供宏观的评价性意见和监督性意见，而不能代替“法务”去执行具体的法律事务。

法律顾问具有“中立性”的执业原则，法律顾问的“中立性”原则，决定了法律顾问必须置身于微观的具体法律事务之外，从宏观的视角，为聘任单位提供法律服务，而不能置身于微观的法律事务的具体执行细节之中，失去其“中立性”而为聘任单位或个人谋求法律上的利益或者实现其个体性的法律需求。这是法律顾问与法务在职责分工上最本质的区别。

四、法律顾问的角色定位

根据法律顾问的“独立性”和“中立性”特点，法律顾问在聘任单位中究竟处于哪个层次和位置比较合适呢？为便于直观地说明问题，笔者以图表的方式来加以说明。

以股份有限公司为例：

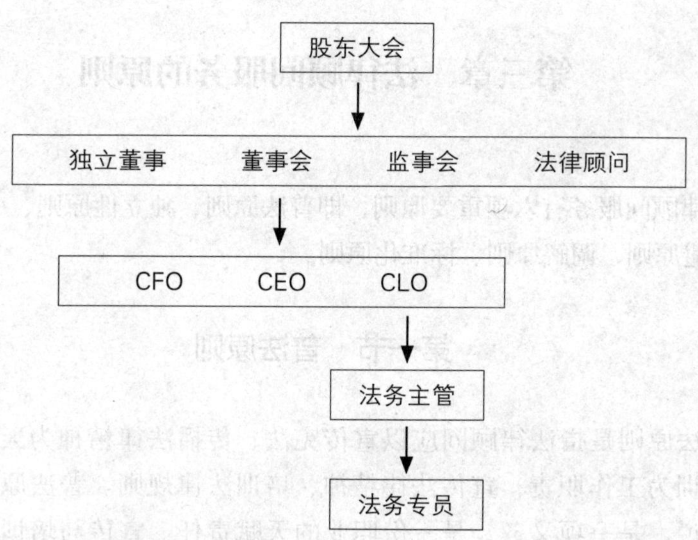

从上图表中可以看出，法律顾问在股份有限公司中的角色和地位，应该是和监事会处于同一水平线上，在角色上相当于股份有限公司的“独立监事”。其法定职责与公司监事基本相同，只不过法律顾问独立于公司之外，不在公司的编制序列里面，接受股份有限公司股东大会聘请之后，以法律顾问身份发表“独立性”和“中立性”的法律意见，提供法律建议，开展法律评价，行使法律监督。

至于有限责任公司、合伙企业和其他社会组织，笔者不再一一绘图，法律顾问的职责定位也应定位于组织机构外部监督机构，确保法律顾问的独立性和中立性。

综合以上分析，笔者认为：法律顾问应该是独立于聘任单位之外的第三方评价与监督机构，法律顾问的职责应该定位于：从宏观视角提供独立性与中立性的法律意见及建议，开展法律评价，行使法律监督。而法务才是组织内部的法律事务执行机构。两者之间的角色定位必须摆正，若法律顾问与法务的角色定位混淆不清，将难于正确理顺组织管理上的法律关系，无法正常发挥法律顾问的指导与监督作用。

第三章　法律顾问服务的原则

法律顾问服务有六项重要原则，即普法原则、独立性原则、中立性原则、诉讼回避原则、调解原则、标准化原则。

第一节　普法原则

普法原则是指法律顾问应以宣传宪法、传播法律精神为天职，以日常法律培训为工作职责，宣传法律精神、培训法律规则。普法原则对于法律顾问来说，是一项义务，是一份职业的天赋责任。宣传与培训是法律顾问最基础的职业技能之一。

拓展阅读（一）:《法律顾问的天职：传法律之道》

在省律师协会理事会议决定任命我为浙江省律师协会知识产权专业委员会主任之后，有人在背后议论。最初听到议论，我在心底里是没有底气的，确实自2001年专业从事企业法律顾问以来，我确实没有办理过几个知识产权诉讼案件，即使偶尔顾问单位有知识产权诉讼案件需要代理的，我也是让中观法律顾问团队的律师出庭代理了。

而当我被国家知识产权局认可，获评第四批国家知识产权高层次人才之后，我终于认识到自身的强大，我应该算是一名合格的知识产权律师。而那些办案众多的律师同行，应该称之为律“匠”。

作为律师，以法度人，因法施教，传法律之道、弘扬法律之精神才是法律之师的根本基业，正如古人云:“师者，传道、授业、解惑”。

以近二十年之从业经历，笔者认为律师传道之根本应表现以下几份天职:

第一，身为律师，以自身对法律的理解，对法律的敬仰、对法律的认知、对法律的论道和对法律的表现行为来让身边人认知法律、了解法律，信仰法律，这便称之为“言传身教”。

如果身边的亲友遇到了法律上的困难，律师首先给他的建议是:“你去找关系吧，中国的法律根本解决不了你的问题！”。这话出自一个值得亲朋信任的律师之口，天下百姓对于中国的法律还真的会有信心吗？

第二，经办具体案件，在承办案件的过程中，无论是接待、交流、书写代理词、还是出庭代理或案后回访，都在授人以法律之道。

当初刚开始执业的时候，有个当事人跑到我办公室，说他父亲赌博，他怕他父亲把仅有的房子也输掉了，来找我说：“帮我想办法把我父亲的房子过户到我名下，花多少钱都行！”

一般心中有恶或心中有恨的当事人来找律师，说得最多的一句话说是：“花多少钱都行！”

作为法律之师，你若接了这样的案子，并且真有可能帮当事人办成了该办的事，也收到了当事人愿意花的钱，便以你的实际行为证实了：“有钱可使鬼推磨，法律连个鬼都不是！”

我们看到了极少数同行因为作伪证妨碍司法，被吊销了律师执业证，进了监狱，而这些极少数的同仁，在领取律师执业证时，举着右手对国旗宣誓的时候，他肯定没有明白：“律师的师，也必须是为人师表的师”。

第三，宣传法律、传播法律之精神、弘扬法律之精神为律师之天职！

法律之师传道，更重要的在于传大道，施大法，弘大理。言传身教者，惠法道于身边人；以业守道者，施法道于当事人；宣讲传播法律于众人者，敬法道于国家民族及民众民生！

正是基于这样一种天职的理念，我在宁波市连续策划组织了三年的“促进海洋经济发展、推动物流企业转型升级”的物流企业法律体检活动，受众企业达3000多家，座谈讲座达百余次；在浙江全省，我牵头组织策划了“浙江知识产权宣传巡回演讲”，如今在省科技厅、省知识产权局、省司法厅的领导下已坚持了七年，该活动受众企业达30000人次，座谈讲座走访次数达500余场。

我所在乎的不是我的行为有没有受到政府领导的表彰，也不在乎该活动有没有为我的律师事业获得多少业务，我所关心的是：我所组织策划的宣传和演讲活动收到了多少成效，有多少人听到了我们法律人的声音，有多少人理解了我们法律人的传道，有多少人听完我们的课程之后有感悟，有多少人是我们让他领悟了法律之灵魂！

拓展阅读（二）:《授渔与售鱼》

长久以来，一直以为出售智商是份非常高尚的职业，突然在某一天，蓦然回首，发现出售智商正如那“售鱼”的商贩，购鱼者吃完鱼肉，下一餐仍会饥饿；售鱼者花完售鱼的钱，却发现一无所获，日复一日，年复一年，售鱼者与购鱼者皆愚！

一、法律顾问的“售鱼”时代

在从事企业法律顾问服务的过程中，经常会遇到一些令人心痛的事件。

曾经帮一个集团公司审查合同，因为发现合同发起人发给我的合同版本中有许多段落是多余的文字，对于合同没有任何意义，就在合同文本的审查意见备注栏中注明“建议该条删除”，合同审查意见提交给合同发起人之后，没有收到新的反馈意见。到年底时，我指派中观法律顾问团队成员例行到集团公司进行年度合同审查，负责合同审查的律师带回来的已签署合同文本的复印件，当时真让我傻了眼，我惊异地注意到，曾经由我负责审查过的合同文本上，双方当事人都盖章并正式签署了，但双方正式签署的合同文本中却非常醒目地展现着“建议该条删除”几个粗黑字样。当我再去仔细地审查每一份合同时，发现集团公司的业务人员都在担任着合同文本搬运工的角色。在处理所有合同事项时，业务人员从对方客户那里收到合同文本，第一时间交给我们律师审查，收到律师审查后的合同文本之后，直接拿去跟客户签署，连律师审查中写的错别字都原封不动地呈现在合同文本里。

我终于明白，担任企业的法律顾问为何工作得那么累，原来客户单位的业务人员拿着企业支付的工资，却将业务合同管理的所有工作都交给了我们法律顾问团队来完成，用业务人员美好的言辞来表达：“这说明我们对法律顾问非常信任。”而我想质问业务人员的话是：“那老板何必支付你工资呢？公司聘我们几个法律顾问就完全足够了。”

二、法律顾问的“授渔”职责

法律顾问不是用来审查合同的，即使当一个企业因为规模太小，在没有聘请公司法务时，让法律顾问暂时代办了应该由公司法务所干的审查合同的活，也不能因此将法律顾问的职责定位在审查公司合同上。

一个企业的合同管理是否到位，首先取决于公司合同管理人员的法律意识，而合同管理能否实现合同效益，取决于该公司是否建立了合同管理的相应制度。企业法律顾问在合同管理层面上的工作职责，应该是培养公司合同管理人员的法律意识和检查评价合同管理人员是否按公司合同管理制度的规定履行了合同管理的责任和义务，法律顾问对公司合同管理人员的检查评价应该包含：（1）是否建立合同管理制度；（2）是否建立合同管理流程；（3）合同管理人员是否按规定的流程管理和监控合同的实施与运行；（4）所有的合同是否付诸实施以及是否实现合同价值；（5）所有合同文本及合同的程序性文件是否归档；（6）合同的风险管理与应急是否有预案，是否建立健全相应的风险与应急管理机制。法律顾问在公司的合同管理层面上，应该是宏观的，其着眼点应该在于公司的合同意识和合同运行的制度管理，而并非停留在微观地审查公司的每一份合同，否则，法律顾问就无法站在合同管理与评价的高度纵观公司合同管理的全局，而代替公司法务或合同管理员工陷入了合同条款的爬格子的琐碎繁忙中，从而失去了法律顾问的独立性、中立性的宏观决策顾问地位。

所以，企业法律顾问的法定职责是“授渔”，是培养公司合同管理人员的法律意识，传授并检查评价公司合同管理的制度和程序，若法律顾问始终停留在“售鱼”的层面，无论法律顾问多么地敬业与努力，公司合同管理人员吃完法律顾问的“鱼”之后仍然不会“渔”，自然只会滋长合同管理人员的“贪婪”，将所有的合同管理任务全部踢给法律顾问，法律顾问吃力而讨不到公司的好，最终的结局，只能是法律顾问疲倦而退。

三、如何实现“售鱼”向“授渔”的转变

由于没有法律制度规定法律顾问的职责是什么，也极少有学者和专家在法律顾问领域做深入的探讨与研究，导致这么多年来，从事法律顾问业务的律师都一直在摸着石头过河，而且基于经济效益低下和工作精力不足等诸多原因，许多从事法律顾问业务的律师均没能坚持多久，到目前为止，担任企业法律顾问仍然只是律师揽诉讼业务的一个纽带或跳板，法律顾问业务目前仍然没有也无法形成一个真正的专业。

若法律顾问业务就这样一直摸着石头“售鱼”，在市场经济的大浪淘沙洪流中，法律顾问作为一项高端的涉及国计民生的法治根基的业务实践，将有可能被遗忘。

笔者真心发出呐喊：让法律顾问以专业来“授渔”，别再摸着石头“售鱼”了！

第二节 独立性原则

独立性原则是指法律顾问的独立执业不受任何人非法干涉，并且其独立发表的法律意见享有法律上的司法豁免权。

所谓法律顾问的“独立性原则”是指法律顾问选任和执业不受外力干扰的原则，包括法律顾问主体地位、经济地位、专业地位三个方面的独立。

主体地位独立是指法律顾问的身份不是从属于聘请单位的内部员工，而是聘请单位从外部选聘的独立法律职业人员；经济地位独立是指法律顾问的经济收入和劳动报酬保持相对独立，在经济上对聘请单位没有依赖性；专业地位独立是指法律顾问的专业判断和专业意见不受任何组织或个人干预，且法律顾问在专业服务中的言辞和执业行为享有法定的豁免权。

法律顾问的独立性原则之所以非常重要，是因为：（一）法律顾问若主体地位不独立，就无法置身于聘请单位的圈子和机制之外做出专业判断和发表独立意见，当法律顾问与聘请单位之间存在身份上的依附或从属关系时，基于其身份限制，法律顾问只能服从于聘请单位的领导意志或群体意志，而丧失了法律顾问的专业判断能力；（二）法律顾问若经济地位不独立，当法律顾问与聘请单位之间存在金钱上依附关系或权益上的利害关系时，法律顾问基于自身经济利益考虑，必然会屈从于经济利害中对自身有益的因素而丧失其中立性的判断；（三）法律顾问若专业地位不独立，其在发表专业意见或执业服务过程中，就会缩手缩脚，担惊受怕，难以发挥其专业能力。

一、法律顾问的独立性原则是历史演变的结果

（一）无论是原国家经贸委于1997年5月3日发布的《企业法律顾问管理办法》，还是国务院国资委于2004年5月颁布的《国有企业法律顾问管理办法》，都将企业总法律顾问和企业法律顾问作为企业内部的一个职位定岗，并且规定了一系列法律顾问的内部考核办法和职称评定办法。

（二）1997年9月人事部、国家经贸委、司法部联合发布的《企业法顾问执业资格制度暂行规定》和2009年4月，原国家经贸委发布《企业法律顾问注册管理办法》，规定了企业法律顾问的执业资格考试和注册管理制度，法律顾问的定位均是企业内部从事法律事务管理的人员，其人事均归口企业编制在编管理。

（三）直到国家取消法律顾问资格考试之后，2016年，中共中央办公厅、

国务院办公厅印发《关于推行法律顾问制度和公职律师公司律师制度的意见》出台，法律顾问才与公职律师和公司律师相分离。且中共中央办公厅、国务院办公厅发布了《关于完善国家统一法律职业资格制度的意见》，将检察官、法官、律师、法律顾问、公证员等所有法律职业人员资格考试统一为法律职业资格考试，法律顾问作为一项独立的法律职业，才正式与检察官、法官、律师、公证员等法律职业相分离，独立为一项专业的法律职业。

（四）法律顾问作为一项独立的法律职业分离出来之后，法律顾问的身份便不再是从属于政府机构的公职律师，也不再是从属于企业内部的公司律师，当然也完全区别于传统意义上的处理法律事务的公职人员和管理法律事务的企业法务人员。

二、法律顾问的独立性原则只能通过外聘律师的方式来实现

法律顾问只有在外聘律师的模式下才能实现其“独立性”：

（一）法律从业人员通过法律职业资格统一考试，通过实习和培训考核之后，获得律师执业资格，由司法部颁发律师执业许可证，接受中华全国律师协会统一行业管理，外聘律师在担任政府机关或企事业单位法律顾问时，律师的主体身份对于其提供法律顾问服务的政府机关或企事业单位来说，主体地位相对独立；

（二）律师担任政府机关或企事业单位法律顾问，以律师执业的律师事务所接受聘请，聘请单位所支付的法律顾问费用也应支付给律师执业的律师事务所，担任法律顾问的律师接受律师事务所的统一管理和考核，按律师事务所的薪酬考核和分配机制获得劳动报酬，其与顾问单位的经济利害，也相对独立；

（三）律师担任政府机关和企事业单位的法律顾问，其执业的权利受《律师法》保护，律师事务所作为提供法律服务的社会中介机构，其独立执业不受任何单位的干预和限制，律师担任法律顾问的专业地位相对独立，且受到法定的执业豁免保护。

法律顾问从政府机构的在编人员和企事业单位的定岗编制中分离出来，独立于政府法制官员、企业法务人员、公职律师、公司律师而成为一项独立的法律职业，本身代表了社会的进步和社会法制管理体系的完善，法律顾问的独立性原则也得到一定程度的弘扬与体现，虽然目前为止没有独立的法律来规范法律顾问的选任与执业，相信法律顾问制度在未来的探索中将更加尽善与完美。

第三节 中立性原则

中立性原则是指法律顾问在执业过程中不为任何一方的利益倾向所左右，应秉执法律的公平公正原则作出中立的判断与客观性的评价。中立性原则也是本书提出的法律顾问制度与上市公司独立董事制度并轨的理论基础。

一、法律顾问不中立的现实体验

我担任一家企业的法律顾问，企业总经理指令我用法律手段惩罚一个公司员工，而我经过调查后认为公司员工所犯的错误在公司是一个普遍现象，企业的管理体制存在问题，单纯处罚一个员工并不公平，因此我建议公司改革管理机制而不要惩罚个别员工，我建议的结果是：我被解雇了。

我曾担任另一家公司的法律顾问，企业工会主席来咨询我："企业应该不应该跟员工签订集体合同，企业应该不应该给员工支付加班费"。我回答说："当然，法律明确规定的，不签集体合同，不支付加班费均是违反劳动法的"。后来公司总经理找到我，问我："张律师，你是谁的律师啊？你帮谁说话呢！"。我一时语塞：我该帮谁说话呢？

跟一家企业的总经理在一起工作十年了，企业老板想让总经理入股公司，这位总经理想在公司持有12%的股权，老板和总经理跟我一起喝茶，老板问我："张律师，企业管理人员持有公司10%以上股权有什么法律风险吗？"我看看公司老板，再看看公司总经理，一时语塞：我该如何回答呢？

企业法律顾问，顾名思义，就是帮企业提供法律参考意见的法律人，而在一个企业中，存在公司投资人、公司管理层、公司员工层、公司客户群等多个利益群体，当企业的法律问题发生在企业与企业之外的第三方之间时，法律顾问完全可以站在企业的角度提供保障企业利益最大化的法律建议，但当法律问题发生在企业内部的各个利益群体之间时，法律顾问的立场就很难把控了。

即使法律问题发生在企业与第三方之间，若法律顾问将作为企业的代理人与第三方之间进行诉讼或仲裁时，法律顾问对于案件代理的质量与绩效便无法做出中肯的评价，而只是对代理事项进行自我检查。

法律顾问的中立性原则，便是在这种两难的背景现实中延伸出来的。

二、中立性原则的定义与必要性

所谓中立，就是指法律顾问提供法律意见的普遍性和非特定性，不因为任何利益群体的影响而有特定的偏向。

法律顾问中立的必要性：

（一）法律顾问在企业内部的利益群体之间若不能保持中立，对任何一方利益的保护，必然损害另一方的合法权益，而企业内部的利益损害，就如同病菌入侵一样，最后的结果必然是造成企业内部利益群体之间的纷争，而使企业丧失核心竞争力。

（二）法律顾问在企业与第三方之间发生法律争议时，若不能做出中立性的建议，其结果是法律顾问代理的利益相关方可能赢得了诉讼，但却让利益相对方因为没有找到失去利益的理由，而丧失了对法律精神的信仰，最终导致的结果必然是信仰的缺失和秩序的混乱。

（三）法律顾问在涉及自身的利益时，若不以中立性原则坚持回避，法律顾问对于与自身利益有关的事项，便无法置之度外做出不利于自己的评价，其法律意见便失去了公允的价值和法律公平的意义。

笔者一直以来坚持认为：法律应该是公民心中的一杆秤，而不应该是公民手中的一块铁！

法律顾问的中立性原则，便是要求法律顾问在提供法律顾问服务时，成为百姓心中法律天平之光的指引者，引导百姓在纷乱的法律争议中去寻找公平正义的方向，而不是去追求符合自身利益最大化的结果，因为任何利益的获取均必然导致利益相对方的天平失衡，法律的作用是应该在百姓失去利益时，明白他之所以失去的正当理由，而在获取利益之后，寻求心底里得到利益的坦荡。

法的精神应该是让杀人者敢于正视鲜血，而让被杀者可以瞑目九泉，若法律沦为利益之剑，世界将在混沌的蛮荒中满地沙场。

三、法律顾问中立性原则实现的途径

（一）法律顾问的主体独立性。首先法律顾问应该是从事法律事务五年以上的资深法律人，对于法律在主观上已形成比较成熟的法律观，能够对遇到的法律问题有独立的判断能力；其次，法律顾问的主体身份，应该来自独立于聘请单位主体之外的第三方，与聘请单位之间不存在涉及利益关系，因而不会影响法律顾问做出独立判断。

（二）法律顾问职责范围的中立性。法律所赋予法律顾问的职责范围应该是对于聘请单位的涉法事项做出独立性判断，提供中立性评价与建议，而不应该要求法律顾问去帮助企业建章立制和代理法律争议事项，具体法律事务的处理与代理，应该是法律顾问评价与建议的内容，而并非法律顾问的法定职责，法律顾问的职责与任务应该是对建章立制的法务人员和代理法律事务的外聘律师进行绩效评价，并提供中立性的建议和指导性意见，而并非由法律顾问去从事微观而具体的法律事务。为企业宏观决策提供指导性法律意见才是法律顾问的根本任务与法定职责。

（三）法律顾问组织管理的单一性与社团管理的独立性。法律顾问应该建立符合法律顾问自身服务特点的单一性组织，实现法律顾问的自治性管理，而不受其他利益群体的影响，才可以让法律顾问保持其独立性和中立性原则。法律顾问独立的社团管理，成为当前法律顾问管理的必须，当法律顾问没有组织归属或法律顾问的组织归属混乱不清的情形下，法律顾问自身也很难确定自身的职责与社会使命，没有组织管理的法律顾问群体，会丧失其独立性的社会价值观，也会失去维护法律精神、指引法治方向的心底动力。

法律顾问的中立性原则，是法律顾问的立身之本，是法律顾问法定之责，是法律顾问的归属所向。中立，才可以成为顾问；若融合，便成为服务对象的一分子，也便失去了“顾问”的应有之意。

第四节　诉讼回避原则

诉讼回避，是指法律顾问从诉讼代理律师队伍中分离出来，形成一支独立的不代理诉讼而只从事非诉讼法律事务的律师队伍的制度。

诉讼回避原则，就是要求从事法律顾问的律师远离诉讼代理的商业利益，而投入到为委托人提供宣传培训、建制与辅导、策划与调解、评价与考核等非诉讼法律服务的法律服务社会分工规则。

法律顾问的诉讼回避制度在现实中可能很难实现，但却有非常重要的实践意义。

拓展阅读（一）:《建立法律顾问的诉讼回避制度，才能实现公平正义》

律师就是打官司的，在中国，这几乎是一种思维定式。而在中国，有一类律师，不应该也不可以承接诉讼事务，只有当他们成为不讼的律师，才符合律师的职业道德，这一类律师便是法律顾问。

当律师成为法律顾问之后，必须遵循诉讼回避制度，从此与诉争无缘。

当笔者呼吁要确立法律顾问的诉讼回避制度时，遭受到许多同行的白眼和业界的嘲讽：若律师不打官司，你去喝西北风吗？

笔者痛心，仍然坚持：作为法律顾问，你若不讼，才有职业道德！

一、若你担任企业的法律顾问，你是整个企业的法律顾问，而并非投资人或老板的私人律师，你怎么可以接受公司投资人或老板的委托状告公司的员工？老板和员工跟你法律顾问，都是一家人，你有什么理由可以在一家人中站在权力和金钱占上风的一边说话。

二、若你担任企业的法律顾问，在企业管理岗位上的董事、监事、高层和中层管理人员，都是你并肩战斗的生死兄弟，当发生争议时，你有什么权利可以接受公司老板的委托与你的沙场兄弟同室操戈？

三、公司的投资人股东都是血肉相连的兄弟姐妹，他们曾经与你法律顾问一起与企业同生共死，浴血商界，作为法律顾问你可有理由接受大股东的委托状告其他股东？

四、公司的客户是公司的上帝，无论曾经合作过，还是现在仍然在合作，客户与公司之间都曾联姻，都曾精诚合作，你作为公司的法律顾问，怎么可以在公司与客户刚刚翻脸时就抄刀杀虏，六亲不认？

五、作为法律顾问，你的客户并非只有唯一一家，当你担任或曾经担任十家、几十家单位法律顾问后，你的客户之间发生冲突，你又怎么可以在背后偷偷摸摸地帮其中一家打官司，而背叛另外一家同样是你的客户，或者可能是你的未来客户？

法律顾问，是一类特殊人群，当你担任法律顾问的企业内部各个组织和人员发生争议时，你不可以接受委托担任任何一方的代理人；当你同时担任多家企业法律顾问时，你的客户之间发生冲突时，你不能成为任何一方的诉讼代理人；当企业与第三方发生冲突而必须通过诉讼解决，因为你作为企业的法律顾问必须对于代理律师的诉讼成果和绩效作出评价，你也不能担任企业作为原告诉讼的代理人，当然更加不能接受被告委托担任代理人。

总之，如果你选择了法律顾问的职业，你就应该遵守职业道德，从此与诉争无缘，法律顾问的诉讼业务回避制度，不是可以有，而是必须有。因为法律顾问必须是独立的，并且必须是中立的，否则法律顾问的咨询意见便因为带着金钱利益的铜臭而失去了公允价值。

所以，作为法律顾问，你永远不讼，才有职业道德！

拓展阅读（二）:《法律顾问的使命与法庭外公平正义的出口》

一、公平正义的释放空间

法律不是公平正义的唯一主宰，法庭也不是公平正义的唯一通道。

小时候，家中兄弟姐妹多人，若家里得到一个平日并不多见的饼，妈妈在分饼的时候，其他的孩子可能都一样大，但最小的那个可以分得大那么一点点，妈妈的理由很简单：他最小！而每次逢年过节家里缝新衣裳，总是会轮到大的有新衣服，而小的只能捡大的孩子穿不下的旧衣裤，妈妈的理由也很简单：不浪费。在家庭孩子们的眼里，并不会因为小的孩子得到大那么一点点的饼而感到不公平，小的孩子也不会因为总是穿旧衣服而不高兴。

在家里，主导公平的是母亲的爱。

在孩子们分饼的过程中，如果哪个孩子抢了别人的饼，定然会受到母亲的责骂，大的孩子也会站出来帮母亲执法，夺回被抢去的饼，在执法者夺饼的过程中，其他的孩子都会在旁边鼓励执法者并且指责那个抢饼的兄弟，即使那个抢饼的孩子最后被打哭或者受伤了，也不会有人同情，这便是孩子们眼中的正义。

不能做的事，如果做了，那就是非正义，而制裁不法者即使导致不法者受损，也会受到尊重，这就是追求正义，其制裁行为便是大义。

公平是一种情感体验，在任何人内心里都有一个天平；正义是一种理智的价值判断，对每件事情的正义与非正义的判断代表着人们的价值取向。

公平的情感体验无处不在，无论是在家里、学校、单位、集体、国家和社会，只是衡量的天平和感受的范围不同而已；正义的价值取向也无处不在，只是追求的标准和正义的级别存在不同的而已。

法律作为衡量公平正义的最高权威标准，并不是公平正义的唯一主宰；而法庭作为裁判公平正义的最后底线，也并非公平正义的唯一通道。

二、公平正义的衡平砝码

在一个家庭中，衡量公平正义的砝码是父母亲的爱，父母既是公平正义的缔造者，也是公平正义的裁判者。

在一所学校，衡量公平正义的砝码是校纪校规，老师是公平正义的缔造者，也是公平正义的裁判者，而校长是公平正义的最高统帅。

在一个单位，衡量公平正义的砝码是单位的规章制度，企业管理者是公平正义的缔造者，而法律顾问应该成为一个单位公平正义的裁判者，总法律顾问应该是单位公平正义的最权威代表。

在一个国家，衡平公平正义的砝码是国家的法律，人民是公平正义的缔造者，而人民法院是公平正义的裁判者。

三、现实生活中公平正义体制的缺失

在现实的社会体制中，社会管理者认知了法律作为公平正义的衡平砝码，却忽略了家庭、学校、单位衡量公平正义砝码的真实存在。法律不是衡量社会公平正义的唯一天平，法院也不是裁决社会公平正义的唯一通道。所有的公平正义都由法律来主导，那就好比拿着榔头打苍蝇，开着舰艇捞虾米。

依法治国的理念，应该完整地包含了依爱治家、依规治校、依制度治理单位。家庭的问题，用爱解决，家务事不必升级由法律来解决，因为清官难断家务事。学校的事依照校规来解决，教育学生、培训学生不必动用国家机器来治理，除非学校的事务涉及国家利益。而对于单位的事情，应该根据单位的规章制度由单位内部自身来协调，单位的法律顾问应该成为单位公平正义裁判的主角。

四、法律顾问的使命与法庭外公平正义的出口

在新型的社会管理体系中，出现了一种赋有特殊使命的人，那就是法律顾问，法律顾问是从国家法律工作者中分离出来的一类特殊群体，一群不从事诉讼事务，不代理当事人打官司，而只负责法律培训、法律咨询、法律调解和绩效考核的特殊法律人，他们的使命便是维护法庭之外的公平与正义。

人民法院作为国家法律的最高裁判机构，与检察院、公安机关、律师构成了国家公平正义的维护者与裁判者，成为国家公平正义的主导力量。

而从国家法律工作者（法官、检察官、仲裁员、律师等）分离出来的法律顾问，承载着维护与裁判法庭之外公平正义的天赋职责，是一群不从事诉讼法律事务，却又代表着国家法律的尊严，诠释法律、宣传法律、以单位的规章制度作为衡平的砝码，维护和裁判单位公平正义的特殊法律人。

法律顾问让公平正义体现在法庭之外，代表着单位公平正义的尊严，成为法庭之外公平正义的专业出口。

对于法律顾问的正确认知，将引导法律顾问实施其天赋使命。由此，法律顾问将成为国家依法治国队伍中的一支非常重要的基础力量。

第五节　调解原则

调解原则是指法律顾问的社会责任和解决法律纠纷的方法，在遇到委托人或社会公众遭遇法律纠纷时，应通过调解的方式定纷止争，远离诉讼并回避诉讼代理的和谐原则。

律师参与社会调解是当今现实的热门话题，也是社会实践中大力提倡推介的热门事件，司法部和各地司法部门均在推行律师事务所设立“调解中心”，推荐资深律师进入法院设立的“调解中心”或交通部门设立的“调解中心”值班，律师担任调解员正在成为一项热门的社会变革。

从我国传统的司法机制来分析，传统的纠纷司法解决机制应该分为三个层次：

第一层为“和”，主张以和为贵，家丑不可外扬，遇到争议或纠纷，以“爱”和“忍”为解决纠纷的导向，主张和解，解决纠纷与争端的场所为家庭或祠堂。

第二层为“调”，侧重于由中立的第三方出面调解，双方讲道理、摆事实，以“情”和“理”为解决争端的标尺和心理度量，解决争议的场所为乡里。

第三层为“判”，以国家机关的官方审判者为独任裁决标准，俗称“对薄公堂”，裁量者依据的是“法”和“道”，解决争端的地方为衙门。

在传统解决司法争端的三层机制里，衙门是解决争议的最后终端，第一层机制的解决结果是家法伺候，第二层解决的效力是乡里通报或游街示众，第三层解决的效力却是丢入大牢，国法难容。

在传统的司法三级机制被打破之后，遇到争议起诉到法院似乎已经成为现实生活中争议的唯一解决途径，纠纷无论大小，争议不分轻重，百姓的首选便是委托律师到法院排队抢号立案打官司，案件到了法官的手里，作为掌管着国家最高司法尊严的法官便会面临着“祠堂”“乡里”“衙门”三级机构的案件大杂烩，所以称职的法官也只能使出“和”“调”“判”的浑身解数，既讲“爱”与“忍”，又谈“情”与“理”，还论“法”与“道”。

在现实的争议解决机制架构里，法官作为博大精深的法律人，应该是司法解决争议终端的最后防线，但现实却让法官冲上火线，站在争端最前线的风口浪尖。

可喜的是，现实生活中的法律人也充分意识到了这种局面的尴尬，所以司法改革中出现了律师参与司法调解的改革浪潮，“诉调对接”“仲裁调解员”“社会调解员”“知识产权调解员”等各种各样主张律师参与调解的政策与制度纷纷出台。

第六节 标准化原则

标准化原则是指法律顾问服务的职责与服务均应遵循相应的标准，并应以标准引导和规范法律顾问的各项服务，以保证法律顾问服务的公平性，限制法律顾问服务领域的不正当竞争，形成法律顾问服务的良性法律服务环境。

笔者认为，应当建立法律顾问的“账单制度”。“账单”制度的基本规则是：法律顾问为委托人出具独立性和中立性的法律意见书；公司律师依其岗位责任向相对方发送律师函和处理公司日常诉讼事务；公司法务审查公司合同和为企业建章立制；外聘代理律师接受委托人聘请代理疑难复杂案件或专业性案件，出庭并发表代理意见。

不能因为在律师事业最初建制的三十年里，我们从事“法律顾问”业务的法律人，一个人承接了法律顾问、公司律师、公司法务、外聘代理律师所有的活，委托人就有理由只埋一张“法律顾问”的单，却无限制地要求“法律顾问”提供无边界的法律服务。

“账单”制度的基本要求是：法律顾问作为外部专家对委托事项作出独立性、中立性的判断，并对作出的判断承担责任，但法律顾问不要去抢公司律师和企业法务以及外聘律师的饭碗，因为公司律师、企业法务、外聘律师的工作成果和绩效考核，也是法律顾问独立判断和中立评价的责任范围，做到各司其职，各尽其责，职责明确，分工到位。

而作为公司律师的本职工作是处理公司日常纠纷和诉讼法律事务，不要抬高自己的资历和能力去为公司决策层宏观决策，做出超越自身法律能力和跨越圈内人身份的宏观判断。

企业法务认真审查合同和兢兢业业建章立制，努力配合公司律师开展调查、收集证据、提供诉讼事务和非诉讼的法律帮助，尽法务的本分，不越权代理案件，不超越身份与能力评判和决策管理性事务。

外聘律师发挥专业特长和经验优势，尽其所长，恪守专业与敬业精神，努力代理案件，以维护委托人合法权益为天职。

“账单”制度，让法律顾问、公司律师、企业法务、外聘律师合理合法，有规有序开展工作。

第四章　法律顾问服务的标准化构建

一、企业法律顾问制度的历史沿革[①]

（一）企业法律顾问制度的研讨阶段

1978 年 12 月，十一届三中全会召开，企业经营管理自主权开始下放，具有较强法律意识的企业开始依法生产经营，以求降低法律风险。1982 年 7 月 1 日《中华人民共和国经济合同法》实施，在合同订立、履行的过程中，经济纠纷开始发生，且呈现上升趋势，使得企业增加了对法律人才的需求，促进了法律顾问制度的萌芽发展。该时期关于企业法律顾问制度的相关研讨活动如下图：

时间	主体	文件名称	地位或意义
1980 年 8 月	全国人大常务委员会	《中华人民共和国律师暂行条例》第 2 条	律师的主要业务是接受国家机关、企业事业单位、社会团体、人民公社的聘请，担任法律顾问
1982 年	全国人民代表大会	《中华人民共和国经济合同法》	计划逐渐被合同取代，促进法律顾问制度的发展
1986 年	国务院	《全民所有制工业企业厂长工作条例》第 16 条	国家第一次以行政法规的形式确定法律顾问法律地位
1987 年	原国家经贸委	《关于企业经济法律工作专业人员纳入经济专业职务系列的实施意见》	该文件规定了经济法律工作人员（即法律顾问）的任职条件及职责
1990 年	原国家体改委	《关于加强企业法律顾问工作的意见》	对该顾问的任职条件、工作机构及职责、权限提出规范性意见

① 本章摘自张民元律师与车金梦律师合著的论文《企业法律顾问服务的标准化构建》。

该时期重大会议事件线索如下图：

时间	名称	地位或意义
1985 年 –1992 年	该顾问经验交流会、表彰会	不断深化法律顾问工作
1993 年	全国企业法制工作座谈会	明确提出建立现代企业制度的要求
	十四届三中全会	
1994 年	法律顾问国际研讨会	介绍与会国家和地区企业所面临的法律环境并总结法律顾问工作的理论与实践

（二）企业法律顾问制度的建立与发展阶段

企业法律顾问制度的建立以 1997 年人事部、原国家经贸委及司法部颁发《企业法律顾问执业资格制度暂行规定》为重要标志，该制度的颁布实施，代表着我国企业法律顾问制度进入深化发展阶段。以该制度为起点，逐步建立了企业法律顾问的三项重要制度，即企业法律顾问的执业证书制度、企业法律顾问职业岗位等级制度、总法律顾问制度[①]。

关于企业法律顾问制度建设的时间轴如下图：

时间	主体或会议	文件名称	地位或意义
1997 年	人事部、原国家经贸委及司法部	《企业法律顾问执业资格制度暂行规定》	以部门规章的形式分别对企业法律顾问执业资格的取得、注册、地位、权利、义务、机构设置、职责、奖惩、监督检查等各项问题作较为全面规定
	原国家经贸委	《企业法律顾问管理办法》	
2004 年	国务院国资委	《国有企业法律顾问管理办法》	
2002 年	六部委及法制办	《关于在国家重点企业开展企业总法律顾问制度试点工作的指导意见》	规定开展企业总法律顾问制度试点工作的指导思想、原则、目标及实施等
2004 年	国务院国资委	《关于在国有重点企业加快推进企业总法律顾问制度建设的通知》	明确提出中央企业及地方国有重点企业法制建设的三年目标
2007 年	国务院国资委	《关于进一步加快中央企业以总法律顾问制度为核心的企业法律顾问制度建设有关事项的通知》	对各央企中总法律顾问制度建设提出进一步要求，有力推动了总法顾问制度的建设

① 张民元：《企业法律顾问应该提供马杀鸡式法律服务》,http://www.sohu.com/a/128396861_636343，2017 年 5 月 31 日访问。

时间	主体或会议	文件名称	地位或意义
2008 年	国务院国资委	《国有企业法律顾问职业岗位等级资格评审管理暂行办法》	规范国有企业法律顾问职业岗位等级资格评审工作
2009 年	原国家经贸委	企业法律顾问注册管理办法	规定企业法律顾问的执业资格考试和注册管理，法律顾问定位是企业内部从事法律事务管理的人员

（三）企业法律顾问制度发展的转型期与改革探索期

2014 年 7 月，国务院印发《关于取消和调整一批行政审批项目等事项的决定》，将企业法律顾问执业资格作为行政审批事项予以取消，标志着企业法律顾问制度进入重新探索与改革调整期。

重新探索与改革调整期，关于企业法律顾问的规范性文件线索如下图：

时间	主体或会议	文件名称	地位或意义
2013 年	中共十八届三中全会	《中共中央关于全面深化改革若干重大问题的决定》	提出普遍建立法律顾问制度
2014 年	国务院	《关于取消和调整一批行政审批项目等事项的决定》	将企业法律顾问执业资格作为行政审批事项予以取消
2014 年 8 月	国务院国资委	《关于做好国务院取消部分准入类职业资格相关后续工作的通知》	对取消企业法律顾问执业资格考试之后的相关后续事物做指导性安排
2014 年 10 月	中共十八届四中全会	《中共中央关于全面突进依法治国若干重大问题的决定》	提出构建社会、公职、公司律师等优势互补结构合理的律师队伍
2015 年 12 月	中共中央办公厅、国务院办公厅	《关于完善国家统一法律职业资格制度的意见》	担任法律顾问的人员，应当取得国家统一法律职业资格。将法律顾问与法官、检察官、律师、公证员、仲裁员并列，确定为统一法律职业资格人员
2016 年 6 月	中共中央办公厅、国务院办公厅	《关于推行法律顾问制度和公职律师公司律师制度的意见》	提出法律顾问、公职律师、公司律师三项制度

纵观法律顾问制度与企业法律顾问制度的建设与发展历程，2015 年《关于完善国家统一法律职业资格制度的意见》才将法律顾问作为一项独立的

"职业"重新提出来，显然，企业法律顾问制度的建设才刚刚开始。

二、企业法律顾问"独立性"与"中立性"原则的标准化定位

（一）企业法律顾问服务应坚持"独立性原则"

"独立性原则"[①] 是指企业法律顾问选任和执业不受外力干扰的原则。包括企业法律顾问主体地位、经济地位、专业地位三个方面的独立。主体地位独立是指企业法律顾问的身份不是从属于聘请单位的内部员工，而是聘请单位从外部选聘的独立法律职业人员；经济地位独立是指企业法律顾问的经济收入和劳动报酬保持相对独立，在经济上对聘请单位没有依赖性；专业地位独立是指企业法律顾问的专业判断和专业意见不受任何组织或个人干预，且企业法律顾问在专业服务中的言辞和执业行为享有法定的豁免权。

之所以在新常态下提出企业法律顾问的"独立性"原则[②]，是因为该项原则是企业法律顾问服务大厦的基石，具体而言：1. 企业法律顾问若主体地位不独立，就无法置身于聘请单位之外做出专业判断和发表独立意见，当企业法律顾问与聘请单位之间存在身份上的依附或从属关系时，基于其身份限制，企业法律顾问只能服从于聘请单位的领导意志或群体意志，而丧失了企业法律顾问的专业判断能力，难以发挥其法律顾问的专业价值。2. 若企业法律顾问经济地位不独立，当法律顾问与聘请单位之间存在金钱上依附关系或权益上的利害关系时，法律顾问基于自身经济利益考虑，必然会屈从于经济利害中对自身有益的因素而丧失其专业性的价值判断。3. 若企业法律顾问专业地位不独立，企业法律顾问发表的意见和建议的权威性便会受到质疑，当企业法律顾问的专业性判断不能成为企业经营决策的参考意见，而必须依赖于企业或者第三方重新论证和评价之后才可能被参考时，企业法律顾问的学术价值和专业价值便都失去了意义。

（二）企业法律顾问应保持"中立性原则"

企业法律顾问服务所坚持的"中立性原则"[③]，就是指企业法律顾问提供法律意见的普遍性和非特定性，不因为任何利益群体的影响而有特定的偏

---

① 张民元：《建立律师、法律顾问、法官三级调解制度 》http://www.sohu.com/a/129174739_636343，2017 年 4 月 13 日访问。

② 张民元：《法律顾问制度需要立法 》,http://www.sohu.com/a/128614788_636343，2017 年 5 月 31 日访问。

③《企业品牌法律顾问服务指南》http://www.cpbz.gov.cn/standardProduct/showDetail/726388817/355219.do，2017 年 5 月 31 日访问。

向。具体而言企业法律顾问的中立性原则包含以下基本意义：

1. 法律顾问主体身份中立。首先企业法律顾问并非简单意义为企业提供法律服务的专业人员，而应该是“取得法律职业统一资格后，从事相关法律服务满五年，向企业法律顾问行业管理机构提交申请并核准颁发《企业法律顾问执业资格证书》，专业从事企业法律顾问服务的资深法律人”。对于企业法律顾问服务在主观上已形成比较成熟的法律观，能够对遇到的企业法律问题有独立的判断能力；其次，企业法律顾问的主体身份，应该来自独立于聘请单位主体之外的第三方，与聘请单位之间不存在利益关系，因而不会影响企业法律顾问作出中立性判断。

2. 企业法律顾问职责中立。法律所赋予企业法律顾问的职责范围应该是对于聘请单位的涉法事项做出独立性判断，提供中立性评价与建议。因而，企业法律顾问的服务范围便应该超越于企业自身的公司律师、公司法务和外聘律师代理的法律事项。企业法律顾问只有不介入企业的日常法律事务、不参与企业日常经营管理，不代理企业的诉讼或仲裁案件，才有可能将企业法律顾问自身与企业之间各的利益分清界限。企业法律顾问的法定职责应该界定在“为企业宏观决策提供指导性法律意见；主持顾问单位发生纠纷的司法调解；对企业公司律师、企业法务、外聘律师及企业管理人员的法律工作绩效进行考核”的三项法定职责上。

3. 企业法律顾问组织管理的单一性与社团管理的中立性。企业法律顾问应该建立符合企业法律顾问自身服务特点的单一性组织，实现企业法律顾问的自治性管理，而不受其他利益群体的影响，才可以让企业法律顾问保持其独立性和中立性原则。企业法律顾问独立的社团管理，可以参考当前行业协会管理的成熟模式，在全国成立“中国法律顾问协会”，以协会的章程约束和管理全国企业法律顾问会员，实施企业法律顾问的“法律顾问资格准入制度”和“法律顾问教育培训制度”。

企业法律顾问的中立性原则，是企业法律顾问的立身之本，是企业法律顾问法定之责，是企业法律顾问的归属所向。中立，才可以成为顾问；若融合，便成为服务对象的一分子，也便失去了“顾问”的应有之意。

三、企业法律顾问服务体系的标准化构建

（一）标准化体系中法律顾问的准确定义

企业法律顾问制度至今仍没有完善的框架体系，其直接原因是因为法律顾问的定义模糊，许多学者和法律顾问的实践者，均不能准确把控“法

律顾问”究竟是什么职业。因此，在建立企业法律顾问服务体系之前，笔者先阐述一下“法律顾问”的准确定义[①]。

“顾问”是什么？百度的解释是：“顾问是一个职位，泛指在某件事情的认知上达到专家程度的人，他们可以提供顾问服务，顾问提供的意见以独立、中立为首要。例如：政治顾问，军事顾问、国家安全顾问”。百度的解释应该是一个公共的认知，要想当“顾问”，首先必须对某个领域的认知达到专家程度。笔者结合在此之前的相关论述，给法律顾问下个定义。笔者认为法律顾问是“取得统一法律职业资格后从事相关法律工作满五年，经本人向法律顾问行业管理机构提出申请并经审核颁发《法律顾问执业资格证书》之后，专业从事法律类顾问业务的法律专业人员”。

（二）标准化体系中法律顾问的分类

根据企业法律顾问的定义，我们可以对实践中的法律服务分为两大类，一类为诉讼或仲裁法律事务，包括刑事、民事、经济、行政类诉讼事务，以及劳动、经济、行政、国际争议等仲裁事务；另一类为除了诉讼或仲裁之外的所有法律事务，统称为非诉讼法律事务。

而法律顾问的服务范围与非诉讼法律事务相同，可以简单地定义为：法律顾问是指为社会提供非诉讼法律事务的专业人员。鉴于非诉讼法律事务的服务对象不同，法律顾问又可分为政府法律顾问、企业法律顾问、社团法律顾问、私人法律顾问。企业法律顾问根据服务的范围和服务方式不同，可以分为综合法律顾问（又称为常年法律顾问）、专业法律顾问、专项法律顾问。

为便于读者的理解，笔者以图表的方式对企业法律顾问的分类做出对比。

① 张民元：《法律顾问的权威定义》，http://www.sohu.com/a/128614422_636343，2017 年 4 月 30 日访问。

类型	服务方式	职责范围	服务方法	显著特点
综合法律顾问	常年型、综合型	涵盖企业所有的法律事务	咨询、培训、合同审查、制度审核、风险排查、法律体检等传统方法	以年度为单位服务与考核、提供粗犷型普及性法律意见、涉及企业所有领域
专业法律顾问	提供某一专业领域顾问服务	某一专业领域法律事务	专项法律体检、专业辅导与培训、专题工作报告、专业法律建议等	针对某一专业领域提供纵深型法律服务、提供专业型法律意见、针对专业有显著性提升与改进方案
专项法律顾问	为单个或多个独立的项目提供顾问服务	单个或多个项目涉及法律事务	尽职调查报告、可行性分析报告、法律策划报告、专项法律意见书等	为独立的项目提供法律意见，出具独立的项目报告或法律意见书，并对项目风险承担法律责任

（三）企业法律顾问服务标准化体系的结构[①]

企业法律顾问服务不是一项片面的“头痛医头，脚痛医脚”型的法律服务，而是一项针对企业各个环节与要素开展相互联系的法律类顾问服务。任何一家企业都有知识产权、公司控制权、资产、人力资源四大要素，有风险与应急两个支点，而前述要素与支点又均以信息、制度、合同、档案四种基本形式表现出来，任何一种类型的法律顾问服务均是通过对信息、制度、合同、档案四种形式载体的管理与改进，以推动其内部知识产权、公司控制权、资产、人力资源的发展与创新，防范风险，处理应急，以达到企业持续稳定存续与发展，提升企业的核心竞争力。

企业法律顾问服务的标准化体系结构如下图：

① 张民元：《企业法律顾问应该提供马杀鸡式法律服务》,http://www.sohu.com/a/128396861_636343，2017 年 5 月 31 日访问。

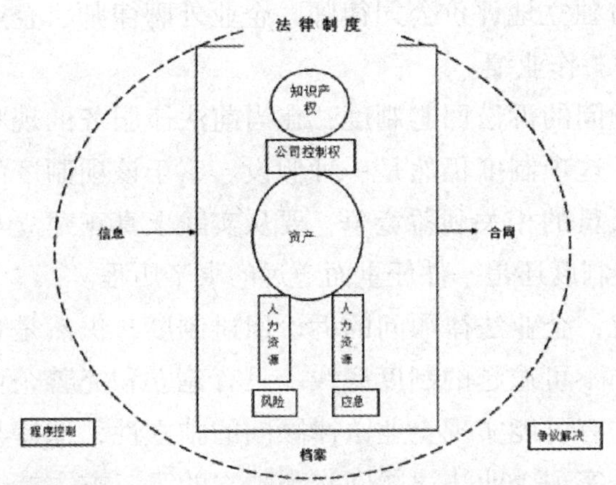

四、改革与创新现行的法律顾问制度是实现标准化的前提

新常态下企业法律顾问服务制度根据社会实践发展和企业需求的变化，笔者建议建立和完善三项企业法律顾问服务基本制度，以引导和规范企业法律顾问服务的标准化建设，三项基本制度为：企业法律顾问诉讼回避制度；企业法律顾问司法调解制度；企业法律顾问绩效考评制度。

（一）企业法律顾问诉讼回避制度[①]

企业法律顾问诉讼回避制度：是指企业法律顾问作为具有独立性和中立性特征的第三方中介服务群体，不承接法律顾问聘请单位具体诉讼或仲裁等诉讼法律事务，也不承接法律顾问聘请单位具体的法律服务事项的一项制度。该诉讼回避制度是企业法律顾问在接受委托单位提供法律顾问过程能够保持独立性和中立性的前提，也是企业法律顾问与公司律师、企业外聘律师、企业法务之间能和谐分工、各尽其职的制度基础。

企业法律顾问诉讼回避制度，从狭义上讲就是企业法律顾问不承接具体的个案诉讼（不打官司），不代理委托人的所有诉讼案件；从广义上讲，就是企业法律顾问不承接委托单位的任何具体的诉讼或非诉讼法律事务。该制度的最基本的精神和要旨就是要求企业法律顾问只为企业提供宏观的法律策划与决策参考、提供法律纠纷的司法调解、提供法律服务事项的绩效考核，而将具体的诉讼事务以及具体的法律服务事项交给公司律师、企业外聘律师、企业法务去完成，企业法律顾问对于具体的法律事务只是以

① 张民元：《建立法律顾问诉讼回避制度》http://www.sohu.com/a/128758780_636343，2017 年 5 月 10 日访问。

第三方中介身份独立地评价公司律师、企业外聘律师、企业法务以及企业经营管理人员的工作业绩。

企业法律顾问的诉讼回避制度，在当前法律服务的现状和法律服务的基本国情来看，这项制度仍然是一种假设。鉴于该项制度的建立与完善将涉及法律服务人员的相关利益竞争，要从实践上真正建立与实施企业法律顾问的诉讼回避制度还是一件任重而道远的艰辛历程。

但即使如此，企业法律顾问的诉讼回避制度，仍然是企业法律顾问发展和改革过程中不可逾越的制度底线。只有建立和完善企业法律顾问的诉讼回避制度，才有可能实现企业法律顾问的独立性，保持与完善企业法律顾问的中立性，实现企业法律顾问作为独立的第三方主持企业内部法律纠纷的司法调解，实现企业法律顾问、公司律师、企业外聘律师、公司法务的和谐分工。

（二）企业法律顾问的司法调解制度[①]

企业法律顾问司法调解制度：是指通过立法赋予企业法律顾问独立的司法调解权，让企业法律顾问在调解企业内部纠纷，化解企业内部矛盾过程中，通过调解所形成的由法律顾问签名的调解文书，赋予其强制执行的司法效力。

企业法律顾问司法调解制度，类似于现行体制下的人民调解制度，只不过是将这种人民调解的司法调解权赋予所有资深的企业法律顾问，让企业法律顾问在企业内部都有相应的司法调解权，有效分担法院处理诉讼纠纷的压力，创造和谐社会环境。

司法调解作为企业法律顾问一项最基础的法定职能，需要有相应的制度来加以保障，否则企业法律顾问的司法调解得不到社会民众的支持，企业法律顾问无法树立起资深法律人的权威地位，企业法律顾问即使非常乐意参与司法调解，也不会形成企业法律顾问司法调解的市场，社会公众遇到纠纷，仍然只会诉诸诉讼。

企业法律顾问的司法调解制度，在没有创新型的法律制度出台之前，这项制度也只能是一项假设，因为赋予企业法律顾问司法调解权，并不是依靠笔者和相关学者几篇文章所可以解决的，而必须在得到社会民众的认

---

① 张民元：《建立律师、法律顾问、法官三级调解制度 》http://www.sohu.com/a/129174739_636343，2017 年 4 月 13 日访问。

可和社会实践发展中，当企业法律顾问的司法调解上升为的社会需求的必须时，才有可能推动立法的发展，以立法的方式赋予企业法律顾问司法调解权，企业法律顾问的司法调解制度才有可能得以建立和完善。

（三）企业法律顾问绩效考评制度

企业法律顾问绩效考评制度：是指在诉讼回避制度和司法调解制度均成功建立的前提下，完善企业法律顾问工作职责的一项制度。绩效考评制度的目标与宗旨是建立和完善企业法律顾问职责分工和责任权限，以制度的形式赋予企业法律顾问法定的绩效考评职责，即包括对公司律师、企业外聘律师、企业法务、管理团队及相关部门员工的法治管理能力与法治管理质量提供法律评价与绩效考核，以供公司决策层在考评绩效和薪酬考核中参考。

简而言之就是企业法律顾问以第三方中立的身份对公司法律事务管理做出独立判断，该职责类似于上市公司的独立董事的职能，但又不同于独立董事，上市公司的独立董事，作为董事身份，更侧重于参与企业经营管理与决策，而作为企业法律顾问，其侧重点应该在企业的风险控制与法律监督，所以其职责应该更接近企业的监事会，所以企业法律顾问也可以称为企业“独立监事”。笔者以图例的方式来说明企业法律顾问在企业中的位置与法律架构定位[①]。

图标：以股份有限公司为例，阐述企业法律顾问的定位

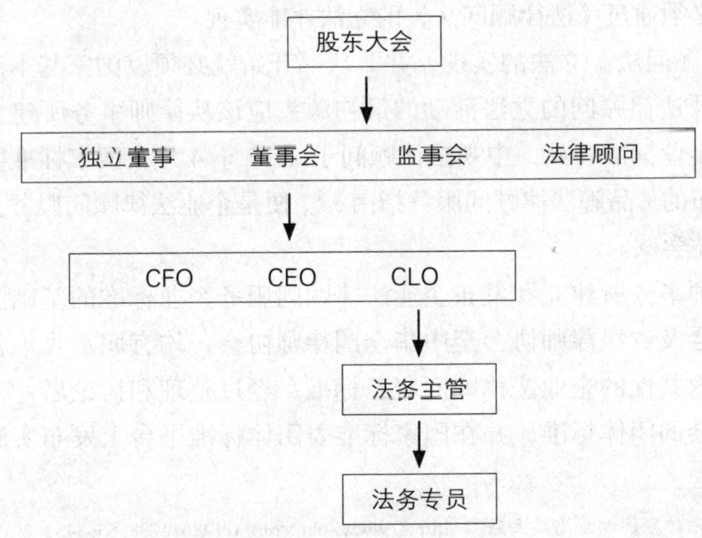

① 张民元：《法律顾问的职业定位》，http://www.sohu.com/a/127861387_636343，2017 年 5 月 31 日访问。

从上图表中可以看出，企业法律顾问在股份有限公司中的角色和地位应该是和监事会处于同一水平线上，在角色上相当于股份有限公司的“独立监事”。其法定职责与公司监事基本相同，只不过法律顾问独立于公司之外，不在公司的编制序列里，接受股份有限公司股东大会聘请之后，以法律顾问身份发表“独立性”和“中立性”的法律意见，开展法律评价，行使法律监督。

五、企业法律顾问服务标准化的实现路径

（一）企业法律顾问服务标准化必须依靠立法先行

法律顾问作为一项法律职业，存在其特殊性，在一定程度上体现了中国特色的社会需求。在英美法系为主导的西方立法体系中，法律作为体现统治阶级意志的国家机器，其主要出发点是维护私人财产权，作为以私人财产权保护为核心的法律体系框架下，西方法律人的工作重心也是以维护当事人的私有财产权为天职。而在以公有制为主体的国家，维护私人财产权只是法律体系中的一部分，公有制经济体制下的法律人核心工作任务是维护国家利益和社会公共利益，维护社会的公平正义才是法律人的核心工作职责。而法律顾问职业作为维护社会公平正义的一支重要力量，必须以立法的方式来确认其主体身份和地位[①]。正如法官、检察官、律师都有相应的《法官法》《检察官法》《律师法》一样，解决法律顾问的主体身份和社会定位问题，必须通过《法律顾问法》的立法才能实现。

《法律顾问法》立法的实现，并非从一开始就必须以国家基本法的形式出现，企业法律顾问的立法活动的最初源头应该从律师事务所建立法律顾问服务的企业标准开始，中观法律顾问于2017年4月在国家标准委企业标准平台发布的《品牌法律顾问服务指南》[②]，便是企业法律顾问服务立法活动的一种有益尝试。

在律师事务所建立和发布企业法律顾问服务企业标准的基础上，各县市律师协会及省级律师协会至中华全国律师协会，均有职责收集各自管辖地域范围内共性的企业法律顾问服务标准，经过整理和讨论后，上升为各级律师协会的团体标准，并在国家标准委团体标准平台上发布实施，以指

① 张民元：《法律顾问制度需要立法 》,http://www.sohu.com/a/128614788_636343，2017年5月31日访问。

②《企业品牌法律顾问服务指南》http://www.cpbz.gov.cn/standardProduct/showDetail/726388817/355219.do，2017年5月31日访问。

导各地企业法律顾问的服务工作。

司法部作为律师行业的管理部门，可依职权收集和整理各省级律师协会和中华全国律师协会发布的企业法律顾问服务的团体标准，经过分析整理并按一定的程序提交讨论之后，以行业标准的形式向国家标准委申请备案并发布实施。同时也可以将相应的企业法律顾问的规范性文件按国家标准制订的程序修订之后，报国家标准委审核发布实施，出台企业法律顾问服务的国家标准。

总之，法律顾问立法活动，可以遵循以律师事务所发布企业标准为起点，逐步上升为律师协会的团体标准，升级为司法部发布的行业标准，再进而上升国家标准委颁布的国家标准，以标准推动全国人大常委会和全国人大启动《法律顾问法》的立法起草工作和法律修订工作。

(二)企业法律顾问服务标准化必须依靠行业管理

企业法律顾问的管理应该通过在全国设立“法律顾问协会”，以及各个省市设立“法律顾问协会地方分会”的方式来实现。但在目前法律顾问主体身份定位不明，权限职责划分不清的状态下，依靠法律顾问从业人员自发组织成立行业协会，几乎是不现实的。现实状况下的许多法律顾问协会，均不是按照中办、国办的指导意见来建设的。许多行业协会仍在传统的法律顾问体制框架下运行，有许多法律顾问协会的会员均不属于取得统一法律职业资格的法律人。许多协会之间也没有统一的管理规程，而是各行其道，各自为阵。因此建立统一的全国性的“法律顾问协会”便成为建设与提升企业法律顾问制度的当务之急，且必须在政府的引导下按章建设，才能保证协会的管理能力，才能实现协会的规范管理职能。

企业法律顾问行业协会的建立与完善，可以参照当前行业管理协会的通行做法，由法律顾问的主管部门司法部牵头，按照中办、国办关于法律顾问建设的文件精神，组织相关资深法律顾问发起筹备，符合相应的发起及会员规模人数之后，报国家民政局批准设立，以《法律顾问协会章程》为纲领性文件，管理和协调全国的法律顾问服务工作。

各省级和地方可参照全国法律顾问协会的模式，依照全国《法律顾问协会章程》设立各省级和地方法律顾问分会，统一规范和管理各地方法律顾问服务工作。

尽管在没有明确的《法律顾问法》出台之前，组建全国性的“法律顾问协会”并没有相应的法律依据，但根据中办、国办将法律顾问定位为一项独立法律职业的基本精神来看，成立全国性的“法律顾问协会”不应该只是一种假设，而应该是提上议事日程的行业管理必须。

五、结语

本文以中共中央办公厅、国务院办公厅印发的《关于完善国家统一法律职业资格制度的意见》《关于推行法律顾问制度和公职律师公司律师制度的意见》为切入点，引出了法律顾问制度定位及制度本身问题和外界困惑。同时，结合我国十八届三中全会作出的“普遍建立法律顾问制度”的决定，以及十八届四中全会提及的“公司律师”群体队伍的建设。法律顾问制度，有其存在的现实价值，其符合市场经济发展的需要，符合依法治企的需要，故而不可废止[①]。

但新时期，也需要通过对企业法律顾问服务的标准化建设与管理创新，以适应社会发展的现实需求。笔者认为，企业法律顾问制度性质及制度走向，应当与执业律师的管理一致，应该有其独立的管理机构、管理体系、管理程序与评价考核机制。企业法律顾问作为一类独立的职业群体只有在标准化的体系与制度规范下，才能走得更长远，才能满足依法治企的政策需求，才能实现法治经济、法治国家的基本国策。

① 张涵刚：《新常态下有效发挥法律顾问在企业经营作用中浅析》，《法治博览》2015.10（下）。

第五章　法律顾问服务的市场准备

第一节　法律顾问服务的多样性

花絮一：

亿万富豪经朋友介绍聘请我担任法律顾问，基于朋友面子，签了5000元一年的顾问合同。合同到期后，我起草了洋洋洒洒数万字的工作总结报告，提交给老板后，老板说："好，你辛苦了，工作量确实很大，法律顾问对于我们公司确实很重要，我们决定跟你续签合同，因为是老客户了，第二年优惠点，打八折，付4000元吧。"

花絮二：

客户的小姨子要离婚，老板打电话给我："你帮我个忙，出面代理一下。"我出面，搞定了。

老板过几天打电话来："张律师，我叔叔的外甥的姨妈的女儿被人打伤了，你帮个忙，出面帮我处理下。"

我出面，搞定了。

老板又打电话来……

顾问合同到期了，顾问费没涨，老板还要求打折。我说顾问费多少涨点吧，您那么多个人的事情我都帮您处理了，没收代理费！老板一脸惊讶："你说什么！张律师！我公司聘请你当法律顾问这么年，我个人的事情你还要收我代理费吗？"

花絮三：

凌晨，天还未亮，家里座机响了："张律师，麻烦你无论如何赶快到我家来一趟，昨晚我一夜未睡，公司要出大事了！"

中午，正在去吃快餐的路上，手机响了："张律师，有份合同发你了，马上要跟客户签，麻烦你帮我改一下，马上要，很急很急。""不好意思，我正在吃饭，等我吃完饭，马上回复您！""那怎么行，客户等着呢，马上要签了，这么大一笔订单，无论如何你得帮帮忙，马上帮我看下，耽误你吃饭了，不好意思，也就几分钟的事……”

晚上，陪着老婆女儿看电影，手机静音，却不停地在裤兜里震动，一个接一个的短信：张律师，尽快回我电话，我公司的财务被抓了……

时间、时间、时间，法律顾问的工作时间无限延伸……

花絮四：

担任一家上市公司法律顾问十二年，从一家小公司成长为规模企业，再从规模企业成功上市，上市之后的第二年，老板不再见我了，合同期满找他们总经理要求续签合同，总经理说：“老板让我通知您，顾问合同不续签了。”

我问为什么，总经理答：“不知道”。十二年的持续付出，我很生气，拨打老板手机，不接我的电话，发短信不回，发微信发现被拉黑了。真的很生气，洋洋洒洒写了万言书，寄给老板，老板托总经理回了个电话：“张律师对不起了，不是对您的服务不满意，因为公司上市了，有领导托过来，得给领导面子，领导推荐的律师您也认识！”

以上的举例说明了在法律顾问工作中出现的一些情况，关键是看身处其中的你如何处理。一方面要接受服务的多样性，一方面也要坚持法律顾问工作的原则性。

第二节　法律顾问服务市场准备的三要素：信心、需求与机遇

法律顾问服务的市场准备包括三个要素：一、信心，指从事法律顾问服务人员自身的自信和客户及社会公众的信任来源，是律师可能从事法律顾问服务的前提与基础；二、需求，指市场对法律顾问服务的潜在需求及现实需求，是企业聘请法律顾问的直接动力；三、机遇，企业的需求多种多样，律师服务的人群芸芸众生，企业如何与律师能最终达成法律顾问服务的合意，存在着一定的机遇成分，当然也存在着偶然中的必然。

一、信心

信心：从事法律顾问执业所必须具备的心理素质和精神准备，包括服务提供方的自信、接受服务方的信任、社会公众及国家机构的认同三个部分。

（一）自信

从事法律顾问职业的从业者内心世界对执业行为与未来肯定性的评价与自我判断，包括主观上自我认可和客观上条件具备两个部分。

从事法顾问职业的自信大致有六个来源：

1. 通过律师资格（司法从业资格、法律职业资格）统一考试，且实习满一年，获得执业证的律师，或通过相应的考试，获取执业资格的法律工作者。

2. 具备从事法律顾问业务的从业经验或者获得一定资历的法律顾问实务技能培训，获得执业年限证明或培训考试合格证明。

3. 无违法犯罪记录和法律执业惩戒记录。

4. 在团队中独立承担某类业务获得肯定性评价或能独立承揽法律顾问且能完成相关任务并获得认可。

5. 有公开发表的学术理论成果或者担任国家机构认可的社会职务且无否定性评价。

6. 通过自身社会实践活动或者家族、亲友等社会交往中获取一定比例的社会关系资源。

当然律师除了以上六个获取自信的来源建立自身的信心之外，当然也可能存在其他的因素，笔者不一一罗列，任何律师在从事法律顾问服务之前，建立自身的业务信心是执业的首要基础，也是从事法律顾问服务心理准备的前提与基石。

拓展阅读（一）：《专业律师的三创》

我认为要想成为一名专业律师，应该要具备“三创”，即创业精神、创新理念、创造能力。

第一，“创业精神”是指专业律师的目标和精神动力。做一名专业律师首先应该把所从事的律师职业当作自己的终身事业，而不只是一种赚钱的途径。如果一名律师的定位是什么项目赚钱就做什么项目，那律师的目标就是赚钱，不可能形成自身专业方向，也不可能在一个专业领域投入物力、财力和精力。

结合我个人的奋斗经历来说，最初做律师时，也是什么案子都接，只要能赚钱，什么案子都办，心里想的就是挣钱，养家糊口。做律师几年之后，突然觉得心灵空虚。因为律师无论赚多少钱，都赚不过商人。所以心里便想：如果只是为了赚钱，我为何不选择去做个商人！在这种苦恼和迷茫的徘徊中思考，我差点选择放弃律师职业。但后来，当我选择做一名专业律师，并且以在专业上有突破，确定“将专业做到极致”为我的人生目标之后，突然发生律师人生充满意义，在事业上也充满了战斗力。

所以我认为：有创业精神，树立做一名专业律师的理想，才会成为律师奋斗的人生动力。

第二，“创新理念”，是指作为一名专业律师必须要突破传统法律服务的束缚，不能固守在前辈走过的路途上，按照前辈指引的轨迹因循守旧地按部就班。因为在传统业务上奔跑的人很多，竞争对手也很多，在如此拥挤的传统道路上，年轻人要想闯出一番天地，那是难上加难。如果在传统业务上埋头苦干，曾经指导你的前辈可能都会成为你的拦路虎，你成长的路途中可能就不得不面对从前辈嘴里挖肉的尴尬境遇。

专业律师若要成就专业，就必须创新，当然这包含了创新理念、创新的意识和创新的专业能力。

就我个人成长而言，在最初接触知识产权专业的时候，传统的业务就是商标注册、专利申请、著作权登记和知识产权各类案件的诉讼，而在当时商标注册、专利申请、著作权登记业务都是需要专门的代理资质和从业资格的，这类传统业务对于一个新手来说根本没有空间，而传统的知识产权诉讼又是大咖林立，从那些知识产权专业前辈嘴里去抢案源也根本没有这个能力。而我在知识产权领域的成长是从知识产权巡回演讲开始的，当我组织策划由浙江省科技厅、省知识产权局和省司法厅联合主办“浙江省知识产权宣传巡回演讲”，并将这个巡回演讲做成坚持了八年仍在坚持的品牌之后，“知识产权培训”“知识产权策划”“知识产权战略”便作为知识产权界“创新”的业务发挥了其专业价值。而且这种创新的专业领域比传统领域的知识产权代理与诉讼业务更受欢迎，由培训、策划演变成的专业的知识产权法律顾问，便将创新的业务走上了系统化、标准化的服务，“创新”的社会价值和经济价值都得到了彰显。

第三，创造能力。其实指的是创业与创新之后的系统工程。创业精神体现在思想境界上，而创新理念体现在实际行动中，创造能力却体现对于创业和创新的业务是否具备体系化和系统化的能力。

当专业律师创新一项新业务之后，任何一项新业务的产生和发展都会受到排斥，而且最开始也不一定会被市场所接受，所以当专业律师创新了某一项业务之后，就需要通过一系列的社会实践去将这项业务体系化、规范化、标准化，形成一套能被消费者接受的规范化、标准化的服务产品，那这项创新的业务才会被社会接受并得到后来者的传承与推广。

比如知识产权培训，最初做知识产权巡回演讲时，都是公益性的，演讲结束了，也跟听众没有任何联系。这种公益性的演讲坚持得久了，也会形成一种思维上的动力疲劳。但当我将这种知识产权演讲体系化、系统化，形成一套企业知识产权培训的专业教材之后，在企业法律顾问领域就增加了一套知识产权专业培训的服务内容，创新的理念通过实践就创造成了一项专业的服务产品。

总而言之，我认为专业律师的“创”是非常重要的，只有“创”才能站稳脚跟，才会有前进的动力，才会有坚持的毅力，也才能被社会大众所接受，理念才能转变成为生产力！

拓展阅读（二）:《弱水三千，只取一瓢饮》

选择从业律师，可能最初源于对律师职业的爱，而当真正成为一名律师，当爱好成为工作时，面对律师职业的绚烂万千却会显得手足无措。

面对刑事辩护的英勇激昂，经济大案的威震四方，知识产权的智慧较量，行政诉讼的正义担当，作为一名从业律师的睿智，可能都想一试身手。

而律师作为血肉之躯，身体的能量毕竟有限，大脑的精力毕竟有限，生命的热情毕竟有限！所以大多执业的律师都在思索，要不要选择一个专业？还是就跟现在这样胡子眉毛一把抓？

对于许多刚刚从事律师职业的年轻人来说，如果没有一开始就进入一个专业的平台，基于维持基本生存的社会必需，是没有可能靠自身努力去选择专业的。这就是我们平常所说的“先混口饭吃”。

功成名就之时，刑事案件都冲着“大”律师的名气而来，经济大案都希望能让“大”律师来出面摆平，知识产权案件更需要用到“大”律师的智慧。所以当律师出名之时，便变成了无所不能的“万金油”。此时此刻，如何把持便成为人生纠结。如若放任律师的这种“大”无极限地膨胀，最后的结局是要么战死沙场、晕倒在法庭、英年早逝；要么就是不堪重负之后，退隐律界，从此逍遥淡泊人生；当然大多数却是过着每天身背数案、劳碌焦虑、生不知阳光色彩，食不知口舌滋味，急匆匆，傻忙忙，风里来雨里去的律界夜归人。

世界万物之美，皆源于心中之爱。但当若因爱而过之成其为“好”时，便失去了万物原始之美感。所以爱酒之人，本可品美酒之醇香，却因贪杯而失其纯粹；天下美味若细细品鉴，本可知人间百味，却因为饱食无度而成为“油腻的中年男人”。

“爱”与“好”存在本质的差别！皆源于初心与贪婪。弱水三千，只取一瓢饮，娇梅千朵，只折一枝怜。这是人生的至高境界。而作为从业多年的资深律师们，是否可以在律法的大千世界里，只取其中一瓢，将一类专业做到极致。当问顶某一类专业之极限时，方显英雄真正本色，才为行业树立榜样。何苦羁累于案牍劳形，混迹于芸芸众生？

（二）企业的信任

企业的信任直接决定法律顾问服务的案源，如果没有企业的信任关系，法律顾问律师很难与企业客户之间形成对接，现实中的法律顾问服务都源于市场竞争，而不是源于计划经济时代的案源分配。

在研讨企业信任决定法律顾问的业务来源之前，笔者先分析一下法律顾问业务的来源。

一般法律顾问业务的案源有以下四种：

1. 撞上门来；

2. 朋友或亲友介绍；

3. 政府及机构推荐；

4. 企业客户推荐；

笔者曾经根据从事民营企业 18 年法律顾问工作经验进行了相应统计，统计结果为中观法律顾问团队的法律顾问客户案源 90% 来源于企业客户推荐，5% 来源于政府与机构推荐，而朋友或亲友介绍比例大约为 4%，而撞上门来的案源比例极低，不到 1%。

由此可见，从事法律顾问服务，企业客户的口碑占了相当重要的比例，企业法律顾问服务的案源绝大部分来自企业客户的推荐，企业客户的信任也来自企业同行的认可和推介。

现实法律实践中如何能够获得客户的信任，成为法律顾问业务准备中必须研究和重点探讨的课题，现笔者结合现实的法律顾问服务类型来分析相应的客户信任度及企业客户的维持概率。

1. 单打独斗型

优点：（1）稳定性高，续签成功率 90%；（2）业务水平不断提升，个人口碑越来越好；（3）客户信任程度高，对律师高度依赖。

缺点：（1）收费不能提高，业务瓶颈难以突破；（2）疲劳、累乏、体力不支；（3）服务圈子受精力、体力、年龄限制。

2. 团队合作型

优点:（1）分工协作，专业分工，轻松;（2）收费高，可承揽大型项目;（3）服务圈子可根据团队的人数扩容。

缺点:（1）稳定性差，客户的依赖性减弱;（2）团队个人不求上进，对带头人比较依赖;（3）受团队带头人精力、体力和年纪影响。

3. 品牌平台型

优点:（1）品牌管理，标准引导，客户的信任度来自品牌的影响力;（2）标准指导，规范服务，第三方认证考核，服务质量客观，可视化;（3）可跨区域拓展，跨地区合作，集中培训，集体研讨，统一维护客户群体。

缺点:（1）搭建品牌平台成本较高，需要有影响力的合伙和团体的共同推广;（2）品牌集中，执业分散，难以管理和控制质量，容易一粒屎坏一锅汤;（3）质量监管与提升需要第三方介入，单个团队创新能力弱。

根据以上服务模式的优缺点分析，可以看出：传统的模式为自吹自擂式，质量控制根据个人喜好，能挣钱就是好律师。团队合作后引入质量监控机制，但基于利益相关性，团队内部的监察缺乏足够的公信力。品牌管理模式引入第三方培训平台和第三方认证监管平台，监察结果有公示与排名，相对公正，且有助于整体质量提升。

但以上各类法律顾问服务的模式其实是各显神通，各有优劣，关键在于法律顾问团队根据自身的实际做出合理的选择，采取哪种服务模式根据实际状态而定。

（三）社会的认可

社会认可的方式：

1. 口口相传型。客户满意，推荐给另一个客户，另一个客户再推荐。

优点:（1）客户最直观的认可;（2）律师重要的客户来源。

缺点:（1）对律师的认可取决于客户的私利与个人意志;（2）追随和信奉老板的个人意志会带来执业风险。

2. 协会、政府表彰型。律师协会，政府机构对法律顾问服务予以肯定，并发文或颁证表彰。

优点:（1）行业协会，政府代表着正能量和社会方向;（2）对于从业律师有鼓励和促进作用。

缺点:（1）协会政府的出发点与客户的需求可能不一致;（2）有客户资源的律师往往难受表彰，受表彰的律师却可能没业务。

3. 第三方认证机构的认证与认可

第三方认证机构根据国家、政府、行业机构、社会团体、企业制定并发布的国家标准、行业标准、地方标准、团体标准，企业标准的程序调查客户及相关机构，按考核评价标准出具第三方的认证认可意见。

优点:（1）综合了政府、行业协会、客户、律师的意见，按社会公众的标准考核评判;（2）程序公正，按标准考核，第三方认证，保证客观公正性。

缺点:（1）建标准任重而道远;（2）推广宣传获得支持还需继续努力。

无论是哪种社会认可，其实都是相辅相成的，最终取决于服务的企业客户相信哪一种信息渠道。

二、需求

（一）法律顾问需求的层次

1. 个体的需求（自然人、公司、团体）。

2. 社会的需求（社会民众，时代）。

3. 国家政党需求（党建、正能量）。

（二）法律顾问业务的起步

1. 法律顾问业务起步于个体的零星的对法律利益的追求，聘请法律顾问的目的在于追求法律利益最大化，而不在于追求公平正义。

2. 个体需求的多样化。

（1）赢得诉讼;

（2）商业竞争中获得优势地位;

（3）商业行为中获得经济利益;

（4）管理行为获得控制地位;

（5）应急冲突获得安全与保障。

总之，法律顾问的需求是从维护私人利益开始的，没有法律上的利益追求，法律顾问便没有市场。

（三）个体需求与社会需求的融合

1. 个体利益的实现与法治社会的冲突。

（1）一方赢得诉讼，必然对方败诉;

（2）一方获得商业地位，其他人必然受制;

（3）一方获得管理地位，其他人必然弱势;

（4）一方获得商业利益，另一方必然受损。

当法律顾问制度开始普及时，人与人之间的利益竞争便演变为法律顾问之间的技能与功底考验，社会关系与人脉圈层的博弈。鉴于法律顾问的专业资格和执业素养，法律顾问之间的博弈一般会在国家和社会划定的红线圈层内按既定的规则和程序展开，而不会超越红线之外形成混战，这便是“普遍建立法律顾问制度”的意义所在。

2. 个体利益不能实现时，法律顾问成为牺牲品

任何博弈都有输赢，法律顾问制度只是通过对法律顾问的规制保障了博弈在法治的规则与操守中进行，秩序只是提升了战争的层次，但避免不了战争，法律人永远只能是斗士。

法律顾问制度改变的另一个结果便是在法治轨道内输与赢的结果均由法律顾问来承受。输了官司，丢了地位，失了利益，追责法律顾问的方式便是解聘，法律顾问在规则内只能承受这种竞争的结果。

3. 法律顾问执业的公平需求推动社会建立相应的标准规则

当事人之间的博弈上升为法律顾问之间的竞技之后，虽然代表了社会的进步，但法律顾问之间竞争的无序带来新的不协调和新的不公平，法律顾问组织建立标准与规则便成为必须。

标准的诞生是当事人、法律顾问、社团组织、政府部门共同协商并妥协的结果，并非相关组织与机构可以自发起草与制定。标准的出台必须相关利益共同体协商达成一致。社会需求与个体需求的融合最终通过标准来实现。

三、机遇

（一）对机遇的理解

机：是概率；遇：是碰撞、是融合。

全国十几亿、全球几十亿，这些在时空中运转的生命体，何时能相遇、撞见，也许只是擦肩而过，能真正“遇”而融合者可能只是几十万分之一。

（二）机遇可遇而不可求

成功人士说：他的成功与努力无关。哲学家说：机缘可遇而不可求。教育家说：世上无难事，只要肯攀登。人生的答案是：他们说的都是对的，表达的只是一个阶段的心情，在不同的时空看人看事，会得出完全不同的结论。

（三）法律顾问的准备

1. 时刻努力提升“遇”的概率，提升“机”的指数。

2. 努力锻炼，提升“遇”的能力，提升“机”的成功率。

（四）对“机遇”的认知

1. 机会是可以创造的。调研、学习、培训、交流、宣传、演讲等各类活动，提升人的活动能力与范围，也提升与业务相遇的概率。

2. 学习、培训、实践、跟团队，努力锻炼自己，提升“遇”时实现融合的能力。

所以，活着并一直那么努力，只是为了那一刻的相遇！

拓展阅读（一）:《量力而行》

许多年轻律师朋友问我：“张老师，我是该选择一个专业方向呢？还是眉毛胡子一把抓？我是适合做非诉讼业务呢？还是从事诉讼业务比较适合我呢？大标的案子我接不着，而小标的案子又不想接，我该怎么办呢？”

年轻人成长中的迷茫总是伴随着工作阅历一起生长，无论处于什么样的阶段，总是被迷茫所笼罩，走不出的迷雾，吹不散的阴云！

而每每遇到这样的问题，我也只能在沉思片刻之后，语重心长地回答：“量力而行吧！”

而年轻人也总是摇摇头，似乎懂了却又似乎更加迷茫！

“量力而行”四个字，看似仅仅只是那么点语重心长而已，其实却饱含了我对从事律师职业二十年的全部理解。

这里的“力”，不可简单地理解为“力气，力量”，其实它包含了人生的“理想、现实、机遇”等全部人生之力。

所谓“理想之力”便是心之向往，日思夜想、跃跃欲试之“动力”，这种力量大多与性格有关，多为先天之力；

所谓“现实之力”便是现实的生活与工作环境、学历、努力与机遇所形成的现实生活中的“支撑之力”，这种力量来自后天，且不为个人与团体的意志所左右，是谓“天时、地利、人和”之现实支撑力。

所谓“机遇之力”便是因为人的出生、教育、成长环境与家庭背景等经济基础所决定的难以超越的“束缚之力”，也称“定力”。

“理想之力”富足者往往好动，难以苟且人生，所以多苦恼而郁郁寡欢，大多为奋进而好学之士；“机遇之力”富足者往往稳中求稳，淡泊人生，以静制动，随遇而安，便是当今网络流行的“佛系”人生；而“现实之力”富足者，往往走一步计划一步，一步一个脚印，赞同摸着石头过河。

当年轻人初涉人生之时，由于对于自身所具备的三种“力”缺少充分而准确的认知，所以便迷茫，不知人生的第一步该从何处下脚。所以在总结了从业律师二十年的经验之后，笔者提出“量力而行”，便是想告诉年轻人：在下脚之前，可以先量一量自身的“力气”，是理想的躁动之力多一些呢？还是随遇而安型的佛系“定力”充足满满？或是能坚持一步一个脚印慢慢摸着石头过河的“耐力”充足？因为人生在未过五十的不惑之年之前，是很难集“动力、定力、耐力”于一身的，总会有那么些“力量”因子在一定时期内占据着你的大脑和身体。

所以笔者建议您在举步之前先“量”力，只是为了避免您在前行中徒增烦恼而已！若您天性好动那便去“折腾”，若您“定力”过人，那便“佛系”跟随，若您“耐力”满满，便稳扎稳打。因为无论您具备哪一种“力”都是现实生活中不可缺少的色彩，因为将军与士兵联手才能组建团队，水手与舵手配合才能乘风破浪，认知真实的“自我”，方可为自身“量体裁衣”。

任何超越自身“能力”的前行都将是一次大的冒险！所以前行之时，请您先“量”力！

拓展阅读（二）:《乡村振兴，律师有责》

作为一名农民的儿子，出生并成长在鄂西的深山老林之中，在党的农村政策照耀下，有幸能从一个光屁股的山里娃成长为一名穿皮鞋的城里律师，虽然在高中时期曾取名“山神”，有回乡务农报效父母养育之恩的乡村梦；成为律师之后，曾经有深入乡村巡回演讲开展法治宣传的“燕雀梦”，直到最近创办的“乡村振兴律师万里行”、乡村（居）法律顾问标准化，都有着浓浓的乡村情结，因为那里是我出生并健康成长的山水和土壤，即使我们在深入城市的最核心并定居在城市的腹地之后，乡村的一草一木、一山一水、一路一河，无时无刻会浮现在脑海、梦乡、静坐冥想片段、忧伤时分和孤独时刻。

曾经读过一篇思乡的文章《回不去的乡村》，读过之后除了泪奔、失落、忧伤之外，便是浓浓的思念与愧疚之情。曾经生养和哺育我们成长的天堂，却成为永远回不去的故乡，是乡村的美丽被我们遗忘，还是我们的感恩之心被乡村淡漠？

乡村振兴，匹夫有责，作为民族振兴的法律人，我们首当其冲。那里有美丽的山水，有曾经生养我们的亲人，有需要我们发挥智慧和专业的用武之地。曾经千辛万苦寒窗十年跳出的农门，即将成为我们发挥一技之长的搏击沙滩，农村土地流转需要律师来参与立法，农村经济招商需要律师来参与规划，农村康养旅游项目需要律师来参与推动与法律策划。

2018 年 1 月 2 日中央一号文件《中共中央国务院关于实施乡村振兴战略的意见》是否受到律师同仁的关注？发改委与国开行共同签署《关于支持战略性新兴产业发展的战略合作协议》，国开行开放 1.5 万亿融资促进智慧养老、生态养老、旅游养老、旅居养老等乡村康养项目的支持政策等，您是否因此振奋！乡村振兴中央一号文件明确提出“实施休闲农业和乡村旅游精品工程，建设一批设施完备、功能多样的休闲观光园区、森林人家、康养基地、乡村民宿、特色小镇”，这些项目都需要专家型律师的法律策划和投融资律师的法律运作。

中央一号文件提出：“适度放活宅基地和农民房屋使用权”，这些中央释放的信息，意味着未来乡村的土地有可能实现与城市土地使用权一样的流转空间。乡村广阔的土地资源有待于律师界的精英参与商业开发与资本运作。

乡村振兴，律师有责。有百姓、有经济、有文明的地方，就一定有律师的身影。我们曾是大山的孩子，流淌着乡村的汗与血，在乡村振兴国家战略的宏伟蓝图里，来自乡村的律师朋友们，可以把思乡、忆乡的那份情怀从理想与怀旧推进到现实的拼搏中来，让我们为乡村振兴开始准备起来。无论是写文章、办论坛、宣传演讲、课题调研、活动直播、案例研讨、项目策划、实战运作、标准制（修）订都将会看到我们乡村律师忙碌的身影。乡村不再是回不去的梦乡，而是等待整装待发的我们集体赛跑的黄金土壤。

第二部分

民营企业法律顾问服务的内容

第一章　服务民营企业生存与发展四大核心要素

第一节　民营企业知识产权法律顾问

一、企业商标（字号）法律顾问服务

（一）企业字号法律顾问服务

企业字号法律顾问服务包括的内容有：企业字号的选择；公司设立时企业字号取名。

1. 字号的查重，通过国家企业信用信息公示系统查询企业字号重名情况，以及能否注册登记。

2. 查企业字号与驰名商标的冲突。企业设立登记若取的字号与他人注册的驰名商标冲突，将不能获得注册登记，若获得登记核准，未来也有被撤销的风险。

3. 企业字号在注册登记时遇到阻碍时的法律救济。对于公司设立或变更登记过程中，当企业的字号受到他人侵害或在登记过程不能得到市场监督管理部门保护时，要依法维权。

4. 企业字号变更或扩大使用地域范围时的法律保护。企业字号变更时可能会由于其他相同字号注册登记在先而无法变更。企业原注册地所在的市、县、区，若扩大使用地域范围至省、自治区、直辖市甚至扩大至全国范围使用时，可能会因为在其他区域有相同字号注册登记在先而受阻。

5. 企业 IPO 上市准备时，企业字号与商标和其他权利冲突的查重分析，破解企业上市过程中的字号侵权风险。

6. 企业字号保护的实时监测。包括企业字号被他人在相同区域重复注册登记；企业字号被他人注册为商标；企业字号被他人注册为域名等。

7. 企业字号与商标发生冲突时的法律救济。

8. 企业字号使用中成为知名商号的申请。

9. 企业老字号的申请与保护。

（二）企业商标法律顾问服务

1. 企业商标注册方案策划，包括商标文字、图案的检索与查重，商标注册方案选择的法律意见。

2. 商标监测，已注册商标被他人抢注情况监测，企业关注的商标注册情况监测。

3. 商标注册申请，包括提交商标注册申请文件，接收申请受理通知书，商标异议答辩，异议商标复审答辩等。

4. 商标侵权风险控制，包括商标监测、商标侵权风险分析，商标侵权预防等。

5. 商标保护，包括通过市场监督管理部门的行政保护，海关备案登记的海关保护，法院诉讼的司法保护等。

6. 商标权与字号、域名等其他在先权利发生冲突时的法律救济。

7. 企业 IPO 上市时的商标风险分析。

二、企业专利法律顾问服务

（一）企业专利布局决策分析。包括专利研发投入，专利研发的领域与方向，专利申请的技术领域与数量，竞争对手的专利布局分析与应对策略分析，专利风险防控等。

（二）企业专利研发决策。包括研发前的技术分析与专利检索；专利研发过程中的商业秘密保护；专利研发中的利益分配、权利分配与保护等。

（三）企业专利申请。包括提交申请材料受理、答辩、公告、授权及专利年费缴纳和专利证书台账的建立。

（四）企业专利保护。包括知识产权局专利执法部门行政保护、海关备案登记的海关保护，法院诉讼的司法保护，社会舆论监督的社会保护等。

（五）企业专利侵权风险控制。包括专利监测与预警机制，专利谈判、专利侵权纠纷的和解与调解。

（六）企业 IPO 上市时的专利风险分析。

拓展阅读:《企业法律风险三十六之釜底抽薪》

2009 年，笔者联合浙江省科技厅、省知识产权局、省司法厅创办“浙江省知识产权巡回演讲”，当巡回演讲到金华站时，被台下就座的一位企业家拖住了。

他听了我的演讲后，非常激动，他说：“我原来一直以为律师都只是打官司的，没想到居然还有不打官司的律师，专业帮企业搞法律策划的，您让我长见识了！”

然后企业家话锋一转，单刀直入：“我企业就刚刚遇到一个棘手的大难题，杭州有一家竞争对手向我们欧洲的客户发函，说我们企业涉嫌侵犯他们的知识产权，若谁敢向我们公司下单，就追究谁的侵权赔偿责任。欧洲人是重视知识产权的，现在所有的欧洲客户都停止向我们公司下单了，我们几个亿的货全部滞留在工厂，再不出货就过了销售旺季，我们企业就将面临破产。今天真荣幸遇到您，求高人指点，给个锦囊妙计吧。”

当时我也未加思索，随口回答：“以其人之道还治其人之身吧。他发函说你侵权，你反过来向所有欧洲客户发函，证明你公司不侵权，反告他侵犯你公司名誉权，问题就解决了。”

金华客户将信将疑，巡回演讲结束之后专程从金华随到宁波，聘请我担任其公司法律顾问，专项处理知识产权警告函的事。

我搜集了杭州竞争对手相关的专利资料，觉得有信心相信金华客户的产品不侵犯杭州企业的专利权，就帮金华客户起草了一份律师意见书，以中国知识产权专业律师的名义向欧洲所有客户发出“不侵犯专利权的律师意见书”，并承诺若金华客户产品侵权的话，将由金华企业承担全部侵权赔偿责任。

律师意见书发出之后，欧洲客户基于对律师意见的信任，陆续下单订货，两个月内金华客户两个亿的外销货物陆续出海，顺利销空。

但杭州竞争对手并未善罢甘休，很快调整了对策，将其申请的专利在海关办理了海关备案登记，通过全国各地的海关拦截金华客户的出口货物，金华客户为了能顺利出货，不得不将货物拆分成零部件出口，到海外再组装成产品，无形中增加了运费成本，而且一直这样出货，心里也觉得不踏实。

金华客户再次把我请进了金华工厂，希望我能找到一个万全之策，避开对手的专利。我带领中观法律顾问团队的专利律师与金华企业技术团队召开了三次技术论证会，明确了杭州企业的专利技术与美国已公开的一款专利技术非常相近，杭州企业唯一的创造性就在于设计了一个“长方形能提供水平位移空间的孔”。因此，只要金华企业能突破杭州企业的该项技术特征，就不构成专利侵权了。

经过多次技术论证，金华企业将其产品改型，将“长方形能提供水平位移空间的孔”改造为“圆形且紧密接合没有任何位移空间的孔”。并且向国家专利局申请了实用新型专利。

金华企业在向国家专利局申请专利的同时，向国家专利局申请杭州企业的实用新型专利无效。杭州企业收到国家专利局的专利无效宣告申请之后，向国家专利局提出答辩意见，称其专利的新颖性在于设计了“长方形的可以提供水平位移空间的孔”。

国家专利局维持了杭州企业专利全部有效，金华企业提出的专利无效申请被驳回。当金华企业收到国家专利局的驳回无效申请裁定书时，非常不高兴，主观认为输了官司，甚至对我的专业水平产生了怀疑，并且解除了与我的法律顾问合同。但就在法律顾问合同被解除的五天后，杭州企业在宁波查封了金华企业出口的全部货物，金华企业再次委托我应诉。

在宁波中级人民法律的审理中，杭州企业以相同侵权原则主张金华企业侵权。我方以金华企业产品的技术特征属于杭州企业在国家专利局专利无效审理中放弃的技术特征为由，主张金华企业不侵犯专利权。因为杭州企业主张专利技术特征为“长方形的可以提供水平位移空间的孔”，就意味着放弃了不属于长方形的所有形状，也放弃了不能“提供水平位移空间”的所有情形，金华企业产品的“孔”是圆形，且与螺杆紧密结合，没有提供任何位移空间，因此，金华企业产品的技术特征属于杭州企业专利无效答辩中“放弃的技术特征”，根据专利审判中的“禁止反悔”原则，杭州企业不得以放弃的技术特征主张他人侵犯专利权。宁波中院采纳了我方意见，驳回了杭州企业的专利侵权诉请。

杭州企业不服，上诉至省高级法院，后申请最高人民法院提审，省高级法院和最高法院均维持了宁波中院的判决，并且以“相同侵权可适用禁止反悔原则”为标题登载在最高人民法院《人民法院报》的案例指导专栏。

至此，金华企业在专利侵权纠纷中完胜，从此企业产品在欧美市场畅销无阻。因此，在专利侵权斗争中，否定对手的专利，“釜底抽薪”方能断对手利斧，灭对方锐气。

三、企业商业秘密法律顾问

（一）企业保密体系与保密制度的建立与规范，包括保密体系的法律体检，保密体系框架的法律意见书，保密制度的审查意见、保密体系与保密制度的运行监测。

（二）企业保密体系的运行与控制，包括保密制度的制定程序，体系运行的监测记录，体系运行的漏洞检测，体系运行的工作底稿及档案管理。

（三）企业保密意识的培训，包括法律体检、体系与制度培训课程、监督检查的约谈，日常会务的警示提醒。

（四）企业商业秘密的保护。企业内部监督检查的行政管理保护；法院诉讼的司法保护；公安刑事举报的刑事保护。

拓展阅读:《企业法律风险三十六之飞蛾扑火》

有一个私营企业老板，生产了一种无纺布，经过多年的总结和反复地试验，老板发明一种设备可以将布变硬，在市场销售的无纺布，其他人都是软的，而这位老板生产的布可以直立起来，方便堆存、打包、运输，也非常美观。

同行都非常羡慕他的技术，他也深知这项技术的价值，所以将他发明的这套设备藏在一间暗室里，上了一把大锁，钥匙每天随身携带，任何人包括妻子都未曾碰过。一晃十年，他的无纺布虽然生产量不大，但一直独霸一方市场，有稳定的生意和客源。

突然有一天，有个远道而来的朋友听说了他的故事，大为惋惜："你看，现在国家如此重视知识产权，知识产权的市场价值在日益攀升，你这么好的技术却一直深藏暗室，太可惜了。"朋友接着说："如果我帮你申请一项发明专利，不仅国家有三至五万的奖励，而且你可能用这项发明专利投资入股，引进巨额资本，未来的销售额可能会是几亿、十几亿，像你这样蜷缩在一个暗室里当个小老板实在太可惜了。"

老板有些心动，好好款待朋友酒肉饭菜，送朋友上路，朋友分别几日便发来信息，称他打听过了，私营老板的这项技术若获得发明专利，市场价值大约5000万，有投资者愿意投入资金1.5个亿，双方合作开厂。私营老板有些躁动了，近2个亿的投资项目啊，每天挂在屁股后面的钥匙竟然隐藏着5000万的巨额财富！

私营老板和妻子商量之后，决定让这位朋友申请专利。朋友应邀前来，而且带来了申请发明的专家。一个月后，发明专利申请被国家知识产权局受理了，一年后，该项发明专利申请获国家知识产权局公开，根据朋友推测，一年后可以拿到发明专利证书。

私营老板内心非常期待这本发明专利证书到手，在等待的日子里，老板却发现最近市场上上市的无纺布全都变硬了，而且是接二连三的，过了没几天，他发现市场上所有的无纺布都变硬了。

老板找到我，气愤、绝望、痛苦，难以言表！怀着对知识产权权利人的敬重，我带领团队开展调查，走访了几家同样生产无纺布的厂家，询问他们为何侵犯老板的发明专利？

所有被询问的人都笑笑，笑而不答，进一步追问时，都说自己不侵权。

经仔细查询私营老板的发明专利申请文件，申请文件中写明温度控制在101℃与105℃之间。而询问那些“侵权”的厂家，他们都说，现在他们将温度控制在105.1℃至105.4℃之间，不在私营老板发明专利权利申请的保护范围。

我转而问老板，发明专利申请文件为何将温度描述为101℃—105℃之间？超过这个温度范围可以吗？私营老板回答：“他这项技术的诀窍其实就是控制好温度，温度过高会变焦，温度过低硬不起来，大概就应该在105℃，再高上去就烧焦了。”

我追问：“若超过那么一点点，比如0.4℃以内？”私营老板答：“那应该关系不大！”

市场上所有的无纺布都变硬，而且硬的“不侵权”，因为不在发明专利权利请求的保护范围。

私营老板坚守了十年的商业秘密就如此简单地贡献给社会。

我们不去探讨远道而来的朋友的用心是否良苦，也不去追究发明专利申请文件撰写专家是否存在疏漏与过失，我们关心的是：私营老板该不该把自家的家底去申请专利。

商业秘密的财富价值就在于其绝对保密，一旦公之于众，可能便分文不值。而专利虽然受到国家保护一定能获得利益，但这种利益的获取是建立在社会民众的尊重与国家机器的强制力保障两者结合基础之上的。

当一项技术可以作为商业秘密保护，也可以作为专利去公开时，权利人可能需要仔细去思考与分析，权衡利弊。可口可乐的神秘配方至今价值连城，也成为商业秘密永恒无价的经典标志性案例。

所以，权利持有者，公开与保密，敬请三思。

四、企业著作权法律顾问

（一）企业著作权意识的培训与指导，包括企业著作权培训及日常管理运行中的指导。

（二）企业著作权备案登记申请，包括著作权的备案登记申请，接收著作权登记证书，建立著作权证书台账。

（三）企业著作权预警。企业产品手册、企业网站、门店、海报、广告宣传、软件、建筑装饰装潢等可能涉及字体版权、图片版权、软件版权、图书版权、音像制品版权、影视版权、建筑装潢设计版权等侵权风险的预测与监督检查。

（四）企业著作权保护。版权局等执法机关的行政保护，法院诉讼的司法保护，海关出口备案的海关保护。

拓展阅读:《企业法律风险三十六之软件侵权警告陷阱》

曾经有一段时期，中观法律顾问团队服务的企业客户接二连三地收到来自不同软件公司的侵权警告函，或恐吓提出巨额索赔、或威胁将查封企业账号、或委托律师发送涉嫌侵权律师函。

企业客户收到这些警告之后，均不同程度引起恐慌，纷纷致电中观法律顾问团队的知识产权律师，一时烽火连三月，四面楚歌如临大敌。

针对企业客户收到的不同侵权警告，中观法律顾问团队专门开展了一次调研，经过深入的尽职调查及摸底，形成如下调研律师分析意见:

一、侵权警告的类型

（一）电话警告:该类电话打过来均自称某某软件公司法务部或某某软件公司委托的律师，但该来电号码经查询系某某销售公司的推销电话。

（二）函件警告:快递或挂号邮寄过来的函件，大多具有相同的内容，均是警告企业客户某款软件涉嫌侵权，要求企业客户致电某个电话或联系某某法务部的律师，企业客户按提示拨打电话之后，对方一般要求购买多少正版软件，并且限定购买数量和购买期限，威胁若不购买将依法采取法律措施。

二、收到侵权警告的情形

（一）企业准备上市或已经申报IPO或新三板正在提交证监会审核发行股票过程中。在这个时间段，企业的核心任务就是上市，企业的所有工作均围绕着上市这一中心工作服务。在这个时间接到警告函，企业客户会非常紧张，一旦发生知识产权侵权诉讼，企业上市计划可能被叫停或可能前功尽弃。因此这类企业客户收到警告函后可能不会跟法律顾问协商就直接与发函的软件销售公司签订软件正版化协议，确定购买软件的数量和企业软件正版化的进程或年限。

（二）企业有最新的网站信息更新或有互联网促销链接等，企业信息通过网络发布的，只要企业的信息在互联网能搜索到或能找到相关链接的，大多数企业都会收到这类侵权警告函，企业收到警告函之后一般都会很紧张，有些企业可能就直接拨打函件上的电话，当被告知若不购买正版软件就要被法院正式起诉时，部分企业就直接下单了，只有部分企业会想到联系企业法律顾问或者曾经代理过案件的律师。

三、中观法律顾问团队对这类推销式警告函的律师调查

经核实和查明，大多数发送这类警告函或者电话警告的，其实是软件销售公司的一种推销方式，只不过这种推销方式采取了发函或电话警告涉嫌侵权的形式而已。

发送这类侵权警告时，推销方一般暗示已经掌握和收集到企业正在使用盗版软件的“侵权证据”。大多数企业收到这类警告时也比较心虚，因为企业的软件都是第三方电脑销售公司安装的，不清楚究竟是正版的还是盗版的，再说也不能排除员工在使用过程中，从网上自行下载盗版软件的可能性，对于软件著作权，大多数企业都仍然处在半模糊的认知状态，似乎懂一点，又似乎不那么懂。因为政府一直通过各种形式在宣传尊重知识产权，并公布了一些知识产权侵权被判赔高额赔偿金的案例。企业听说自己的公司涉嫌侵犯知识产权，一般都会有点慌张，说不定发函方真的掌握了什么“侵权证据”，一告一个准。

推销软件的公司，大多数利用企业这种心虚的状况，通过威胁和恐吓的方式促销。从另一个层面上说，这类软件销售公司在用这种方式进行软件促销时，其实心里也是比较虚的。这类公司一旦在网络上找到企业的信息之后，一般会采取瞎猫撞死老鼠的方式普遍对不特定的对象发函，一般也没有收集到企业正在使用盗版软件的“侵权证据”，往往抱着一种试探的心态直接发函，逮到一个是一个。

曾经有软件公司电话促销软件，持续打电话给中观法律顾问团队的客户，中观法律顾问指派了一名律师进行电话跟踪，录制对方的全部通话录音，待对方下次再来电时明确告知对方：“你的推销电话已全部被录音，你这种采取威胁和恐吓的方式促销商品涉嫌构成欺诈，并有可能涉嫌构成强迫交易罪。”对方把电话挂了，从此再没有来电。可以推断，这个打电话的软件促销业务员可能也会处于恐惧状态。

四、律师分析意见

（一）关于侵权证据

对于这类威胁型的软件促销，企业真正关心的是究竟有多少“侵权证据”掌握在发函的公司手里，如果对方真打官司，企业会受到多大的影响，收到函件的企业之所以慌张，也就是紧张在会不会成被告，会不会输官司。

我们来分析一下发函公司所说的“侵权证据”，在计算机软件侵权诉讼中，并不是任何证据都可以向法庭提供并证明存在侵权行为的。

一般有效的诉讼证据有两类：一是购买盗版软件的销售发票；二是经过公证机关公证获取企业正在使用盗版软件的公证证据。当然还有一类，那就是原告提起诉讼之后，申请受理法院采取证据保全措施，法院工作人员在被告生产或工作现场查封获取企业正在使用盗版软件的证据。也就是说，软件公司要提起诉讼，前提是必须取得企业正在使用或已经购买盗版软件的证据。

为什么要分析客户使用盗版软件的“侵权证据”，因为软件促销公司在恐吓性促销时，都会说已查明企业正在使用某盗版软件。而企业也可能确实存在使用盗版软件的情况，这是企业恐慌的原因，也是软件促销公司抓住企业的弱点和心态所在。

（二）关于软件销售公司获取“侵权证据”的路径

企业普遍关心的问题是：如果企业正在使用盗版软件，正版软件销售公司可以通过哪些途径获取“侵权证据”？存在以下三种可能：

（1）盗版软件数据在线升级?

（2）盗版软件安装在电脑上，而电脑连在互联网上?

（3）盗版软件安装在电脑上，电脑被法院查封?

第一种情况，盗版软件数据在线升级。如果企业使用的是盗版软件，正版软件公司不可能提供在线升级服务，如果企业正在使用的软件数据在线可以升级，那一定也是盗版软件公司提供的，正版软件公司不可能提供盗版软件的升级数据。即使正版软件公司通过数据在线升级方式获得了证据，这种取证方式也属于陷阱取证，属于利用软件升级进行钓鱼取证的行为，在法律上属于非法证据，不能成为控告企业的证据。

第二种情况，企业使用的盗版软件安装在电脑上，而电脑连在互联网上。企业之所以担心这个问题，是因为许多企业都知道或者听说过远程控制，只要电脑连在互联网上，对方就可以通过远程控制的方式进入企业的电脑，对企业电脑上安装了什么软件都一目了然。

但这种担心是完全多余的，因为要实现远程控制的前提是：首先必须获得电脑使用方的同意，企业电脑使用方在电脑上点击“接受”或“确定”之后，对方才可以合法地进入企业正在使用的电脑桌面，实现远程控制的各类操作。未经允许的远程控制，那属于黑客的非法入侵，即使发现企业电脑上安装有盗版软件，并获取了证据，这种非法入侵电脑所“盗取”的证据也属于“非法证据”，不能见光，更不会出现在庄严的法庭上。

第三种情况，法院受理原告申请，采取证据保全措施，查封企业正在生产或工作的现场电脑，获取企业正在使用盗版软件的证据。

这种取证在理论上是成立的，也是企业最担心的，法院实地来查，一查一个准。但这种取证只能停留在理论上。首先法院会不会受理正版软件公司提起的企业正在使用盗版软件侵权的诉讼？答案是：一般不会。原因是因为企业使用盗版软件是否构成侵权，要分析企业使用盗版软件的行为究竟是属于消费者的使用，还是属于生产经营者的使用，或者必须证明企业使用盗版软件的行为是否存在主观恶意，是否与盗版软件销售者构成共同侵权。

也就是说企业使用盗版软件的行为是否构成侵权，是需要经过法律审判之后才能查明和确定的，在这种侵权状况不明的情形下，软件销售公司对企业使用盗版软件的行为所提起的诉讼，法院不一定可以立案，即使立案了也未必会同意原告申请，采取证据保全措施查封企业现场正在使用的电脑。因此法院查封现场电脑而获取证据的可能性仅仅只是一种理论上的假设。

通过以上分析，企业应该明白了，一般情况下，企业使用盗版软件的“侵权证据”，软件销售公司获取比较难。

（三）使用盗版软件的行为是不是就一定构成法律意义上的“侵权”？

针对这类威胁和恐吓性销售软件的行为，企业究竟应不应该害怕，关键还在于企业使用盗版软件的行为究竟构不构成对软件著作权权利人的侵权，这才是企业应对这种威胁和恐吓销售的底气所在。

分析企业使用盗版软件是否构成对软件著作权人的侵害，首先必须分析企业获取盗版软件的路径。

（1）企业盗取或购买正版软件后，自行复制、拷贝、翻版后在企业其他设备上使用，复制、拷贝、翻版后使用的软件均属于盗版软件。

（2）企业在购买电脑和网络设备时，第三方设备销售商销售的设备上自带的软件或第三方售后服务公司下载并安装的软件，企业的行为是购买设备和接受服务，对于软件的来源和是否正版并不知情，企业接受第三方公司的有偿服务，也没有审核第三方公司提供软件是否是正版的消费义务。

（3）企业员工在生产或工作设备上，通过互联网工具有偿或免费下载软件，企业员工和企业管理者对于软件的正版或盗版并不知情。

一般企业获取软件的方式无外乎以上三种。第一种方式企业属于明知的，并且是自行拷贝、复制、翻版，企业明知侵犯软件著作权的版权而用于生产经营活动的，构成著作权法上的使用侵权。第二和第三种方式，企业作为软件的使用者，是从第三方购买或者下载的，属于"能提供合法来源"的消费者正常使用的情形，在法律上不构成侵权。

若企业获取软件的路径是第三方提供的或者是合法网站上提供下载的，企业只需要提供"合法来源"的有效证据就可以了，依据知识产权法的"权利用尽"原则，软件著作权人不能状告合法消费者正当购买并使用软件的行为构成侵权。

综上分析，笔者鼓励和支持企业购买并使用正版软件，尊重他人的智力成果和知识产权，但对以威胁和恐吓推销软件的不正当促销行为，也可以勇敢地说不。正版软件有价值，软件销售公司通过合法正当的销售方式推广，制造"侵权陷阱"，恶意诱导和通过威胁恐吓的方式销售软件，损害了法律的尊严，也扰乱了市场的正常秩序。笔者以此痛斥并呼吁"叫停"软件侵权陷阱，重塑知识产权市场文明有序的营商环境。

第二节　民营企业公司治理法律顾问

民营企业公司治理法律顾问的职责包括公司股东大会（股东会）、董事会、监事会三会议事规则及日常管理，公司章程的制订，公司印章管理，公司股权设置及争议处理，公司股权激励机制，公司治理的法律顾问调解制度等。具体事项包括：

（一）公司设立时，公司股权架构的设置，股权比例的结构，按对应的股权比例分红，股权比例所代表的表决权，股东的身份关系，股权转让、继承等事项的约定。

（二）公司设立时，股东之间的谈判、签约，股东投资协议的起草、审查、修改与签署。

（三）公司章程的起草、审查、修改、签署及市场监管部门的备案登记。

（四）公司股东大会（股东会）的见证，包括决定召开股东大会（股东会）的董事会决议，会议通知送达程序，股东大会（股东会）召开的会议议程的见证，会议表决结果的现场审核与监督，会议表决事项的合法性审查等。

（五）公司董事会的列席与合法性审查，包括董事会召开的程序，出席会议董事资格审查，会议议程及表决事项的合法性审查等。

（六）公司监事会的组建及履行职务尽职调查，包括监事会的成员构成，产生的程序，监事及监事会的履职状况，涉及董事、监事、高管损害公司利益时监事及监事会监督义务的履行等。

拓展阅读（一）:《法律风险三十六之计拯救公司被收购的斗智斗勇》

一个物流的老板（公司的控股股东）收到一份公司小股东（持股6%）要求转让股权的通知，通知称：要求这位大老板在30天内确认是否行使优先购买权按照工商登记股本金20倍的价格收购该6%的股权，若大股东明确放弃优先购买权或在30天内不按20倍价格收购的，小股东将把股权转让给第三方。

大股东接到这个通知时，没当回事，他想没有人会笨到花投资款20倍的价格来收购这6%的股权，即使被收购了，这6%在公司里面也翻不起什么浪，所以就没有理他。

三十天过去了，这位大股东却收到一份来自非常熟悉的一位同行的竞争对手发出要求配合办理股权转让变更登记的通知。

看到这份通知时，这位大股东紧张了，因为这位出面收购这6 %股权的人太熟悉了，曾经是很好的朋友，现在也开物流公司，并且产业做得也很大。这位物流界的大老板花超出原股本金20倍的价格收购这6 %的股权，看来不是因为傻，而是背后可能别有用心。

这位大股东去问了一下公司的其他20多位股东，发现其他股东都曾经收到过要求股东行使优先购买权的通知，这20多位股东在30天内都没有行使优先购买权，现在也都收到收购方送达要求配合办理股权转让变更登记的通知函。但在收到通知的30多天时间里，这20多位股东没有一个人跟这位大股东汇报过，也没有任何小股东跟这位大股东私下里打过招呼。

这个物流公司是一家改制企业，大股东原来是村书记，改制时收购了这家公司，另外20多位股东原来都是公司的员工。改制时，大股东作为福利让每位员工都入了股份，虽然占股比例不大，但总额加起来达到49%，大股东占股51%，本来大股东认为他占公司股份51%，其他小股东每个人的股份都没有超过10%，应该他是绝对控股，相对安全的。

但现在这位熟悉的竞争对手出面来收购6%的股份，且出价超过原值的20倍（按照市场价值可能超过原股本金的二至三倍比较合理）。还有重点就是，所有小股东都收到了高价被收购的通知，但小股东却没有一个人跟他汇报。这位大股东预感到公司可能要发生大事情，这位高价收购6 %股权的人肯定不怀好意。

在几年前，笔者在交通委的组织下，在物流行业开展过连续三年的巡回演讲和法律体检活动，在物流行业有一定的影响力。这位大股东便找到了我，希望我帮他分析一下，收购方花高价收购6%股权的目的和法律风险。

我接受大股东的委托之后，首先对公司的基本情况进行了调查摸底，发现这家公司是一家原来的乡镇企改制后形成的有限责任公司，大股东原来是村里书记，而所有小股东都是原业乡镇企业的员工，改制时所有员工的股份都是大股东出钱赠送给员工的，而且这些员工都跟大股东十多年了。也就是说，这个公司的大股东对于公司的所有小股东是有恩的，而所有的小股东跟着大股东十多年了，也是有感情的。

当我向几个大股东比较亲密的小股东私下调查时，方知道原来是同行的一家物流公司的老板想收购这个大股东实际控制的公司，因为收购方对于大股东非常了解，知道这个公司大股东经营了一二十年了，企业就是他的命根子，他是不可能同意转让公司股权的。所以收购方希望先收购一部分小股东的股权，从一定程度上控制这个公司，然后再跟大股东谈收购的价格，也就是想通过收购一部分小股东的股权然后逼大股东转让公司。

大股东知道实情之后，也明白了事情的严重性。大股东在委托之后，提出如下几个问题：

（1）他是公司的股东，根据《公司法》规定，他对公司股权有优先购买权，这个收购方如何可以越过他的优先购买权而实现收购小股东的股权？

（2）他是公司大股东，持有公司51%的股权，即使收购方收购了所有小股东的股权，他的股权比例也只有49%，在法律上他仍然是控股股东，收购方作为非控股股东如何实现公司的控制权，如何可以达到实际控制公司的目的？

（3）收购方收购公司股权，即使跟原来的小股东签订完股权转让协议，完成股权转让款项支付后，但办理股权变更登记时，需要提交公司股东放弃优先购买权的证明和公司所有股东签名的同意股权转让的股东会决议，即使所有的小股东都同意放弃优先购买权，并且都在股东会决议上签字了，而他作为大股东不签字，不同意放弃优先购买权，收购方是否可以单方完成工商变更登记？

关于大股东所提到的优先购买权，这是《公司法》赋予公司股权的一项重要的权利，目的在于保护有限责任公司的人合性质，保护有限责任公司股东之间的人身信任关系，以避免不熟悉不认识或脾气性格合不来的通过自由收购股权而参与公司经营，影响公司的经营和运转效力。

但《公司法》关于优先购买权的规定，在现实生活中却很难实现保护股东之间人身信任关系的目的。因为《公司法》规定的优先购买权，是规定当股东准备将股权转让给原股东以外的第三方时，公司原股东有权优先收购准备转让的股权，但这个优先是有前提的，是在同等条件下有优先权。

这里的同等条件是什么意思呢？比如说，在本案中，小股东准备转让公司6%的股权，原小股东在工商登记上的股资额是20万元人民币，现在小股东准备按20倍的价格转让，也就是说准备以400万出售，而在正常情况下，这个小股东的股权价值应该是2倍，也就是40万，最多不会超过60万。而现在小股东抛出一个400万的天价，原来公司的股东若要行使优先购买权，就必须按400万的价格来收购，因为外面有不是股东的第三方愿意出这个400万的价格，内部股东要想行使优先购买权的限制条件是在同等条件下，也就是在同样出400万收购的情形下，公司的内部股东有优先购权，若公司内部股东的出价低于400万的，与外面收购的第三方就不是同等条件，内部股东就没有优先购买权了。

各位老总可能会问一个问题，那外面这个收购的第三方是傻瓜吗？明明最多值60万的股权，他居然愿意花400万元来收购。

这中间其实是收购方与准备出售股权的小股东之间存在内幕交易。收购方与出售股权的小股东之间实际发生的收购价可能也不会超出60万，但他们两个可以私下约定好，在工商登记上以400万的价格交易，并且实际支付400万的股权转让款，但在股权转让款支付之后，出售股权的小股东会将多出来的款项通过其他途径返还给收购方。其目的就是利用“同等条件”

来对抗内部股东的优先购买权。

若出售股权的小股东与收购方之间存在内幕交易，内部股权的优先购买权将无法实现，因为小股东出售股权时一定会通知内部股东一个难以接受的天价，逼内部股东知难而退，主动放弃优先购买。

回到大股东提出的第二个问题。他是公司的大股东，是持有公司51%的控制股东，在理论上他对公司有实际控制权。但如果第三方收购公司的股权只要超过10%，他有最基础的三项股东权利：（1）知情权，就是知道公司经营状况，也就是知道公司经营内幕的权利。（2）分红权，也就是有按公司章程规定分取股权红利的权利。（3）清算公司权，当大股东损害小股东利益，连续三年不召开股东会或不分取红利，或者有足够的证据证明公司股东之间矛盾不可调和，难以继续经营的，持有公司10%以上的小股东可以提起强制解散公司的诉讼，要求法院解散公司并对公司进行司法清算。

其他权利我们暂且不去细谈。第（2）项“分红权”也不是很可怕，因为公司有利润，股东按出资比例分红，这是天经地义的事，该分多少分多少，大股东也不会想多拿那么点分红的利益。重点在于第（1）和（3）项权利。

第（1）项权利“知情权”，表面看起来，不就是要知道公司的实际经营状况吗？可现实生活中公司的经营状况并不那么简单。因为大多数公司的账目中可以反映出公司客户信息，产品信息，人员信息，都是公司内部重要的保密信息，这些账肯定是公司内部绝密文件，若这些私账要被一个不熟悉的第三方“知情”，那可能就是天大的事，这个“知情权”那是很可怕的。

还有就是第（3）强制解散公司的权利，因为持有公司10%以上股权的小股东若存心要解散公司，他可以各种各样的方法让公司无法召开股东会，让公司股东会不能正常达成一致意见，通过各种方法让公司股东之间矛盾不可调和，符合法律上所规定的“公司无法继续经营”的法定解散条件，然后一纸诉状将公司解散然后进行清算程序。也就是说，只要第三方收购公司的股权达到10%，第三方就可以利用小股东的权利把这个公司给整“解散”了。

对于大股东提出的第三个问题。我认为这是大股东在处理这个被强制收购案中唯一可以利用的筹码！因为在现行工商变更登记手续中，作为市场监督管理部门为了防止第三方恶意收购公司股权，在工商股权变更中设置了一个门槛，就是要求股权变更登记时，必须提供全体股东签字的股权会决议，要么在股权会决议中有全体股东放弃优先购买权的声明，或者要求全体股东另外提供放弃优先购买权的声明，若股权会决议上股东的签字缺失的，一般市场监督管理部门不会办理工商变更登记。也就是说，在本案中，如果大股东不在第三方收购的股东会决议上签字，即使第三方与出售的小股东签订了股权转让协议，并且提供了其他所有小股东签字的股东会决议，因为大股东作为51%的控股股东不签字，第三方就无法通过工商变更登记而实现持有公司股权的目的。

第三方如果要实现实际持有公司的股权，就必须通过法院诉讼获得法院确认股权转让有效的判决，然后才能依据法院的判决书办理工商变更登记实现实名登记的股权。而对于第三方来说将是一个漫长的过程，而且第三方的目的不一定可以实现。

因此，我跟大股东分析，在这个恶意收购案中，其实是大股东与恶意收购的第三方一个长期斗智斗勇的过程，恶意收购的第三方在这个案件中可能也聘请了高明的律师在帮他策划，他的律师也非常清楚，即使第三方收购时可以绕过内部股东的优先购买权，但办理工商登记实现实名股东这个权利却任重而道远。第三方之所以先花400万的天价来收购6%的股权，其实只是给大股东一个信号，跟大股东打心理战，希望因此而让大股东妥协，然后以一个合理的市场价格将股权出售给收购方，实现收购方整体收购公司的目的。

经过分析之后，大股东心里有了把握。他也明白了他的优势在于两点：（1）所有小股东都是跟他打拼了十几年的员工，都是他一手带出来的，这些员工都跟他是有感情的，即使在重大利益的诱惑下个别股东可能因为利益而背叛他，但大多数小股东基于感情或大家的情面，不会做出太出格的事情。（2）恶意收购的第三方即使现在与个别小股东签订了股权转让协议，因为无法办理工商变更登记，在第三方的股权登记没有实现之前，恶意收购方承诺给小股东的股权收购的天价出于风险考虑，收购方肯定不会马上支付，包括私下承诺的额外的利益也不可能现在就兑现。因此，找小股东谈判，动之以情，晓之以理，让小股东不要配合恶意收购方，才是打赢这场仗的关键。案件的结果可想而知，为大股东成功保住了公司，保住了他的命根子。

但这个案件却留给我们太多的思索：

（1）在公司设立登记时，如何与股东之间订立公司的章程？公司章程中的关于股权转让的优先购买权如何设置？

（2）与他人合资时，公司的股权如何分配？公司股权的10%、51%、67%三个股权红线如何设置？如何分配公司才不会出现大的风险？

（3）公司章程中设置的公司股东会或公司董事会表决事项的，设置的股东表决的二分之一、三分之二、百分之百表决时，这对公司的命运有什么重大影响？

拓展阅读（二）:《法律风险三十六之形同虚设的公司股东优先购买权》

在前面，我们讲到了大股东如何通过优先购买权保住了公司控制权的案例。但在现实生活中，公司的合资情形却是五花八门的，而且大多数公司在合资设立公司时，并没有太多的法律意识，可能有80%以上的企业设立时并没有聘请律师帮他们制作公司章程，许多公司创业者为了省事，直接从当地市场监督管理部门的网站上下载一个标准版本的格式章程将相关内容填上，公司就注册成立了。

之所以发生这种公司设立用市场监督管理版本的格式章程的情形，其中原因有三：

（一）原因之一是政府部门的法律理解不够深入，有许多政府部门对于公司章程的法律效力和公司章程的民主制约，对公司管理可能造成风险的认识不足，许多政府部门特别是市场监督管理部门，会在自身的网站或其他纸质材料上起草一些章程的规范格式文本供企业设立登记时参考，最初市场监督管理部门起草这些规范格式文本的时候，其出发点是好的，是希望能帮助企业省点力气，为企业设立登记提供相应的章程范本，减轻企业创业者的负担。但这只是最初的良好出发点，而后来在实施的过程中，市场监督管理部门的窗口工作人员却把这个章程的示范文本格式化了，甚至在少数市场监督管理部门出现什么样的情形呢？就是只允许使用市场监督管理部门提供的格式规范文本，而要使用聘请律师起草的章程文本将遇到多重阻碍，市场监督管理部门窗口的工作人员若发现你登记的章程文本跟规范格式文本不一致的，就会强制要求你更改文本，必须改得跟市场监督管理部门发布的格式规范文本基本一致才允许你登记。这个现象在很长一段时期是非常普遍的。

这种政府的强制行为实际上是对企业自治权利的最大伤害，造成的法律后果就是企业设立登记的公司章程千篇一律，都是政府起草的规范格式文本，而政府起草的公司章程格式文本却又简单地只考虑到《公司法》所规定的主要情形，没有考虑到其实企业合资时，股东情况是千变万化的，每个公司的情形也完全不相同。

从某种意义来说，市场监督管理部门起草的规范文本可能只适合国有企业或国有事业性服务公司，而对于大多数民营企业来说都是不适用的。

（二）出现大多数企业套用市场监督管理格式版本的原因之二是因为许多企业设立登记创业者，对于《公司法》也没有太多的概念，总以为政府部门提供的格式文本那一定是合法有效的，也没有太多地考虑将来股东的权利，也没有想过如果以后发生纠纷要靠章程来维护权利。也就是说，对于许多创业的企业家来说，因为还没有经历过创业过程中股东发生纠纷的伤痛，也不知道股东之间发生纠纷的伤痛会是什么样的痛。所以兄弟姐妹合伙创业时，一般先不会去考虑未来会发生争议的情形。

（三）出现这种状况的重要原因之三，当然应该归结于我们法律人对于依法治国的理念宣传不够，许多创业的企业家没有意识到公司章程对于企业的重要性，也没有把公司章程放在一个企业根本制度的重要地位上。而我们大多数法律人在宣传法治的时候，又让许多创业的企业家感觉到我们法律人不是在普法，而是在拉生意，目的和功利性太明确，充满金钱的气息，创业者宁愿选择相信政府起草的格式规范文本，也不愿相信法律人为推销法律服务而为章程的重要性所做的宣传。因为卖瓜的说瓜甜，那瓜不一定真的甜！

不管是什么原因造成的后果，但现在真实的现状就是企业创业者对于章程的设置不够重视，如何通过章程保障股东的优先购买权？如何设置股东的股权比例？如何防范10％的股权红线？如何保障51％的股东控股地位？如何发挥67％的股权绝对控制地位？以及在章程中如何设置股东表决权的二分之一、三分之二、百分之百？这些章程中的核心重要条款，创业家们都愿意简单地选择市场监督管理部门的格式条款来简单地完成工商登记，抱着的态度就是等发生问题再找律师吧！正如不动手术不必要找医生的观点一样，企业股东风险与公司治理的定时炸弹往往就是在这种心态下根深蒂固地埋下了祸根！

为了避免创业企业家在发生股东纠纷之后束手无策，也为了防止在发生股东争议风险之后再找律师可能会来不及阻止事态的恶性扩张。我觉得在这里非常有必要为各位企业家介绍一下如何设置公司章程中的“优先购买权”条款，以规范的章程将这颗定时炸弹固定住永远不会有引爆。

前面我提到公司股东的四项权利：(一)股权对外转让时的优先购买权；(二)公司经营的知情权；(三)公司经营利润分红权；(四)强制解散公司权。就我个人认为：后三项权利保护的大多是小股东的利益，因为小股东在公司的股份弱，地位不够强大，常常被大股东利用其股权优势地位排斥其股东权利。所以《公司法》规定小股东享有公司经营的知情权，也就是不管你大股东怎么管理公司，怎么去运作公司都可以，我作为公司的投资人、小股东，我至少有权利知道你把公司的钱花到哪里去了，把公司的财产投到哪里去了。我作为小股东可以不参与公司的经营管理，可以不在公司经营管理上指手画脚，但你大股东做什么事，如何经营管理公司以及公司的经营状况如何，我作为小股东至少有权利知道。这便是知情权的含义，也就是你大股东得把我当股东看，我也是公司的一分子，是家里自己人。知情权实际上是一种身份权。

第二项分红权，就是我既然投资了，我就有权享有我投资的钱所获得的利益回报。我的钱存在银行也会有利息，投在公司里就应该有利益回报，如果利益回报都达不到银行的利息，那我也可以选择退出股东地位，分红权体现的是小股东的财产收益权。

第三项强制解散公司权。这是小股东的撒手锏。实在大家达不成一致时，强制解散公司，实际上小股东在迫不得已时的最后一搏，那最后的结果当然是公司解散，两败俱伤。

在这四项权利当中，优先购买权我个人认为是保护大股东利益的。虽然在股权转让时，公司的小股东也有优先购买权。但在大多数情形下，公司股权要对外转让的情形一定会发生在小股东身上，很少有公司的大股东想扔下公司不管，而公司大股东的股权转让给第三方。如果真发生了公司大股东要转让公司股权的情形，那这个公司要不就是要破产了，要不就是经营不下去要解散了。

关于优先购买权的设置虽然在理论对于大股东或是小股东都是平等保护的，但事实是上保护大股东利益的。

既然优先购买权条款是实质性保护大股东利益的，那作为公司的大股东就必须要特别关注“优先购买权”条款，因为这个条款若设置的不到位，在某种意义可能就形同虚设。在前面一节的讲义里，我讲述了小股东是如何与外面第三方互相串通而损害大股东的优先购买权的，因为大股东的优先购买权的行使以与外面收购的第三方在“同等条件”才能行使为前提，而当小股东与外面第三方互相串通或者隐瞒其他真相的前提下，这个“同等条件”就会导致优先购买权很难实现。就跟在婚姻家庭中我们主张法律面前人人平等，对于原配妻子和“小三”都要同等地受到法律的保护，但在现实生活中，当“小三”与老公隐瞒了事实真相，并且互相串通之后，原配妻子要想通过“人人平等”的法律途径往往很难实现其应有的权利一样，常常会通过暴力或其他特别手段解决问题一样。因为一个在明，一个在暗。对付下三滥也只能采取下三滥的方法，这就是我们平常讲的“以黑制黑”。

那么大股东在设置公司章程时，如何有效地保障在小股东对外转让公司股权能有效地实现优先购买权呢?

我们下面来分析一下，优先购买权行使的几个条件:（1）当股东对外转让公司股权时;（2）在同等条件下。

也就是说，只有当公司小股东向公司股东以外的第三方转让公司股权时，公司大股东在与外面第三方“同等条件”下才可能实现优先购买权。

第一个条件限制，是公司小股东对外向公司股东之外的第三方转让股权，若公司小股东将股权转让给公司其他的小股东，大股东不能行使优先购买权。（这种小股东之间集中股权的情形也会直接损害大股东的地位，也是大股东必须在章程中予以规制的，但这个不是我们在本章优先购买权要讨论的事情，我们会放在以后的小股东集中股权的规制里去讨论，这里我们不做讨论。）

第一个限制条件实际规定了，只有小股东与大股东之间发生了不可调和的矛盾，当小股东不想再与大股东合作，而想让大股东收购他的股权时又达不成一致的意见，《公司法》在保护小股东的利益，允许小股东将股权对外转让时，同时又保护大股东的利益，赋予大股东在小股东对外转让时有优先购买权。这实际上是大股东与小股东之间发生矛盾时，双方在《公司法》上的博弈。

从一般情形上来讲，大股东在公司处于优势地位，而且一般也财大气粗，在常规情形下，小股东肯定是处于弱势地位，在大多数情形下，最后小股东的股权一定是被大股东所收购的，小股东要想把股权转让给外面第三方，也不是真实的意思表示。事实上，也没有任何一个外面的第三方愿意在大股东与小股东发生矛盾之后愿意作为第三者卷进来蹚浑水。小股东对外转让股权的目的，也只是想借助第三方抬高一下股权收购价格，最终想让大股东出点高价来收购而已。

对于大股东来说，当小股东要对外转让公司的股权，大股东不想按照小股东所出的价码来收购，却又不愿意小股东把股权转让给社会上的第三方，《公司法》赋予大股东可以行使的权利就只有"优先购买权"。而这个优先购买权的行使《公司法》又规定了一个"同等条件"下才可能行使。

因此对于大股东来说，在公司设立时，在公司章程中约定"同等条件"是个什么样的条件，就显得非常重要了。

本来《公司法》在一个条款中既规定"小股东可以对外转让公司股权"赋予小股东对外转让的权利，又同时赋予大股东有优先购买权，这本来就是一种矛盾的博弈。其目的很清楚，就是让你小股东也好，还是大股东也好，都不可能轻松自然地实现你的权利，所以法律是各打五十大板，"你可以自由转让，但我可以优先购买"。所以一般的结果是：你卖不掉，我也买不成。要么双方坐下来谈，要么就采取法律的手段解决问题。所以在现实生活中，股东之间的纠纷，很少有可能依据公司法这个条款来解决问题的。因为这个条款的规定本来就是一个互相规制的条款。

所以如果大股东在创立公司的时候，如果把这个股东自由转让股权的条款和大股东行使优先购买权的条款，就这么照抄照搬地弄进公司章程，那一旦发生纠纷，就只能看着大股东、小股东各自施展拳脚，直到张飞打岳飞，打得满天飞为止。

拓展阅读（三）:《法律风险三十六之公司〈章程〉与〈公司法〉哪个大》

对于公司章程和《公司法》哪个效力大，一般都认为《公司法》大，公司章程得服从《公司法》。

这其实是对《公司法》和公司章程的最大误解。

《公司法》并不一定比章程大，有些时候，可能还要以章程为准。

我讲到这里，可能就会有人摇头，甚至马上拿起手机百度一下，然后举手说："张律师，你讲错了，你看网上明明写着，某公司章程因违反《公司法》规定被法院判决无效。"网上说的这个案例我也看到过了，确实章程的规定被法院判决无效。至于为什么会被无效，我猜都能猜到，肯定是违法了法律的强制性规范。那什么是强制性规范，为什么违反了强制性规范会被无效，有没有其他例外的规范呢？

法律规范依据权利、义务的刚性程度，可分为强制性规范和任意性规范。所谓强制性规范是指必须依照法律适用、不能以个人意志予以变更和排除适用的规范。它是行为主体必须按行为指示作为或不作为的规则。它的特点是主体没有自行选择的余地。而任意性规范又称为指导性规则，是行为主体可以自己决定是否按规则指示作为或不作为的规则。它的特点是主体有一定自行选择的余地。《公司法》属于私法，主要调整在公司设立、组织、运营或解散过程中所发生的社会关系。其条款不仅包含强制性规范，同时也涵盖了大量任意性规范。有一句经典的法律谚语：法无禁止即自由。所以《公司法》与章程到底谁大的问题，不能一概而论，需要具体问题具体分析。

因为章程的条款太多，我在这里也只举例来说明股东的优先购买权如何通过章程约定来实现。市场监督管理部门起草的关于优先购买权的格式条款一般为："股东可以向股东以外的第三方转让其持有的公司股权，但公司股东在同等条件下有优先购买权。"

一般公司股权转让涉及三个方面的问题：（1）转让对象，即股权准备转让给谁；（2）转让价格：股权按什么的标准或价格来转让；（3）股权转让工商变更登记的手续如何办理。

既然股权转让涉及这三个方面的问题，那我们就来论证，在公司章程是否可以就这三个方面的问题来加以约定，以帮助大股东实现优先购买权。

转让对象。《公司法》规定公司股东可以向股东以外的第三方转让股权。《公司法》上的"第三方"没有任何限制，也就是股东之外的所有人都可以。但同时《公司法》第七十一条同时又规定"公司章程对股权转让另有规定的，从其规定。"也就是说《公司法》虽然规定股东可以向股东以外的人转让股权，但同时又授权公司章程可以有其他规定，而且是只要"另有规定的，就从其规定。"正是《民法通则》的有约定的从约定，没有约定的才按法定的原则。

那我们如果大前提同意公司股东向股东以外的转让股权，但我们在章程中同时约定，股东不得将公司股权转让给与公司存在业务关联关系、存在利益竞争关系或有可能对公司利益造成重大损害的第三方。并约定收购方必须提供500万元以上的财产证明，以证明收购方有足够的收购能力，并且提供不存在利益冲突的相关证明等等，这些约定都不违反国家法律强制性规定，但对转让对象却进行了相应的限制。这只是举例，并不代表章程都按这个方式去限制收购方的身份。

转让价格。其实大股东和小股东之间关于优先购买权争的就是价格。一般小股东要转让股权，大股东都会出面收购，只有在小股东漫天要价的情形下，才会出现股权转让的僵局。那么股权转让的价格如何确定呢。可以放任小股东在转让前漫天要价吗？

公司章程如果对转让价格作出合理的限制条件，就不会出现漫天要价的情况。举例：若公司章程中约定，公司股东转让股权时的作价应以股东所持的股权比例所占公司上一会计年度期末资产净值（所有者权益）的份额为转让中间价，股东转让股权时出售价格上下浮动不得超过中间价的10%，若超过10%的视为恶意转让，公司经其他股东表决一致同意，可以按中间价强制收购其股权。

我们在公司章程中规定股权转让合理的中间价是公司净资产（所有者权益），因为一般公司每年的会计报表都会提交给全体股东确认，股东没有对资产负债表提出异议的，就视为确认了资产负债表所确认的内容。当股东转让其股权时，以股东所占净资产的份额作为中间价，合情合理，也没有损害股东利益，并且给予了上下10%的合理浮动。并且也不违反法律强制性规定。这样就不会出现转让时出现天价的股价。

股权转让变更登记手续。一般来说，在股权转让时，股权转让变更登记手续是最难的，因为现在工商登记时都必须让转让方和受让方一起到市场监督管理部门面签，且股东会决议需要全体股东全部签字，若有一个股东缺失，就办理不了变更手续。

为了防止大股东与小股东发生争议时，小股东不签字，公司的股权就永远控制在小股东手里收不回来，形成股转僵局。若我们在公司章程里规定：

公司所有股东均授权公司会计办理公司登记、变更、股权转让、公司解散或清算时的股东签字手续，公司所有股东均向公司会计出具相应的授权委托书，授权办理公司登记、变更、股权转让等所有与公司登记备案有关的所有签字手续，凡是公司会计代表公司股东在工商登记的签字，所有股东均予以认可，且该授权为不可撤销的授权，除非公司三分之二以上的股东达成一致取消原授权或者形成新的授权。

当然这也只是举例，并不代表所有的公司都可以这样约定。但如果公司章程有这样的约定，这并不违反法律的强制性规定，同时也可以有效地防止小股东在发生争议时，强制持有公司的股东制造事端。大股东可以直接根据章程的授权让公司会计到工商登记办理股权转让，并将应支付的股权转让款付给股东或公证提存，就可以有效地强制转让小股东的股权。

当然这里的举例是讲如何保护大股东实现优先购买权。如果是为小股东设置保护，那又要另当别论了。

总之，就是在章程与《公司法》之间，并没有永恒的谁大谁小，《公司法》作为一部法律，他面向的是全社会，他不一定了解你公司的具体情况。所以，既然《公司法》的任意性条款赋予了你自治的权利，为什么不用你的章程将这一权利牢牢握在你的手中呢？

拓展阅读（四）：《法律风险控制三十六之公司股东会与公司印章的权力之争》

这个课题肯定会有读者觉得奇怪，股东会是公司最高权力机构。印章只是一枚可以代表企业行使权利和承担义务的印鉴，这两个之间怎么可以放在同一主题来讲。

作为一名从事了二十多年法律顾问工作的律师来说，我认为在一个公司，公司的印章控制权很重要。

先讲个案例。

两个老板一起合资开设了一家担保公司。后来由于金融危机公司出现巨额亏损，因为公司负有大量债务，外面还有许多的应收款仍然在通过诉讼打官司收回。而两个股东现在是谁也不信任谁，只要坐一起就会吵架，甚至会打起来，所以根本不可能开什么股东会来决策公司的事情。其中一个老板为控制这家公司，就找了几个彪形大汉冲进公司大门，将公司的保险箱掰开，把公司的所有财务账册和公司印章全部抢走了。

另外一个老板发现印章和账册被抢后，马上打电话给我，问怎么办？

我说：马上报警！老板打了110，又托关系找到刑警大队和治安大队的大队长，警察都一趟一趟地来过了，然后做个笔录都摇摇头，然后走了，说："没有办法，这是经济纠纷，我们公安不能立案。"老板很无奈，又问我该怎么办。那我说公安不管，只能通过法院起诉，让法院采取强制措施，实施诉前保全，将印章和财务账册去查封拖到法院。

老板就委托我提起诉讼，并且申请法院采取诉讼保全措施和证据保全措施。案件立案了，法院执行庭负责诉讼保全和证据保全的法官却迟迟没有任何行动。我们就去找院长，找执行局局长，院长很重视，局长也很重视，然后就院长局长一起把负责诉讼保全的执行法官叫到会议室。

在会议室，执行局的法官也一脸无奈，别跟我说："张律师，你也非常清楚的，我们做诉讼保全和证据保全是要你们申请方提供证据线索的，你必须告诉我们印章和财务账册放在哪里，并且提供准确的位置，我们才有可能去保全，你们申请方不能提供要保全的证据在哪里，我们怎么去保全啊！"

我说："我们都调查过了，印章和财务账册就锁在那个老板公司的保险柜里面，他们平时还经常拿出来用的，你们如果到那家公司，要求他们强制开保险箱，印章就一定在那个保险箱里的。"

执行局法官满脸通红，然后就说了许许多多，反正就是无法进行保全。其实我也理解执行法官的难处。

后来这个印章被抢的事，就这么不了了之了。被抢的老板也不再相信我这个律师。他直接凭自己法定代表人的身份证去办了印章挂失手续，然后找刻印章的公司重新刻了一个印章。于是，出现的状况就是一个老板手里一个章，每人控制一个，你盖你的章，我盖我的章。究竟哪个章是合法的，哪个章是有效的？反正这个官司有得打了，两个印章就这么一直用着，直到这个公司最后被强制清算。

从这个案例，我们可以看到一个事实，就是在民营合资企业里，股东会虽然在理论上是公司最高权力机构，但那只是文明的讲法，而要是用武力方式解决问题，那肯定是谁占有公司印章谁就占有公司主动权，从某种意义上来说，印章才是最大的。

第三节　民营企业资产管理法律顾问

企业资产法律顾问服务的内容包括企业有形资产的管理，无形资产的维护，流动资产的清理和隐性资产的辨析等。

一、企业有形资产的管理

具体包括：

（一）企业有形资产台账的建立与管理，台账的定期检查与更新，企业有形资产的物权登记及使用价值效益分析。

（二）有形资产抵押、质押、担保、租赁、转让、报废等涉及资产权益变更事项的程序把控及风险控制，涉及权利登记事项的期间登记及时效风险的定期预警。

（三）有形资产损毁、灭失、贬值及政策风险的分析与控制，包括保险合同的订立与审查，保险事故发生后的理赔及保险风险防范、资产风险分析与资产管理预警。

二、企业无形资产维护

具体包括：

（一）商标、字号、专利、著作权等无形资产的注册申请、确权登记、维权救济等程序性事项的审查与监督。

（二）无形资产台账的建立，定期检查及无形资产权利期限的年费缴纳维护及期限续展的维护与管理。

（三）无形资产的权利状态监测及侵权风险的监测与分析，发生侵权事项的法律救济与维护事项管理。

三、企业流动资产的清理

具体包括：

（一）银行借贷、对外借款、预收账款、应付款合同的审查与登记，账款发生的时间期限统计及时效风险预警，争议事项的调解及风险事项法律救济。

（二）应收账款、应收票据、应收利息，企业投资等应收款项的账龄统计与分析，时效风险预警，逾期账款律师函的发送及跟踪，组织企业人员对账及诉讼证据准备等。

（三）税金的缴纳及税务风险管理，包括企业税收监管制度的运行与实施，税金缴纳的审核与风险评估，税务查漏及偷漏税风险预警，税款滞纳及涉税风险发生后的法律救济。

四、企业隐性资产的辨析

（一）识别企业隐性资产的存在及价值预估，为企业并购、重组，企业整体出让时隐性资产的权益准备和价值预判。

（二）企业并购、重组、整体出让时，隐性资产价值的考量，合理性分析，权益谈判交易对价的评估及合同签署时风险预警与价格披露。

（三）隐性资产被并购、重组、整体被收购之后的权益存续及价值灭失风险提醒，隐性资产权益维护的策划方案提出与后期权益实现的路径分析。

拓展阅读:《法律风险控制三十六之投资中的智慧控制权》

一般来讲，任何投资行为都离不开技术的支持，若没有技术开发与技术超越，在投资领域想立于不败之地几乎不可能。

而对于技术投入来说，无外乎三种情形:（一）投资者自身掌握技术，对行业内的技术研发和技术创新具有完全的把控能力;（二）投资者完全不懂技术，技术研发与创新完全依赖于第三方技术团队;（三）投资者懂技术，但依赖于与第三方技术团队合作才能完成技术研发与创新。

第一种情形一般为技术人员下海创业型，这种投资创业模式为自主研发型，但这种模式一般做不大，因为技术人员大多没有太多资金也不具备较强的融资能力。第二种情形，是老板出钱，技术人员属于打工型，很难发挥技术人员的积极性。第三种情形为投资者与技术团队合作的联合投资模式，在现实操作中，出现的形式往往是投资者以资金出资占大股，技术人员以技术出资占小部分股份的股权合作模式。

笔者在此重点探讨投资者与技术人员合股模式的法律风险。一般在企业初创期，有投资者出钱，技术人员不出资以技术作为投入，持有公司股权，名义上也成了公司的老板之一，所以投资者和技术研发者都会有合作积极性。

这种合作模式的风险往往发生在产品研发成功之后企业产生销售利润的分配问题上。发生分配争议风险的情形通常是产品成功销售产生利润之后，技术人员因为占小股而获利不多，甚至不获利，出现与心理预期的反差而导致心理不平衡，出现离职带走技术或在股权问题上发生诉讼。

之所以产生这种分配争议风险，其原因在于:

（一）国内非上市公司管理与财务控制有些并不规范，有些小企业存在两本账，一本账用于报税，一本账是内部账，用于股东分配。两本账的现实存在，让不懂财务的技术人员因为企业老板不诚信的“假账”行为而产生不信任。

（二）国内许多企业为了规避税收往往会采取虚开成本发票，虚列费用支出，虚报成本费用等各种方式来降低企业利润，以达到少缴税甚至不缴税的目的。而这种规避税收的方法虽然对股东有可能多赚钱，但这种虚假财务计账方式同时也让不懂财务的技术人员产生了质疑。即使“虚假记账”让技术人员赚到了比公司投资协议约定更多的钱，技术人员也仍然会怀疑是否被假账给“坑”了。

缺乏信任是投资者与技术人员之间产生争议的最主要原因。

现实中投资者与技术人员产生争议还会存在另外一个原因，是投资者与技术人员管理理念不同所产生的争议。

一般投资者关注的是利益，在乎能赚多少钱，而技术人员可能更注重理想更在乎实现个人价值。所以技术人员对于投资者的避税行为会鄙视，在技术有更新可能的时候，希望投资者能加大投入，为了某项技术创新可能会不计成本，这种投资者与技术人员之间的差异本来是可以互补的，相互若协调得好，可以让企业平稳进步，但若投资者不善于管理，不能理解技术人员的这种心情而加以责备或独断专行时，双方的冲突便会越来越大，直到最后的势不两立。

投资者与技术人员的第三类冲突体现在程序的公正上。一般投资者与技术人员合资，投资者肯定占绝对控制地位的股份，技术人员只持有少量股份。正因为这种股权比例的悬殊性导致有些投资者忽略了公司治理中的管理程序，主观认为反正是绝对控股，大事小事都可以直接说了算，即使开个会放在股东会上表决结果是一样的，所以往往诸事的决策都不召开股东会，而自身就独断地决定了。

这种对决策程序的忽略带来的后果便是让技术人员感到不公平，失去了股东的地位，甚至影响到了人格尊严，虽然技术人员作为小股东也清楚自己在股东会表决中的分量，但觉得至少要事先通个气，既然是股东，应该获得最起码的尊重。投资者对公司治理中程序的公正公平性决定了技术人员作为小股东的合作心态，形式上公平有些时候比实质公平可能更重要。

笔者在本章中分析投资者与技术人员合资的冲突与风险，意在警示投资者如何通过建立信任，控制心态，程序公正地实现与技术人员的友好相处，将公司治理中的智慧控制权稳稳地操控在手中。

稳定技术人员，发挥技术人员优势，就是控制核心技术，掌握智慧操控，更好优化企业管理。

那如何掌控公司治理中的“智慧控制权”呢，笔者有三条建议：

一、制度的合理性与透明性。投资者与技术人员的首要冲突来自不信任，而不信任的主要原因是管理制度的缺乏和制度实施的不透明，比如两本账、虚假列支等问题企业对于企业股东来说利益是一致的，当然完全依法纳税和合法经营才是正道，但如果这些行为确有发生时，若对于内部股东有个透明的机制，小股东明白状况且理解了利益相关性，自然便不会因大股东藏着掖着或隐瞒事实而心生质疑了。

二、会议与讨论机制。投资者与技术人员的理念冲突是必然存在的，而通过会议与讨论机制，让彼此充分展示自身的想法与理念，在辩论中求同存异，在讨论中相互理解，在协调中彼此磨合才是企业和谐发展的硬道理。

三、建立合理的公司治理程序。无论是决策还是执行，建立合理的、公正的程序机制，按照彼此达成的一致程序决策，按程序执行，按程序分享成果，其形式或实质的公平均可以保持合资小股东的心理平衡。从一般意义上讲，慢节奏遵守程序要比无程序的奔跑走得更远。

如此合资者在公司治理中，控制“智慧”便游刃有余了。

第四节　民营企业人力资源法律顾问

企业人力资源是企业生存与发展的重要支柱，涉及人力资源法律事务的主要领域有：

一、企业人力资源架构的设置，包括部门的设置、岗位的配置、薪酬等级、绩效考核的指标要素等。具体内容包括：

（一）企业人力资源组织架框图；

（二）企业各管理部门的设置及职责范围；

（三）企业人力资源管理的制度框架；

（四）企业人力资源的流程管理；

（五）企业人力资源的绩效管理（绩效考核标准及框架）；

（六）企业人力资源的风险控制。

二、人员招录流程的审核及签约文件的准备，档案管理，具体包括：

（一）企业人员招录面试告知书；

（二）企业招录人员背景调查；

（三）企业劳动合同文本的审定；

（四）劳动合同签署情况统计及未签劳动合同的情况排查及风险控制；

（五）社会保险及公积金（五险一金）缴纳情况，合法性审查及风险控制；

（六）员工手册、规章制度的起草、修订、发布、实施及考核执行监督。

三、人力资源日常管理，具体包括：

（一）企业安全生产及安全管理。包括工伤事故的预防与风险控制，安全责任事故的控制与预防，高空作业，高速驾驶等危险作业区域管理、流程控制、风险监测及监督考核等。

（二）企业职业病预防与控制。包括入职体检、离职体检制度的落实，生产车间环境区域的排查与职业病危害因素监测，职业病司法鉴定的指导，职业病纠纷的调解与发生争议之后的法律救济。

（三）保密制度、保密合同及保密事项的落实。包括保密制度的起草、修订、发布与实施，与员工保密合同的签订，保密费用支付监测，泄密风险控制。

（四）竞业限制。包括竞业限制制度的宣传与培训，竞业限制补偿费的预算与制度落实，劳动合同及规章制度中竞业限制的约定及竞业限制条款的设置。

（五）薪酬体系架构及薪酬考核机制。薪酬体系、薪酬等级、薪酬考核与薪资争议的调解，绩效考核制度的建立与实施跟踪监测。

（六）员工档案管理。包括员工招录档案、员工名册管理与更新，离职员工的监测档案，涉及员工所有制度文本的培训记录，签收记录，会议讨论记录等。

（七）人事争议调解与仲裁准备。包括企业人事调解机构的设立，调解程序的设置，调解事项的参与及调解文书的制作及文本审核，调解文书的司法确认及调解文书的执行与监督。

第二章　服务民营企业日常经营四大管理体系

在前面章节里，我们讲述了服务民营企业四大核心要素，即知识产权、公司治理、资产管理、人力资源。这些法律服务属于理论范畴的抽象法律顾问服务。

民营企业法律顾问在法律服务实践中具体应该负责处理哪些看得见摸得着的事项呢？笔者根据长期的法律顾问工作实践经验总结为四个方面的具体管理体系：信息管理、合同管理、制度管理、档案管理。涉及民营企业生存与发展的四大核心要素知识产权、公司治理、资产管理、人力资源均以信息、合同、制度、档案四大载体显现出来，民营企业法律顾问的服务实践应从信息、合同、制度、档案四大载体入手，法律服务的成果也通过四大载体表现，对于企业法律顾问的考核与评价，也应围绕对四大载体服务的绩效来展开。

第一节　民营企业信息管理法律顾问

民营企业法律顾问服务首先是从信息的收集开始，掌握信息才能了解企业的需求，也才能根据对信息的分析制定服务计划。法律顾问服务的成果也将以信息成果的方式传递给企业，在对企业服务完成之后以信息档案的形式在企业保留。

一、信息的采集

企业法律顾问服务信息的采集源非常广泛，常用的采集源包括：

（一）法律、政策信息，这是法律顾问提供法律服务的依据。

（二）企业需求信息，企业法律顾问通常采用调研座谈、问卷调查、走访等方式了解企业现状，分析判断企业的法律需求，这项工作俗称“法律体检”。

（三）社会媒体信息。电视、广播、报纸、杂志、互联网、展会、论坛、公众号等各类来自社会各群体的信息源。

二、信息的分析与整理

企业法律顾问对信息进行分析与整理的过程也就是将企业的信息与法律政策信息、社会信息进行对比、量化，找出差距的过程。

（一）企业法律顾问通过“法律体检”获得企业信息，将企业信息与国家法律政策进行对比，获得差异信息。

比如企业法律顾问通过“法律体检”，发现企业员工只有50%的人员缴纳社保，而法律规定企业的员工需要全员缴纳社保，法律顾问便获得了企业信息与法律信息之间的差距。

企业法律顾问通过调查发现，企业现已缴纳社保的人员实际缴纳社保是按最低工资标准作为计算缴纳基数，而法律规定社保缴纳应按实际发放工资作为计算缴纳基数，这便获得了企业信息与法律信息更进一步的差距。

但企业法律顾问同时根据调查又发现，当地人民政府对于缴纳社保有地方性保护政策，允许当地企业在为员工缴纳社保时按最低工资标准作为计费基数，这便发现了企业信息、法律信息与政策信息的差距。

（二）企业法律顾问通过社会调查，获得企业信息与社会信息之间的差距。

同样以上述社保为例。企业法律顾问通过社会调查摸底，发现当地80%以上的企业都只为企业的部分员工缴纳了社保，且员工的社保缴纳基数都是依照当地最低工资标准作为计费基数。

通过以上信息对比分析可以看出，企业信息、法律信息、政策信息、社会信息之间均存在不同程度的差异。

（三）企业法律顾问对信息的分析与对比，是为企业决策提供相应依据。

同样以社保缴纳为例。若根据法律规定的信息，企业应为所有员工按照实际发放工资为计算基数缴纳社会保险，若不执行法律规定，有违法并受到行政处罚和补交社会保险的风险。

根据当地的政策规定，企业应当为全体员工缴纳社会保险，但缴费基数可以参照当地企业最低工资标准。若执行当地政策，从严格意义仍然违反劳动法，但因为有当地地方政策，风险在可控范围内。

根据当地周边企业实际调查，大多数企业均未按照国家法律规定和当地政策规定为全体员工缴纳社会保险。对于企业来说，面临三种选择：

1. 完全按国家法律规定全员按实际发放工资为基数缴纳社会保险。

2. 按当地政策要求全员缴纳社会保险，缴费基数按当地最低工资标准为缴费基数。

3. 跟周边大多数企业一样，只选择为部分员工缴纳社保，缴费基数按当地最低工资标准。

第一种选择最符合法律规定，但可能很少企业会选用；

第二种符合政策但不符合法律，有风险但风险可控；

第三种既不符合法律，也不符合政策，但最贴近实际，对于处于相同起跑线上的企业来说，谁也不愿意多缴纳社保而提高企业经营成本、降低企业行业竞争力。

通过信息的对比与分析，企业在决策时可能选择第三种，而至于面临的法律风险如何回避，那任务就交给企业常年法律顾问了。

三、信息的存储与累积

（一）信息的存储与检索

企业法律顾问通过调研、学习等多种方式获得的信息是零散的未经过加工整理的“毛信息”，这些未经过加工整理的“毛信息”可能存在鱼目混珠，信息不对称，甚至是错误信息的可能。法律顾问获取这些信息之后，先不要过分相信自己的眼睛与判断力，正确的做法是将这些信息分类、汇总，并按分类进行存储，以方便在调用信息时可通过一定的技术手段进行检索。

同样以企业缴纳社保为例，法律顾问所获得的第一手法律信息是要求企业全员按实际发放工资金额为基数计算缴纳社保，如果法律顾问据此得出结论，给企业的建议是：依法全员足额缴纳社保，那这个法律顾问可能是不受欢迎的，可能会被委托人嘲笑为“书呆子”。

当企业法律顾问获取当地政策信息之后，马上得出一个结论：企业可以按最低工资标准缴纳社保。收到这个结论的企业，可能会觉得这个法律顾问太嫩，结论太草率。如果企业反问法律顾问：为什么周边企业可以只给部分员工按最低工资标准缴纳社保，他们的法律顾问是如何做到的呢？法律顾问可能会一时语塞，瞪眼答不上来。

因此，当法律顾问获取第一手信息之后，正确的打开方式是将这些“毛信息”存储起来，并进行分类整理，根据分类整理结果提供随时调取使用的检索方案。

（二）信息的积累与解析

企业法律顾问收集的“毛信息”经过分类存储达到一定信息量时，法律顾问在大脑里形成的认知可能就会发生相应的改变，但这种改变必须是以一定信息量的累积为前提的，只有在信息量足够全面、有深度时，才有可能改变法律顾问的思维，这就是“量变引起质变”的道理，也是经验比理论更重要的证明。

企业法律顾问最初获取的“毛信息”有：

1. 法律规定企业应全员按实际发放工资为基数计算缴纳社会保险。

2. 当地政策允许企业全员按最低工资标准为计算基数缴纳社保。

3. 当地大多数企业只给部分员工按最低工资标准为计算基数缴纳社保，多数员工未缴纳社保。

当企业法律顾问获得以上三条“毛信息”时，可能会很迷茫，

是建议企业依法呢？还是建议企业依政策呢？或者建议企业跟周边企业一样，只缴部分员工社保？

作为企业法律顾问，提出的每一条建议都必须是经过法律思维论证分析过的，而并非只是简单地以法律为准绳。“以法律为准绳”讲的是法律顾问的工作方法，是指以法律为尺去丈量和分析法律与实践的差距，法律顾问丈量出差距之后，若法律顾问的结论只是告诉企业“差距”的数量，这对企业毫无意义。企业会跟法律顾问说：“我本来就知道我的企业实践与法律之间存在差距，否则找法律顾问干什么，找法律顾问就是来解决问题的。”若法律顾问简单回答说：“有差距就把差距补齐，完全合法就可以了。”那企业肯定跟法律顾问挥手说再见了。

企业法律顾问要接地气，就必须发现企业的需求，并且为企业在法治的环境中找到自由公正、公平平等的方案，若企业的每项实践都合法，而其他企业却在不合法的轨道上经营，对于完全合法的企业来说，就显失公平，法律对于该守法的企业来说，也是不公正的。

因此，企业法律顾问的职责是应该收集到更全面的信息。继续以企业缴纳社保为例，企业法律顾问在获得本节列举的法律信息、政策信息、社会实践信息之后，更进一步获得以下信息：

1. 周边某企业未按规定为员工缴纳社保，员工投诉至当地劳动监察大队，监察大队受理后到企业核查，发现情况与投诉事实相符，但鉴于不缴纳社保情形在当地普遍存在，遂告知投诉的员工：该核查未按规定缴纳社保的事实确实存在，但根据当地政府文件几号文规定，该投诉事项不属于劳动监察处理范围，同时告知员工可向当地劳动仲裁委员会申请仲裁。

2. 某员工因企业未按规定缴纳社保向当地劳动仲裁委员会申请仲裁，当地仲裁委员会受理后告知申请人该仲裁申请根据当地政府几号文的规定，不属于申请仲裁的范围，驳回申请人的仲裁申请。

3. 某员工不服当地劳动仲裁委员会关于驳回申请企业依法缴纳社会保险的裁决书，依法向当地人民法院提起诉讼，当地法院一审驳回原告的诉讼请求，理由是缴纳社会保险争议不属于法院受理范围。原告不服，向当地中级人民法院上诉，中级人民法院撤销一审人民法院的裁定，判决企业依法按实际发放工资金额为计算基数补缴未缴纳的全部社会保险。但该案在执行过程中，因员工不愿补缴应由其个人承担的社会保险金额，企业未能按法院判决补缴未缴的社会保险。

4. 企业法律顾问在调查中发现，企业不缴纳社会保险的原因有以下几种情形：（1）员工属于当地村民，已在当地缴纳农保，而根据政策，农保和社保不能重复享受，因此，员工不愿缴纳社保。（2）员工为外来务工人员，长期在外打工，工作流动性高，缴纳社保未来办理转移很麻烦，员工希望企业不缴纳社保而希望多发工资以现金补偿。（3）员工在企业录用之前，已在所居住的社区缴纳社会保险，员工希望继续在社区缴纳，希望企业将社会保险缴纳的款项可以作为工资发放。（4）企业员工已达到法定退休年龄，不需要再缴纳社保。

企业法律顾问在获取了上述4项新信息后，可能会形成新的认知，这个认知便是：企业实践与法律规定存在差距，但法律规定与社会实践的现实需求也存在差距。

企业法律顾问应该思考的是：应该依教条主义严格依法办事，还是应该顺应社会公众的实际需求在法律条文上适当让步，这便是现实中的情、理、法的冲突。

企业法律顾问在现实的法律实践中，对于依法治国、依法治企的理解不应是拿法律条文的准绳去丈量与社会实践的差距，而应是以法律的精神为指导，建设民主、和谐的法治社会。

四、法律顾问信息服务的专业化与标准化

信息的收集、整理、存储、分析，其目的是为了能进入经营管理者的视线，为企业的经营决策提供参考。

在现实法律实践中，企业法律顾问的建议往往很难进入决策层面，大多数的情况是企业在经营决策中遇到法律层面的问题时，临时找到企业法律顾问咨询，而企业法律顾问因为没有经过专业的准备，临时抱佛脚，只能根据以往的实践经验仓促做出回答，可想而知，这种回答肯定是不符合决策层的愿望与要求的。

企业法律顾问的信息成果进入企业决策层的路径便是信息的专业化与标准化。

（一）企业法律顾问信息服务的专业化

信息服务是企业法律顾问为企业提供的重要服务内容之一，信息服务的专业化要求包括如下内容：

1. 信息服务应纳入企业法律顾问的职责范围，成为企业法律顾问服务合同的必选内容之一。

在以往的法律顾问实践中，信息服务虽然也是法律顾问提供的服务内容，但没有明确的理论指导意见指明法律顾问应该提供什么样的信息，如何提供信息，在法律顾问的职责体系中有关法律顾问应该提供决策咨询意见的规定，但没有明确是书面的还是口头的，也没有明确信息服务的程序和方法，导致在法律实践中，服务提供方与服务接受方均没有将信息服务作为一项法律顾问服务的专业内容突显出来，信息服务处于零散的，非常态的低层级状态。

信息服务的专业化，便要求将信息服务作为企业法律顾问提供服务的一项专业领域独立突显出来，纳入法律顾问的服务职责范围，并成为评价考核法律顾问服务绩效的考核指标，信息服务才能提层次，上轨道。

2. 应制定企业法律顾问信息服务的程序

任何非程序化的服务均难以体现其专业性。现实法律服务实践中，法律顾问所接触的信息是多样化、复杂化、表面化的，若法律顾问对于获取的信息简单化认知，单一性了解，浅层次分析都有可能得出不正确或偏离事实本质的结论，导致企业决策层被法律顾问的信息所误导，做出不适当的决策。

企业法律顾问在为企业决策层提供信息服务时，必须按一定的程序规范、广泛收集信息，保障信息的全面性；按标准进行归类整理，建立相应的索引并存储保存，以方便企业随时调取和查询；依据精细化的方法对信息进行去粗取精，由表及里反复验证分析，形成全面的、精确的、有序的信息汇总及信息分析报告，并应在信息分析报告中明确提出法律顾问的意见和建议。

3. 应确立一套企业法律顾问收集、整理、分析信息的方法，提升法律顾问处理信息的能力和技巧。

在以往论述中，笔者多次强调，并非取得法律职业资格的人员就可以胜任企业法律顾问的工作，一名合格的企业法律顾问必须要有丰富的法律阅历，硕实的法律实践经验，同时还必须具备过硬的政治素质和法律修养。因为法律顾问不同于单一的诉讼服务和简单的单项服务，而是要求法律顾问必须具备一定的信息采集渠道和信息收集能力，同时具备对信息的整理、分析、判断的综合能力，方能提出有参考意义的法律建议。

这就要求企业法律顾问必须掌握一套收集信息、整理信息、分析信息、写作信息分析报告并提出法律意见的能力。这种能力和技巧来源于两种途径，一种是自身的法律服务实践而总结的经验，另一种是前辈或研究机构总结论证后形成的可供借鉴的经验总结和理论方法。

4. 企业法律顾问提供的信息服务必须建立风险审查制度和审核评价机制。

任何单个企业法律顾问或法律顾问团队所收集整理分析而形成的信息报告，都有可能因为法律顾问不可避免的片面性和经验局限性而形成偏颇的意见和建议，作为法律顾问所在的律师事务所必须对法律顾问出具的每一份信息报告进行审核论证检查核实，并且由律师事务所对信息报告的结论承担相应的法律责任。

律师事务所内部的信息报告风险审查制度，不仅是对被服务客户负责的表现，也是律师事务所内部质量管理与风险管理的重要制度，律师事务所在经过审查、核实、论证、评价之后的签字及盖章行为，即是对法律顾问出具报告的集体确认，更是表明愿意承担相应责任的一种公开承诺。

任何没有建立审核机制的单个律师个人或团队出具的法律建议或法律意见书都是一种职业冒险行为。

（二）企业法律顾问信息服务的标准化

提出企业法律顾问信息服务的标准化是为了确保法律顾问服务质量，以起草标准、发布标准，执行标准，以标准来评价和验收的一套科学方法。企业法律顾问信息服务具体应包含以下标准：

1. 企业法律顾问信息服务的职责标准

该标准应明确企业法律顾问应该提供信息服务的职责范围，应该提交的信息服务的工作成果，信息服务所涉及的领域和具体信息服务报告的类型与数量。

鉴于企业涉及信息服务的广泛性和复杂性，不可能将企业涉及信息领域的所有服务都归结为企业法律顾问的职责与责任，比如企业价格论证及报价信息、市场调查及市场销售数据、质量分析及质量评价的数据等等，涉及企业各个环节的信息服务均应归结于各个职能部门。企业法律顾问的职责应该是涉及法律条文、法律更新、司法解释、司法案例、企业司法实践、社会公众法律实践等涉法信息提供专业的法律意见与法律咨询。

由于法律适用的普遍性，企业所有经营事项都有可能涉法，为了避免企业法律顾问在提供企业法律顾问服务时接受服务方对企业法律顾问的服务范围和职责提出扩大要求，有必要订立让企业与法律顾问和社会相关公众均能接受的《企业法律顾问信息服务职责标准》，以规范服务者与被服务者之间的服务合同关系，达到利益平衡，获得最佳服务效益。

2. 企业法律顾问信息服务的程序标准

信息服务程序的标准化，是为了提升企业法律顾问信息服务的质量，将法律顾问实践中前辈的工作经验进行总结归纳，形成一套信息收集、整理、分析、归纳与综合处理流程，广泛征求相关利益共同体意见并达成一致后形成的一套相对稳定的工作流程。

程序的规范是为了实现法律顾问服务的工作目标，以规范的程序提供信息服务的工作质量。

程序标准作为一套规范化的流程要求，既作为服务提供者具体实施的步骤参考，也作为服务接受者和社会公众评价的依据，程序的到位在一定程度上反映了企业法律顾问服务的尽职程度，也是规范服务质量的客观要求。

3. 企业法律顾问信息服务的方法标准

专业的服务依赖于成熟的方法和熟练的技能，制订法律顾问信息服务的方法标准是为法律服务提供者给予技能上的指导，供信息服务提供者借鉴与参考。方法标准的产生本身来源于社会实践，并且经过前辈的社会实践检验确实可行。方法标准的起草者必须是具备丰富法律顾问理论与实践经验的先行者，且方法标准的发布与实施必须经过相应的论证及评价程序。方法标准作为一项可供借鉴的规范为提升法律顾问的服务质量提供了保障。

4. 企业法律顾问信息服务的评价标准

法律顾问信息服务由于服务本身的抽象性和不可预见性，在实践中很难判断其服务质量，且服务产生的后果必须在相关结果发生之后才能进行评价，而对于决策者来说等到事实结果发生之后，可能已经造成了难以预料的不利后果，信息服务的接受方不可能以冒险的方式来采纳法律顾问的建议。因此必须在法律顾问提交信息报告之时，企业决策者有可供参考的评价标准对法律顾问的报告进行初步的评价，作为决策层是否可以采纳意见和建议的参考。

对于法律顾问信息服务的评价不同于结果发生之后的验证。决策层依据法律顾问所提供的专业意见进行决策，有可能带来两种不同的结果。一种是法律顾问的意见正确，最终的结果应验了法律顾问的看法与意见，另一种是法律顾问的看法错误或不准确，但最终结果并不是法律顾问所预料的一样，而是结果相反或者根本没有发生。

企业法律顾问不是预言家，不能准确判断未来即将发生或不发生的事件与结果，而且在结果发生之后再回头审视企业法律顾问信息咨询的正确性，已经是亡羊补牢，为时已晚。同时，由于世界的复杂性和多变性，事件的最后结果的发生往往与决策者采纳或不采纳的意见无关，而是存在多种偶然性与必然性的结合。

例如：某企业欲投资一高新技术产业，要求法律顾问提供法律信息咨询，企业法律顾问经过专业的信息检索，技术分析之后，提交了一份目前该技术领域无专利的检索报告，并提供了一份该技术领域法律风险分析报告，认为在技术上法律风险较低，可以投入研发并批量生产。后续该企业投入大量人力、物力、财力开展研发工作，终于研发多款产品成功上市，但企业在该产品上市后一年内放弃该产品的销售，原因是该产品的市场被政府垄断，根本打不开市场。

事后来进行评价，企业法律顾问的意见可能是正确的，但企业投资失败了，失败的原因与企业法律顾问的信息服务无关。

我们换一个例子，假定该企业研发多款产品成功上市后，企业迅速占领市场，取得良好的市场业绩，该企业跻身当地十强企业。即使该企业取得了辉煌的成功，也没有任何人会在企业成功之后联想到企业的成功可以归功于企业法律顾问的专业法律信息建议。因为企业法律顾问的专业信息论证和建议只不过是企业决策过程中的一个必需的环节而已，跟其他如市场部的信息收集，财务部的财务预算，广告部的市场策划，宣传部的信息推广，后勤部的后勤支持与保障等各个部门一样，只是其中的一个节点而已，与最终的事件结果有关联，但不是唯一，也不是决定性的因素。

因此，对于企业法律顾问信息服务的评价不能发生在事件的结果之后，而是在企业法律顾问的信息服务成果提交时，企业便应该有相应的标准来给予评价，评价的目的是判断该法律顾问的信息服务成果是否可以按程序提交给决策层，而不是判断该信息服务结果会带来有利还是不利的事件结果。

企业法律顾问信息服务评价标准正是基于一种过程而存在，而不是对事件的最终结果做出预测和判断，评价标准的过程性是显而易见的。

五、企业法律顾问信息服务的内容

（一）企业法律顾问信息服务概念的提出

最初提出企业法律顾问信息服务这个概念，许多同行以为我提出了一个新概念，纷纷问我：企业法律顾问提供的信息服务究竟指的是什么服务？我问答：法律咨询、律师函、法律意见书、律师见证书等律师提供的包含法律信息内容的所有非诉讼服务都称之为“信息服务”。

许多同行为之恍然大悟，但又有许多同仁不服，传统服务中的“法律咨询、律师函、法律意见书、律师见证书”等包含法律信息的服务已经习惯性地被称呼了这么多年，且行业内部都认同这些约定俗成的法律名词，为什么要将它们统称为“信息服务”呢？

理由有两点：

第，将“法律咨询、律师函、法律意见书、律师见证书”等常用的包含法律信息的服务统称为信息服务，是为了将企业法律顾问服务的内容划分为信息、合同、制度、档案四大载体所承载的四大板块，以方便对企业法律顾问服务的内容有个清晰的划分并有效地形成体系。当日常的法律咨询、律师意见书等包含法律信息的非诉讼服务纳入信息服务的范畴之后，才能将这些零散的法律服务内容纳入体系，形成法律服务的规范系统。

第二，将“法律咨询、律师函、法律意见书、律师见证书”等零星的法律服务模块归入信息服务模块是希望借此将这些零星的法律服务模板按照信息化、规范化、标准化的要求进行统一规制，按信息服务的统一程序、方法、原则来规范这些零星的法律服务，并按统一的评价标准来进行服务评价。

举一个最简单的例子，法律咨询作为一项传统的法律服务模块，一直被法律实践肯定而明确地确认为一项律师服务的内容。无论是律师还是委托人都非常确定地认为“法律咨询”是律师的一项法定义务，所以在律师代理诉讼案件时，委托人会不间断无限制地向代理律师提出各种各样的问题，而且委托人认为作为代理律师有义务回答并且不存在另外收费的问题，无论这些问题的咨询是发生在白天，还是在夜晚，是在律师的上班时间，或是下班时间。律师接受法律咨询似乎是天经地义的。

同样，担任一个企业法律顾问的律师也一样会面临各种各样的法律咨询，这种咨询可能来自企业股东或管理者，也可能来自技术人员或基层员工，甚至有可能来自企业老板或实际控制人的亲戚朋友，以及来自企业员工认识的左邻右居。法律咨询似乎也是企业法律顾问应尽的义务，而且这种咨询发生在不同的时间、不同的场所，采取电话、微信、QQ、电子邮件等各种不同的方式，而企业法律顾问若拒绝回答可能会被普遍地认为是不负责任的，甚至有可能影响企业法律顾问合同的续签。即使企业法律顾问深受其扰，也只能默默承受，因为“法律咨询”似乎约定俗成地是律师的义务。

而同时，我们又看到了另一面严重的问题：几乎所有的法律咨询都是由律师个人层面出面解决，法律咨询是律师个人的“法定”义务，而并非律师事务所需要承担的责任。

曾经碰到一个案例：一个当事人手持一张面额为100万的商业承兑汇票向同行一位律师咨询，说这个汇票银行拒付款，能不能打官司？那位律师问他们之间有没有签合同，有没有对过账，有没有送货单签收，有没有开过发票而且对方已抵扣？当事人回答说都没有，那位律师非常无可奈何地跟当事人说：那我们没有办法了，打官司是要凭证据的，你手里没证据，那我们也帮不了你。

当事人走了，我却愣在那里了，该怎么办？若上前去拦住当事人告诉他，其实你手里持有的承兑汇票原件就是最有利的证据，你有汇票拒付的证据就完全足够提起诉讼并获得胜诉可能了，不需要其他任何的证据。但如果这样做，我可能损了那位律师的面子。可如果不拦住当事人，当事人对同行律师的咨询意见深信不疑，那这100万可能就打水漂了。

这是个两难的问题，但这个问题却引起我的思索：律师个人究竟可不可以承接法律咨询？经过反复地论证、思考、分析、协商，我得出的结论是：律师个人不能承接法律咨询业务！理由如下：

1. 律师在律师事务所执业，根据《律师法》《律师管理条例》等相关法律法规，律师个人不能私自立案、收费、承接业务。法律咨询也属于法律事务，也在《律师法》等法律法规禁止私自承接的业务范围之内。

2. 法律咨询大多数发生在熟悉的当事人与律师的朋友圈、关系圈层之中，法律咨询所涉及案件的标的额无论大小，事件无论有多复杂，均不收费。而这种不收费的法律咨询，可能会直接导致诉讼代理律师收不进律师代理费或被当事人要求退费，也会直接导致企业法律顾问收费困难，或者顾问费的收入与实际付出相差甚远，这种不收费的义务咨询涉嫌不正当竞争。

3. 法律咨询的方式灵活，形式多样，咨询的群体复杂，只要是律师或律师相关的人都有可能成为被咨询的对象，法律咨询的质量难以保障。

讲一个不是笑话的笑话，笔者在一家律所工作了十八年，律所的门卫大爷到所里来之后，也一直待了十多年，门卫的主要职责是负责早上开门，晚上关门，开关电器、引导当事人找到需要找的律师。门卫大爷在事务所做得久了，上上下下几十号律师都熟悉了，能迅速帮上门的当事人找到律师，有时律师在解答咨询的时候，门卫若无其事也在旁边听一会儿，可能就略懂了一些法律常识。后来若有当事人来找律师咨询，逢律师出差在外或没来得及赶回时，门卫大爷便跟当事人聊起家常，然后就聊到了案件上，门卫大爷也有板有眼地开始解答法律咨询，当事人听后还直夸高明，问我们前台门卫大爷是不是律师行业退休的老干部，我们只能一笑而过。

法律咨询因为自由自在，咨询的方式也是瞎猫撞死老鼠，撞上谁就咨询谁，不管律师的专业、资历、地位，不管是资深律师，实习律师，还是律师事务所的辅助人员，只要到了律师事务所，看到律师的名称或牌号，就都是可以咨询了。

这样咨询的结果可想而知，律师咨询的答案可能千差万别，也有些当事人精力旺盛的，可能会在一个案件委托律师前咨询十几个或几十个律师，筋疲力尽之后挑一个律师来代理。

法律咨询因为是律师个人一家之言，咨询结果的质量可想而知，但因为是义务咨询，不收费，所以也没有当事人因为咨询得到错误结果而投诉，或者因咨询结果造成损失而索赔。因为是免费的，所以也免责了。

法律咨询业不知起源于何时，应该是从律师开始，就有了法律咨询业，但在律师制度恢复三十多年，我国的法律咨询业仍处在低端无序状态，实在与我国的法治建设进程不相适应。

对于企业法律顾问来说，因为是常年的长期法律顾问，回答的法律咨询必须体现其专业，而且必须准确、可靠。若因草率回答误导了顾问单位，可能会导致顾问合同解约，也损了法律顾问的名声和口碑。

因此，对于企业法律顾问而言，取消并禁止律师或律师助理进行法律咨询，便成为提升法律顾问服务质量关键。客户的法律需求均非小事，都应该得到足够的重视，并按专业的程序受理、分析，形成初步意见，审核论证，确认修正之后书面答复，这便是本书将法律咨询业务纳入信息服务领域的初衷。

4. 法律咨询的零散和无收益性，降低了律师的层次和专业从事法律咨询、法律援助的公益价值。

法律咨询无收益在当今法律实践中几乎已达成共识，当零星有几家律师事务所尝试按小时计时开展法律咨询收费时，可能会被视为异类。而且因为周边其他律所都免费咨询，收费性咨询也坚持不了多久就会被淘汰，免费永远是最大的市场吸引力。

基于法律咨询的无收益性，律师的智力成果便很难得到专业的尊重，往往是当事人来咨询，一坐几小时，问完便起身走人，律师的时间和精力都白白消耗，更别谈智力成果了。

在当前的社会现状下，律师不接待咨询几乎不可能接到案源，免费法律咨询几乎成为大多数律师承揽案源的渠道，在法律咨询过程中展现律师的风采与技能，往往成为建立委托关系的关键。

综上分析，应规范企业法律顾问的要求，取消免费法律咨询，免费法律意见书，免费的律师见证书等非诉讼低层次零散性服务模块，而将这些包含法律信息的服务统一纳入信息服务的范畴，并按信息服务的程序、方法、原则规范管理，提升质量，才有助于建立企业法律顾问的规范体系和标准化系统。

（二）企业法律顾问信息服务的具体内容及形式

企业法律顾问信息服务的内容非常广泛，凡是客户提出法律需求信息，企业法律顾问为满足客户的法律需求给出的回答、函件、文书或微信、QQ、电子邮件的回复等都属于信息服务的内容。常见的信息服务形式包括：

1. 法律咨询

客户遇到法律的疑难困惑时，会以口头或书面、电子方式向法律顾问寻求帮助，法律顾问通过一定的窗口受理并接受咨询需求，经过查询、检索、对比、分析、整理综合后形成初步答复意见，提交给事务所审核监察修改确认后，加盖律师事务所公章邮寄回复或通过律师事务所受理窗口、电子通道等官方渠道正式回复的法律服务过程，统称为“法律咨询”。

法律咨询的整个过程实际上是客户的需求信息经过检索、查询、分析、整理、综合形成新的信息的过程，律师事务所正如一台信息服务的机器，完成信息处理加工的全过程。

现实法律实践中的法律咨询处于低层次的初级模式，往往由律师个人为客户提供个体户式的简单信息服务，因而也是无收益的。

要实现法律咨询信息服务的质量与效益的提升，必须实现以下供给侧改革：

（1）律师事务所建立明确的分工负责制。事务所内部应设立接待受理窗口、信息检索查询分析部门、信息报告起草生成部门、信息报告审核监察部门，具体每个部门的名称可以灵活，但必须具备相应的职能，具体信息的加工处理流程如图：

客户需求→接待、受理→信息检索查询→报告起草、生成→审核监察→事务所盖章→回复客户

（2）律师事务所内部分工与保密制度

实施律师事务所内部的分工与保密，必须做到如下几点：

①所有案件均由接待受理窗口统一接待受理，接待窗口受理案件后按流程提交技术部、业务部处理，禁止接待受理窗口直接简单回复当事人。

②律师事务所设置统一接待受理电话，禁止律师事务所实习律师、辅导人员私自解答当事人的法律咨询。当前，禁止律师个人私自接受诉讼代理案件、私自收费已经写进各地律师协会的律师执业纪律与职业规范，但是律师个人私自接受非诉讼案件的咨询及代理并未纳入律师执业纪律规范之列。

③建立律师事务所内部的保密制度。律师事务所内部的保密制度包括：

a. 律师私人手机、家庭及办公电话不公开制度，事务所全体成员均有保护律师个人隐私的义务。

b. 律师事务所内部流程及资料保密制度。除接待受理窗口部门统一接收并回复当事人之外，禁止任何其他窗口或部门私自会见客户接受咨询或者接受委托承办法律事务。

c. 律师智力成果保密制度。凡律师事务所内部耗费律师精力和时间而

形成的智力成果，均属于保密内容。禁止任何人未经许可泄露事务所阶段性成果或已完工的成果。

（3）专业的数据库与专业的处理能力是实现质量提升的保障

法律咨询业务在当前之所以处于零散的低层次、无收益的状态，其主要是因为各律师事务所并未形成自身的专业特色，对于各类专业的法律领域均未开展深入的法律研究，形成完备的检索数据库。各个律师事务所对于专业问题的处理能力也都是半斤八两，体现不出专业优势和服务特色，导致法律咨询服务因没有底气而处于无收益的无序竞争状态。

律师事务所建立专业的非诉讼研究团队，通过专业研究与培训形成专业的数据库和专业处理能力，才能提升律师事务所在专业领域的影响力，在遇到客户专业的法律需求时，事务所因有底气可以拿出一套独具匠心的专业报告，能充分体现其含金量，因而才敢大胆地摆脱无收益的免费咨询俗圈，实现法律咨询服务专业化、正规化、标准化。

2. 法律意见书、律师函、律师见证书

法律意见书是律师事务所接受委托，就某个专门的事项出具专业的法律意见的一种信息服务。

律师函是律师事务所接受委托向第三方出具的带有催告或警示性质的法律文书。

律师见证书是律师事务所接受委托，指派律师对某项法律事实或某项法律行为提供现场见证，并出具带有证明性质的法律文书的信息服务。

以上三种类型的信息服务在法律实践中均非常常见，只不过法律界和社会公众并未将这些零散的法律服务纳入信息服务的范畴并加以规范而已。

3. 商标查询、专利检索等知识产权信息查询服务

企业在策划申请商标注册前，或者在商标注册之后的商业状态监测中，均需要委托专业人员进行商标注册信息查询检索，并要求出具商标查询结果报告。

企业在研发新产品、开发新技术，或者在技术领域有可能跟他人的技术形成竞争时，需委托专业人员对该技术领域的专利申请情况以及专利所处的状态进行检索查询，并提供专业的专利检索报告。

在以往的法律实践中，商标查询、专利检索等知识产权信息的检索与查询，均由专业商标代理机构、专利代理机构来完成。现今法律实践中，逐步取消了商标代理资格限制，同时也放宽了律师事务所从事专利代理的

限制条件，加速了律师事务所与商标代理机构、专利代理机构的融合。

商标查询、专利检索服务已成为律师事务所提供常年法律顾问的重要服务内容之一，也成为法律顾问提供信息服务的一部分。

但商标申请业务、专利申请业务、著作权备案登记业务、知识产权海关备案登记业务，因受到相关资质和专业门槛的限制，应纳入律师或代理机构的专项代理事务，不宜列入法律顾问信息服务的业务范畴。

4. 法律项目事务尽职调查

企业在日常经营管理中，因货物赊销、商务合作、资产并购、股权投资、项目合作等需要获取相对方或第三方的资信信息，为此需委托专业人员调查企业或项目公司的主体资格、股东投资、人力资源、固定资产、对外投资、涉税状况、涉诉状况等，并要求出具专业的律师尽职调查报告，以供企业经营决策参考。

在当前法律实践中，涉及重大项目的并购、合作、投资时，均由委托方与律师事务所签订重大项目尽职调查专项合同，律师事务所指派专业律师团队提供专项尽职调查服务。

但对于企业日常经营中涉及企业资信调查应纳入企业法律顾问信息服务体系之中。

5. 诉讼事务前期调查

企业对于涉及诉讼的法律事务，特别是企业以原告身份提起诉讼前，均想先行知悉以原告身份提出诉讼，风险有多少，胜诉的把握有多大。这就需要委托专业人员先行收集证据，检索司法判例，并根据调查情况和司法判例的检索结果做出专业的判断，出具风险分析报告及胜诉预测分析报告。

一般企业涉诉中身份为被告的，由于受到法院举证期限、答辩期的限制，大多会直接委托代理律师出庭代理。而对于企业以原告身份诉讼的案件，原告希望有较大的胜诉把握时再提起诉讼，在企业实行企业法律顾问诉讼回避制度时，企业法律顾问接受委托开展诉讼前期调查便成为企业首选。

实行企业法律顾问诉讼回避制度时，企业法律顾问诉讼前期调查准备应纳入企业法律顾问信息服务的范畴。

（三）企业法律顾问信息服务的程序、方法及标准化

1. 企业法律顾问信息服务的特点

（1）客观性

企业法律顾问信息服务不同于合同、制度、档案等非诉讼管理服务，也不同于诉讼代理服务，其最大特点是服务的客观性，无须发挥法律顾问过多的主观能动性和创造性。

企业法律顾问根据收集的客观信息，进行分析与综合之后，整理成报告提交给客户，客户要求提供的信息全面、准确、客观，而不需要法律顾问过多的个人判断。

比如：商标查询信息服务。客户要求法律顾问进行全面、精确的商标检索，查询出所有相同和近似商标并确定已注册商标所处的状态，客户需求的是商标的客观注册状态。

又如：尽职调查报告。客户要求法律顾问进行全面准确、详尽的检索调查及访谈，并出具客观的尽职调查报告，详尽地汇报调查结果，无须过多的主观判断和创造性的结论。

诉讼前期调查也一样，客户要求的是客观地收集现有的证据，而不是让法律顾问创造证据；客观地收集已生效的司法判例，而不是要求法律顾问创造判例；客观地根据证据状况和司法判例的对比提出诉讼风险。

律师见证书的客观性就更显而易见了，法律顾问只能根据亲眼看到的客观事实和客观证据以及现场正在发生的行为进行客观的记载，而不能有过多的主观臆断。

信息服务的客观性决定了法律顾问服务的严谨性与公正性，也对法律顾问信息服务的程序和办法提出了要求。

（2）全面性

企业法律顾问信息服务的质量依赖于收集信息的全面、准确、不存在任何的遗漏或疏忽。

在当前法律实践中，因上市公司尽职调查报告失误而被处罚的律师事务所，大多是因为不够全面，存在遗漏项未调查或未披露。

而全面性必须通过一定的程序来保证，因此，信息服务的全面性决定了法律顾问信息服务程序的特殊性和方法的专业性。

（3）尽责性

尽责性是要求法律顾问在收集信息、尽职调查中必须勤勉尽责，严谨准确。尽责性虽然是一项主观性的标准，需要服务提供者从内心里做到勤勉，但同时也需要有一定的程序和方法来保障尽责的普遍实现。

在法律服务实践中，任何主观因素的判断都是难以把控的，只能依赖于客观的程序和办法来保障，以客观的标准步骤和程序的完成度来判断服务提供者主观的尽职程度，也是比较公正的判断方法。

当然，以客观标准判断主观上的尽责程序不同于结果决定论。客观标准重视的是步骤与程序的完成程度，审核的是过程的完整性与严密性。

2. 企业法律顾问信息服务的程序

之所以在讨论企业法律顾问信息服务的程序之前讨论信息服务的特性，是因为信息服务的客观性、全面性、尽责性三个特点决定了信息服务程序的特殊性。

（1）标准的优先性

企业法律顾问信息服务必须先行建立标准，依标准指导法律顾问按标准规定的步骤、程序、方法，全面、客观、尽责地收集信息并处理信息，而不能凭律师个人的工作资历与工作经验摸着石头过河。

接受客户委托前先制定标准，并且将标准公开接受客户的评价与监督，客户可以根据律师事务所制定并发布的企业标准是否符合服务需求来选择是否建立委托关系，且在律师服务过程中，依据标准来评价和监督律师的信息服务过程与质量。

标准是律师事务所根据社会公众需求而制定的，但标准的步骤、程序、方法是客观的，即使律师提供的信息服务没有实现客户的合同目的，但只要律师是严格按标准执行的，律师的个人服务不应该受到任何责难。标准先行是质量提升的保证，也是律师服务得到公正评价的依据。

（2）信息收集的前置性

信息收集的前置是要求律师事务所在提供信息服务之前，必须先具备提供信息服务的硬件和软件设施，且必须先行进行信息收集准备，具备开展法律检索和查询的基本数据库，方可接受客户委托提供信息服务。

任何律师的个人能力都是有限的，若律师事务所不具备信息服务的硬件和软件设施，未事先进行信息收集与储备形成基本数据库，待获得案源后再让律师临时抱佛脚进行海量信息收集与检索，显然无法保证信息服务的质量。

例如：接受商标查询委托前，律师事务所至少应具备商标检索的数据库储备和专业的检索工具。

又如：接受项目尽职调查任务之前，律师事务所必须先具备与该项目有关的服务经验，并有相应的法规数据库和司法判例数据库的储备，律师事务所接受委托之后，指派律师开展专业尽职调查才不会手忙脚乱。

（3）信息收集、整理、分析中工作底稿与标准的对比与评价记录

信息收集与整理的过程中，指派完成任务的律师会形成一定的工作底稿，律师事务所指派专人跟踪，并检查律师的工作底稿与事务所发布的企业标准进行对比、评价，提醒接受任务的律师全面收集信息，客观整理信息，依标准尽责分析和处理信息。

事务所设立审核监查部门，业务部门起草的所有文件均应由监察部按照公开承诺的标准进行对比，确认符合项，不符合项，并按标准的要求进行相应的审核修订后，交印章管理机构盖印后发出。

经过以上，信息服务的程序可以归结为如下图示：

事务所设立取得执业资质

↓

招录律师从业人员

建立相应规章制度

↓

设立受理部—标准（技术）部—业务部—监察部

↓

标准部起草接待受理案件标准、信息服务流程标准、方法标准、风险控制标准、信息服务各类标准模板文件

↓

业务部收集执业范围内各项业务开展所必须获得的信息资源、建立相应数据库（专利数据库、商标信息库、法律法规数据库、政策数据库），若依靠自身力量难以建成的，应向第三方购买相应的数据库并实时更新

↓

受理业务，填写客户需求表单（表单是技术部事先按要求制作的模板文件），如《专利申请技术交底书》《商标申请需求交底书》《著作权申请需求工作底稿》《尽职调查需求交底书》等

↓

根据专业分工分配至业务部各相关专业律师团队，业务团队调取数据库相关材料，形成工作底稿，交由业务部主管律师起草初步信息报告

↓

将初步信息报告提交监察部审核、调整、修正

↓

提交技术部定稿确认盖章

↓

接案受理部门将信息服务报告反馈给客户

3. 企业法律顾问信息服务的方法

企业法律顾问信息服务的客观性、严谨性决定了信息服务方法的标准化和规范化，具体的方法为：

（1）穷尽法

信息服务的受理接待人要严格按照技术交底书等表单的要求详细地询问并记载所有的内容，对于表单中不存在的特色事项须让当事人特别注明。

标准技术部起草表单模板、文书格式，报告模板时要详尽地罗列所有法律实践中可能遇到的各种情形，避免遗漏任何可能发生项。

业务部调取数据库或查询相关数据文件时应穷尽所有可查询的数据库，避免因疏忽造成漏查。

监察审核应根据标准要求详尽核查，逐条比对，避免遗漏。总之，信息服务的客观性特征决定法律顾问必须尽职、尽责，穷尽所有可能。

（2）对比分析法

信息服务的全过程都是在进行对比分析，接待受理部将当事人的需求与问卷表单进行对比，并进行分析详细记录。

标准技术部起草标准的内容与现实法律实践中的现象进行对比，穷尽所有可能。

业务部查询检索时，将当事人的需求与数据库数据材料对比，找出差异，发现近似与相同。查询、检索的过程，实际上是技术比对的过程，信息服务的客观性与公正性决定服务的过程便是比对的过程，而不需要过多的主观推测和创造性的假设。

（3）模板格式化

基于信息服务的客观性与公正性，信息服务的大多数过程均可以采用事先格式化的模板来普遍采用，并且可依靠提升模板的质量来提升信息服务的水平。

信息服务中的律师函、法律意见书、律师见证书、商标检索报告、专

利检索报告等均可以根据实践经验事先起草模板文件并反复在法律实践中修正模板成为标准化的参考格式，在信息服务的法律实践中将获取的不同信息填入模板文件中，便可生成新的信息报告。模板格式在信息服务法律实践中占据了相当的比重与价值。

4. 信息服务的工作底稿

企业法律顾问提供信息服务最终提交给客户的是信息报告，但这份报告的形成依赖于法律顾问收集信息、整理信息、对比分析的全过程，而在信息的收集、整理、分析过程中所采用的信息数据，便是企业法律顾问信息服务的工作底稿。

根据信息服务过程中信息处理的阶段不同，工作底稿可以分为：数据性工作底稿、筛选对比性工作底稿、信息报告的初稿。

（1）数据性工作底稿是信息收集者获取的第一手原始数据信息，包括客户需求的原始信息，比如：法律体检问卷调查完成表单，当事人接待笔录，电话咨询者的原始电话录音，当事人表达需求发送的电子邮件等。这类原始数据反映的是客户的原始需求，对这类原始工作底稿的保留与整理存档非常重要，一方面这类数据信息在未来第三方审查考核认证时，会直接作为对比的信息数据，以证明信息报告的结果与客户需求的相符性，体现信息报告的质量与业绩；同时，这类数据信息也是服务提供方与服务接收方发生争议时调取核查的最原始的证据，有客户签名的需求信息工作底稿，直接证明客户最初的要求与期望值。

数据性的工作底稿还包括法律顾问从各类信息源采集而获取的数据信息，比如：收集的企业应收款的合同、对账单、送货单、银行进账单、增值税发票等，这些原始信息反映了客户应收账款的基本情况，成为法律顾问发送催告性律师函的直接证据。又如：法律顾问开展尽职调查时调取的目标公司的工商登记信息、完税信息、不动产登记及交易信息、法院诉讼信息、环保信息、行政违法信息等。这些信息将作为法律顾问起草尽职调查报告的信息依据。对这类原始信息工作底稿的保留与存档也非常重要。这类信息数据证明了信息收集者的尽职程度，反映了法律顾问的工作量和出具报告的依据。

数据性工作底稿作为完整的信息采集文件应作为信息报告的附件提交给委托人，或者整理成标准档案后留存于律师事务所备查，且这类数据的保存年限不得少于五年或保存年限不得低于调查项目完成之后五年。

（2）筛选对比性工作底稿

筛选对比性工作底稿是法律顾问在对原始数据收集完成后，进行加工、整理、对比分析，去粗取精，甄别正误的智力活动过程。在信息服务的全过程中，法律顾问的创造性和主观能动性主要体现在这个环节，该环节的效率与准确度直接决定了信息报告的质量与水平。

筛选对比工作底稿体现的是法律顾问的思维过程，鉴于法律顾问的法律实践经验，理论水准和思维方式各不相同，筛选对比性工作底稿保留了筛选分析对比者的主观思维，因而没有统一的模板，也没有千篇一律的思维流程。

筛选对比性工作底稿一般作为律师事务所内部工作资料予以保存，其目的是用于事务所内部考核和供事务所内部检查、学习经验交流时使用。这类信息文件体现的是法律顾问的智力成果，具有一定的保密性，因此不宜作为信息报告的附件提交给客户，而应内部留存备查。

（3）信息报告初稿

信息报告初稿是信息工作者经过数据收集、信息对比分析整理之后，由资深信息工作者起草完成的未经审核修正的初步报告文本，是待最后审核完成的阶段性智力成果。

信息报告初稿起草完成之后，信息服务的总体过程基本完成，在提交给客户签收之前需要进行最后的审核与修正。这类阶段性成果的讨论稿一般在讨论、审核修正完成后，审核修正后的报告文本将代替初稿。讨论稿不再具有保存的价值，但若供事务所内部学习和培训之用，可作为过程档案予以保存。

第二节　民营企业合同管理法律顾问

合同作为企业对外联络和对内管理的重要手段，也是企业法律顾问提供法律服务的重要内容，具体的服务内容大致包括：合同模板的起草及修正；日常企业合同审查；合同履行的跟踪；合同风险的控制；合同档案管理；合同争议的调解与仲裁；合同诉讼纠纷的前期调查与准备。

一、民营企业合同管理的起步——合同模板化

（一）格式合同风险及合同模板的价值

格式合同是企业在日常经营管理中将长期经常使用的合同文本经过反

复实践创制与修正之后，形成的供企业参考的规范文本。

由于格式合同在形成过程中，是企业根据日常合同管理经验，总结了在合同实践中遇到的风险和失败的教训之后，根据经验并反复推敲之后形成的标准文本，所以格式合同的条款往往站在排除自身风险的立场上起草并修正，甚至有可能存在为保护自身利益而损害合同相对方利益的情形。

鉴于最高人民法院相关司法解释对格式合同部分条款的效力做出了诸多限制性规定，并且规定“提供格式条款的一方免除其责任，加重对方责任，排除对方主要权利的，该格式条款无效”。格式合同在社会公众的心理接受预期中便蒙上了一层阴影。格式合同作为标准化合同的简洁方便，适合重复使用、节省成本等诸多优势便被“无效”的阴影给掩盖了。

其实，这是社会公众对“格式合同”的误解，最高人民法院只是规定“免除其责任、加重对方责任、排除对方主要权利”的格式条款无效，部分格式条款无效并不影响整份合同的效力。格式合同与“格式条款”是两个完全不同的概念，更何况如果格式合同中若不存在“免除其责任、加重对方责任、排除对方主要权利”的格式条款的，也完全不影响格式合同的效力，且即使格式合同存在无效的格式条款的，该格式条款也可以去除或者做出修正。

因此，为了不让社会公众因为“格式条款”无效的司法解释导致社会公众对“格式合同”失去信心，本书中将企业为方便重复使用而预先制定的标准合同文本称为“模板合同”。模板合同文本在企业法律服务实践存在以下主要优势：

1. 模板合同经企业重复使用并在实践中反复修正，具有简洁方便、可重复使用、节省成本等诸多优势，方便企业在实践中反复使用。

2. 模板合同经法律顾问起草，并在实践检验中多次修正，是预先经法律顾问审查并在实践中得到检验的合同文本，重复使用时，无须法律顾问再次审查，可直接在合同管理层中流通使用，节省了法律顾问的工作精力，时间成本，也为模板合同的使用者节省了法律顾问例行合同审查的程序。

3. 模板合同是法律实践经验的总结，法律顾问在起草模板合同时已充分考虑了法律的相符性，也充分考虑了使用模板合同的客户利益，在模板合同起草上也尽量避开了“无效”的格式条款，且在法律实践中将条款不断地得到修正。因此，模板合同具有先进性，并且能有效地避开合同条款漏洞风险，具有较高的使用价值和实践意义。

（二）模板合同在实践中广泛应用的注意事项

1. 模板合同起草完成之后，应广泛征求客户单位合同相关人员的意见，体现客户单位合同管理者的意志；同时，也要适应合同使用者长期以来形成的习惯。

2. 模板合同起草完成后，必须经过普遍的合同培训，让客户单位合同相关人员均能理解模板合同的相应条款，并且在签署合同谈判过程中，能充分说服合同相对方接受并签署模板合同条款。

3. 模板合同在使用过程中，应通过培训和检查的方式监督客户单位合同使用人员，避免在模板合同使用过程中，完全照葫芦画瓢，僵化地使用模板合同，造成不必要的笑话。

笔者在修订客户的模板合同时，在其中一个条款后面用粗黑体注明："建议该条款删除"。在当年年底进行合同年度审查时，竟然惊奇地发现客户单位业务人员与第三方签署并盖章的合同文本原件中醒目地保留着"建议该条款删除"。可见合同使用人员在使用模板合同时，完全失去了主观能动性，机械地搬抄法律顾问修正的模板合同，造成笑话。

4. 模板合同条款要根据现实情况的发展变化不断地实时修订，以适应法律法规的修正和调整，适应经济形势和社会需求的发展变化。

5. 模板合同的起草与修订，均应该以互惠互利、合作共赢为基本思路和大前提，否则过度考虑委托人单方利益的合同文本很难被合同相对方接受，且如果合同相对方也坚持要使用符合自身利益的模板合同，双方势必无法达成共识，失去商业合作机会。

（三）模板合同的起草过程及修正程序

对于模板合同的起草，根据笔者的经验，不必完全依赖法律顾问的理论基础和实践经验来独立起草制作，而应该充分发挥网络、互联网、大数据时代的合同模板资源，广泛收集整理其他企业或律师业已完成并发布的模板文本，在广泛吸收的基础之上，借鉴他人的智力成果，形成初稿及框架体系，然后根据自身经验并结合企业实际进行整理加工，将初稿提交给企业员工普遍征求意见之后，由法律顾问最后修正，发布实施，在实践中进一步总结，持续改进与修正。

模板合同的起草与制作流程如下图所示：

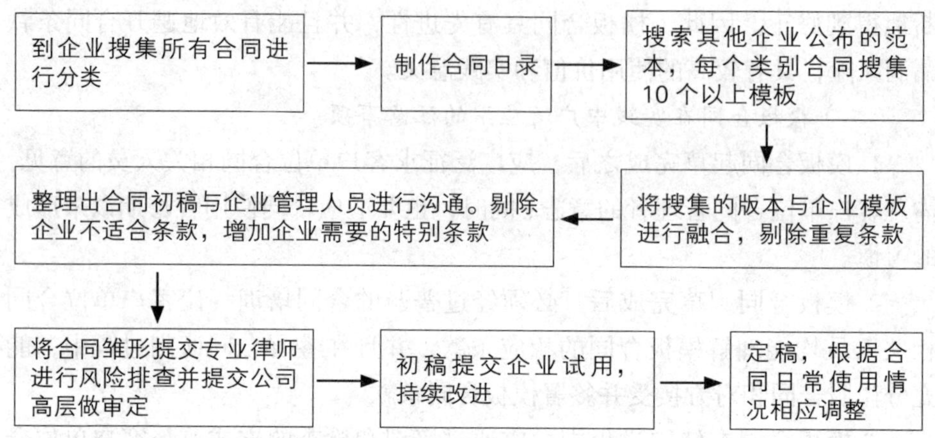

（四）模板合同签署文本的阶段性审查机制

模板合同虽然是多次重复使用，在合同实践中极少存在调整和修改合同条款的情形，这意味着按模板签署的合同文本无须进行审查。但对于模板合同的半年度或年度审查仍然是非常重要的，只是审查的重点不是合同条款，而是合同签署的整体情况，签字盖章等生效形式要件的完整性，合同档案材料的齐全状况，合同文本的完整性及档案管理的严谨性等，通过半年度或年度审查，发现模板合同存在的实践漏洞及潜在的合同管理风险。

二、民营企业合同管理的常态化——日常合同审查

合同审查是企业法律顾问法律服务实践的一项重要工作内容，有部分法律顾问实践学者将合同作为贯穿整个管理体系的灵魂，建立了以合同为主线的企业法律管理体系。代表性的著作有浙江人民出版社出版的陆云良律师的作品《大转型：CAM 企业法治管理模式》，该著作将企业法治管理模式概括为 CMA 体系：3+2 合同管理模式，即中观合同管理、微观合同管理、宏观合同管理；劳动合同的单独管理、投资合同的单独管理。该书在企业法治管理体系领域创新地提出了以合同为主线的 CMA 管理体系，强化了合同在企业管理中的地位与作用。

笔者虽然对陆云良律师的创新理念大加赞赏，但并不认为合同是企业法治管理的主线灵魂，笔者也认为合同在企业法治管理中居于一定的地位，但并不是企业法治管理的重心所在。相反，当合同模板被普遍采用之后，合同的标准化程度将带来对合同的弱化，甚至当社会治理达到高度诚信时，合同文本都有完全消失的可能，商业主体的交易可能只需要一两个简单的术语或一个二维码就可以确立商业关系，合同在互联网高度发达、诚信度大幅提高之后，最终有可能走向消亡。

在现实的法律实践中，合同审查仍然是法律顾问比较重要的工作职责，笔者从法律实践角度提出日常合同的审查要点及注意事项：

在大多数法治性管理的企业管理体系中，均将法律顾问进行合同审查列为倒数第二的环节，合同经过法律顾问审查确认之后，最后由总经理或董事长签署并盖章，法律顾问居于合同的终极审查地位。

但根据笔者二十年的企业法律顾问工作经验，认为这种模式存在以下弊端：

1. 企业法律顾问大多是来自企业外部的外聘律师，并非每天在企业坐班，没有足够的时间审查企业签署的所有合同，而且大量重复性、差异性不大的合同均要求法律顾问审查，也存在大材小用，造成法律顾问时间成本上的浪费。

笔者曾经担任一家上市公司的法律顾问，因为上市公司的老总对法律顾问非常重视，在公司全员大会上要求公司所有合同均要经过法律顾问审查确认后方能签署。结果在笔者担任该公司法律顾问的第一个月里就承接了近 200 份合同的审查任务。笔者动用了七个人的团队负责审查，结果苦不堪言，得不偿失，当我们团队向该公司总经理汇报了合同审查的工作量并要求提高法律顾问报酬时，遭到总经理拒绝，并对我们在一个月内收到 200 份合同的审查任务表示惊讶，总经理决定调整我们的工作量，但仍然要求我们团队为公司的合同质量把关。

为了完成该公司总经理合同质量管理目标，我们团队花了二个月时间起草了一份详尽的涉及公司各个业务领域的模板合同，并广泛征求意见，发布实施，在培训公司员工时，要求公司员工在签订合同时，尽量争取使用公司的模板合同文本，因为合同模板是经法律顾问起草并审核的标准文本。凡使用标准文本签署合同时，经注明系标准文本时，法律顾问审核一栏可以免签直接送呈总经理。

实施一月后，法律顾问日常合同审查任务降到五件以下，总经理对合同质量控制满意，法律顾问也相对轻松。

因此，企业法律顾问日常审查每一份合同的管理方案并不可取，发挥模板文本作用，实施合同标准化管理才是成本与效益双丰收的正确选择。

2. 企业法律顾问对日常使用合同普遍审查的工作机制会纵容员工的依赖心理，因过于相信法律顾问的专业性而忽略了员工作为合同管理人员应尽的审慎义务和监管责任。

笔者在担任法律顾问的实践工作中，发现只要企业建立法律顾问审查合同的制度，法律顾问审查环节之前的合同管理者均会不同程度地放松自己的职责，而将合同的审查责任留给法律顾问，所以法律顾问的大多数时间在帮企业员工修改语病和错别字，甚至修正数字和字母上的错误，法律顾问失去法律把关的基础职能。

由法律顾问起草并制定合同模板并通过合同模板应用的培训，既可以有效地将法治意识融入合同管理之中，又大大节省了法律顾问日常审查合同的工作量。通过合同模板的培训，强化规范应用，可以让法律顾问的日常合同审查量控制在月度五件以内，甚至零审查。这样可以有效地将法律顾问的工作精力放在合同模板的规范、合同履行的监督与考核评价上，避免在技术含量不高的重复性合同审查中浪费太多的时间和精力。

3. 企业法律顾问对日常合同进行审查制度在实践中流于形式，形同鸡肋，保留无用，弃之可惜，法律顾问的重要性未能彰显，反而降低了企业法律顾问的地位与价值体现。

在国家普遍建立法律顾问制度政策引导下，企业纷纷建立企业法律顾问制度，但大多数企业不清楚企业法律顾问的职责与内容，主观认为企业的合同很重要，因此要求企业法律顾问对企业的商业合同全面审查，有些企业还安装了合同审查的流程软件，所有合同的最后签署均需要企业法律顾问审查过目，提出意见签字或在电脑终端上点击审核通过之后，方可进入下一步审核流程。现实实践中，往往是一个律师身兼多家企业法律顾问，业务繁忙，精力也有限，根本没有时间和精力去重复审查海量的合同，实践中往往让实习律师或行政助理在过目或电脑终端操作点击，可能导致实际存在风险却未发现，而发现的问题可能是语病或错字之类的低端问题。久而久之企业感受不到法律顾问在合同审查中发挥了什么作用，法律顾问本身也没有成就感，但苦于企业法律顾问也担心如果不审查企业合同，法律顾问似乎也找不到其他事情可干，为了能获得顾问合同的续签和收取顾问费用，往往也只能硬着头皮，打肿脸充胖子，假装很敬业地继续坚持对企业的合同实行全面审查，审阅签字或电脑终端点击通过审核成为企业法律顾问权力的一种象征，极不协调的尴尬存在，直到顾问合同在双方觉得无趣之后解除或终止。

笔者在早期从事企业法律顾问的时候，也曾非常重视企业法律顾问的合同审查工作，为此还专门开展调研和经验总结，形成一套合同审查的流程和经验总结，并曾经在多次讲座中培训青年律师如何审查合同，把控合同审查的重点与关键要素。同时，为了提高合同质量，笔者曾经在多家顾问单位开展长期的合同审查与质量提升培训会议。但多年培训下来，笔者发现一些无可奈何的问题：（1）无论培训多少次，重复的细节性错误仍然不可避免地重复出现；（2）员工犯的错误都千篇一律，法律顾问反复培训之后，员工仍然一知半解，似懂非懂；（3）员工提交的合同若仔细审阅发现问题很多，但修不修正并不影响合同的主体质量，若修改问题太多，还不如推倒重来，若不修改，任凭低级错误存在似乎又体现不出法律顾问的专业水准与敬业精神。

当年龄渐长而体力略感不支时，才发现多年来的合同审查工作其实是在做无用功，因为法律顾问无论多么努力地培训，始终不可能让员工变成法律专业人员，隔行如隔山，而且公司员工的流动性高，也许一批合同管理人员才刚刚入门，却又因为各种原因离职了，合同审查的流程和方法又得从零开始重复培训。

经反复思索，笔者感悟出：与其让员工变得专业，还不如让合同本身变得规范。员工可以离职，但标准合同文本却始终存续并且可以在实践中不断改进。

标准合同文本由专业的律师起草，不可能有太多的低级细节问题出现，标准文本在实践中由法律顾问主导不断提升，在实践运用中经实践检验得到不断修正，标准合同的专业价值超过培训员工的现实效果。因此，笔者选择标准合同而代替员工的培训和重复性劳动的合同审查，在法律顾问实践上既解决了自身的工作量，又取得了事半功倍的效果，法律顾问的日常合同审查便成为历史，合同文本标准化的时代已提前来临。

三、民营企业合同管理的升级——合同履行的跟踪

（一）法律顾问职能的现实转变

订立合同的目的是为了交易能实际履行，合同只是作为双方交易达成一致的证明而已。企业在日常经营管理中，其追求的目标和效果是交易本身带来的价值回报，而合同订立只是交易目标实现的开始。

因此，企业法律顾问在参与企业法治管理时，其把控的工作重心不应在合同上（标准合同文本已代替法律顾问审查合同的职能），而应该在合同所指向的交易成功履行。

现实的法律实践中，无论是企业还是法律顾问，均未明确意识到企业法律顾问应该在合同履行的环节发挥什么样的作用，理论界也没有相关文章来论述和指导企业法律顾问在合同履行阶段应该提供什么样的法律服务，合同履行的跟踪便成了现实法律服务的盲点。

合同只有履行完成才能实现合同目的，合同履行全过程的完整记录才证明合同条款的价值和意义。

举例来说：甲乙双方签订了一份借贷合同，约定甲出借乙100万人民币，借期为一年，借款期间利息为日息万分之五，若逾期利息为日息万分之十，并约定由丙以其个人资产为乙方的借款行为提供连带责任担保，担保期限为借款期限届满后两年。

在现实的法律实践中，大多数人认为企业法律顾问的主要职责是为企业起草这份借款合同，并审查这份借款合同是否存在法律风险。

当标准化的模板借款合同出现之后，合同无须由法律顾问重复起草，网上下载或法律顾问一次性提供模板参考文本即可。如此看来，企业法律顾问对于这份借款合同便没有需要继续服务的空间，合同签订之后的事情只能交给合同双方去诚信履行。

这种观点实际上舍本求末，避重就轻，将合同的真正重心（履行环节）忽略，却只关注了合同形式的完美和表面无风险。

对于这份借款合同来说，若要确实保护甲的利益不受损害，法律顾问便应设置借款合同履行台账，跟踪乙方按月足额支付利息的情况，跟踪乙方经济实力及合同履行能力发生变化情况，是否存在逾期违约的情形，同时还得跟踪担保人丙的经济实力和财产情况。这些才是保障甲方的利益不受损害的重心。若法律顾问只关注借款合同的完美性，并期待在未来乙方违约还款发生诉讼时这份完美的合同能确保甲方打赢官司，这种传统的法律顾问服务只能被称之为“亡羊补牢”式的法律服务。因为法律顾问关注的重心不是圈里的羊会不会丢失，而是在关心万一羊丢失之后，如何依赖精美的羊圈材料修复羊圈。

精美的合同文本正如华丽的羊圈，羊圈建造的精美并不能助长羊健康成长，也不能确保羊群不会丢失。牧民养羊重心是羊长大能变卖赚钱，建造一个精美的羊圈只是一种劳动方式和生活的形式而已。

企业法律顾问若不关注企业合同指向的实质性内容，而只关注合同文本的完整与华丽，无异于那精美的羊圈偏离了服务的重心。

因此，企业法律顾问真正应该关注的重心是甲方100万资金的安全，而不是借款合同的完美。100万资金的安全与下列因素有关：

1. 乙方按月足额支付利息的状况；

2. 乙方财产的变动和经济状况，偿债能力的变化；

3. 丙方作为担保方经济状况，偿债能力的变化。

当乙方出现违约支付利息、乙方或丙方财产减少，偿债能力发生变化时，企业法律顾问应向企业发出警示并做好采取法律措施保全财产的准备。法律顾问的职能不是在乙方逾期还款或破产丧失偿债能力之后的诉讼代理，而是在借贷合同履行过程中的事先预防，这便是企业法律顾问与诉讼代理律师的最大区别所在。

四、民营企业合同管理的价值实现——合同风险控制

传统的法律顾问服务将工作重心放在重复劳动的低层次日常合同审查上，而忽略了合同履行过程中的实时跟踪与风险防范。

仍然以借贷合同——100万元借款为例。在该案例中法律顾问的职责便是建立财务逾期风险提示制度，债务人乙方及丙方财产报告制度，偿债能力发生变化风险预警制度。

若以合同履行的跟踪为重心，借款合同的条款中就应增加"当乙方任何一期利息逾期支付，债务人（乙丙方）财产发生转移或重大变动，乙方丙方的偿债能力发生变化时，甲方可随时要求乙方及丙方提前还款而不受借款期限两年的约束"。

然后，在借款合同履行期间，企业法律顾问的工作重心是监控乙方的利息支付情况，定期调查乙方及丙方的财产变化和履约能力，并出具相应的调查和风险预警通知。

笔者曾担任一家企业常年法律顾问十六年，在第十二年期间，企业老板要放贷一笔7000万的资金，作为法律顾问我调查了相关资信之后，认为风险太大，强烈建议老板放弃这笔风险投资。企业老板因为介绍这笔买卖的是多年的好友，而好友拍胸脯保证这笔生意绝对靠谱，老板坚持要做这笔生意，在投资风险讨论会上我仍坚决提出相反意见，双方发生争论。

企业老板后来在未告知我的情况，指令财务总监放款7000万，连借款合同及担保合同也未让笔者过目及审查。一年后，该笔7000万借款发生风险，在对方出现初期违约未按期支付利息时，企业仍未将该借款信息及风险信息告知法律顾问，直到听闻债务人逃跑并失联之后，才迫不得已告知

法律顾问采取法律措施，提起诉讼，诉讼官司打了两年，获得法院胜诉的判决书，但因债务人没有任何财产可供执行而被法院宣布执行终结。企业7000万资金血本无归，还因此支付了高额的诉讼费、律师代理费，企业老板很生气，认为法律顾问无能，解除了与笔者长达十六年的法律顾问合同。

笔者丢了客户事小，但被蒙冤屈却无处申诉事大，作为法律顾问，在企业放贷时完成尽职调查，并告知企业风险，企业隐瞒真相私自放贷，在发现债务人存在违约行为并有预期违约风险时仍然不告知法律顾问实情，错过最佳诉讼时机，在债务人已逃跑失联之后起诉，法律顾问诉讼胜诉却无法收回借款。作为法律顾问，已穷尽其能力，何过之有。

为此笔者感慨，企业法律顾问防范合同风险的职责不确立，却将企业法律顾问的职能定位在风险发生后的诉讼救济，本身已是本末倒置，此乃当今现实法律顾问之悲哀之处。

五、民营企业合同管理的意识转型——合同管理价值的实现

企业法律顾问与诉讼代理律师之间的最大区别就在于法律顾问防范风险，而诉讼代理律师是在风险发生之后实施法律救济；法律顾问是预防性的军师，而诉讼代理律师却是战争中的斗士。

在探讨企业法律顾问的服务职责与内容时，传统说法是法律顾问的职责就是法治宣传，为重大决策提供法律咨询，为企业遇到的法律疑难问题提供法律帮助。这种概括性的论述，上不着天，下不着地，中间不触及皮毛，没有理论家和实践者真正清楚法律顾问究竟要做什么。

法治宣传是个大概念，至于宣传哪些法律，如何宣传，宣传的方法，宣传的对象，宣传时间，次数如何考核评价，均没有规定。

法律咨询也是个大概念，法律咨询接受谁的咨询，是企业老板，还是管理者？是否包括企业所有员工？接受咨询的内容是什么，是涉及企业管理的，还是涉及企业股权的？还是只要是法律问题不管是婚姻家庭的、交通事故、行政执法的都得接受咨询？

为企业提供法律帮助，就是更大一个概念，如何帮？如何助？接受代理打官司？参与调解？参与仲裁？参加会议？起草合同？制定制度？

对法律顾问这种笼统的提法让所有实践者都对法律顾问的身份和职责定位认识不清，法律顾问成了法律界无所不能的万金油的代名词。

无所不能实际上也就是什么都不能，所以当前法律顾问的社会实践现状就是签个合同挂个号，找个关系整个渠道发个法律顾问的聘书，实践中究竟要干什么活，谁也不知道。

笔者所在律所曾经接受浙江省司法厅委托制定乡村（社区）法律顾问团体标准，我们在各个地区调研、征求意见时，我们标准起草组希望把法律顾问的职责地位明确为：法律宣传与培训、制度建设、合同管理、档案管理。当逐项讨论每一条时，在场的律师都提出来，法律顾问的职责不能定位太明确，否则律师会被累死，可以提供法律宣传，但不能定位法律培训，因为法律宣传是个大概念，想讲什么讲什么，什么形式都可以，而将法律培训确立为职责，就意味着要有培训目录、培训计划、培训方案、培训课件、具体培训的方法、培训效果评价与考核，那事情就太多了。

关于制度建设，在场的律师也建议不作为职责提出来，他们的理由是定制度是乡村集体自己内部的事，法律顾问想参与还不一定能参与，若真让法律顾问参与了，从制度的起草、调研、征求意见、修改、发布、培训、考核，执行跟踪就都变成了律师的事了，这样律师工作内容特多。所以参加调研的律师都希望把法律顾问的职责与服务内容模糊化，用当地司法局领导的表述就是："无所不能也无所能"。这样司法局对律师进行评价考核时灵活性大。

实际上法律顾问必须让市场觉得有价值，才会支付相应的费用来购买，若法律顾问只是个大而空的摆设，不管政府有多么重视，不管国家出台什么样的政策去推广，最终都会被市场经济所淘汰。

讨论市场经济，我们首先来讨论诉讼律师为什么可以为当事人带来诉讼经济利益，一个案件如果赢了官司，可能赢回上百万上千万，若输了可能血本无归，倾家荡产。诉讼律师的成果与效益直接与委托人的利益挂钩，当然委托人愿意支付相应的律师代理费用。现实当中，逐渐出现一种状况，就是赢了官司，判决书也可能成为一纸空文，没有获得利益的委托人即使赢了官司也不愿支付律师代理费用。

法律顾问业务之所以没有发展起来，是因为企业并没有意识到法律顾问的价值所在。

六、民营企业合同管理的市场定位

笔者曾经担任一家公司法律顾问，顾问费用为每年5000元。笔者在担任这家企业顾问期间，花了大量的时间为这家企业审查修改各类合同，起草修订各类规章制度，包括建立人力资源档案、劳动合同台账、知识产权台账等。年底工作总结时我提交了一份长达三万字的工作总结报告，并提交了完成各项制度的工作底稿，希望老板能将法律顾问费用提高至30000元每年。

老板看了我的年度工作成果，给予充分肯定和高度评价，但肯定的效果就是决定跟我续签法律顾问合同，费用仍然是5000元每年不变。

第二年法律顾问合同服务期间，我在顾问单位外贸部办公桌上发现一摞加盖了印章的空白纸（外贸部为了报关需要事先在空白纸上加盖公章备用，避免每次报关时找财务盖章比较麻烦）。我在那一摞空白纸中拿了两张纸，在其中一张纸写上：

借条

今借 ×× 律师贰仟万元人民币，借期十天，若逾期归还按日息百分之十计算罚息。

特此

借款人：（此处为事先已盖好的公章）

日期：　年　月　日

然后在另外一张纸写上：

担保函

兹有 ×× 律师向中国银行借款贰亿元人民币，借期三个月，本公司自愿为 ×× 律师上述借款承担连带担保还款责任，担保期限为借款期限届满之日起二年。

特此

担保人：（此处为事先已盖好的公章）

日期：　年　月　日

我手持这两张纸，找到企业董事长，要求董事长归还我2000万元的借款，并承担两个亿的银行借款担保，当场把董事长吓得从座位上跳起来，脸都涨得通红，我担心董事长会引发高血压，便急忙向他解释了借条和担保函的来龙去脉。

董事长立即召开公司全体管理人员扩大会议，训斥了有责任的管理者，并授权我负责起草和完善公司的印章管理制度。

当我完成公司的印章管理制度，提交了《印章使用登记簿》《印章用印审批管理办法》《印章外出携带管理办法》《印章保管责任书》等一系列印章管理文件及印章管理人员培训记录之后，董事长说："张律师，你拟定一个详尽的法律顾问工作计划吧，包括法律顾问的费用预算一并提交给我。"我拟定了一份年度法律顾问收费为十五万元的顾问工作计划和法律顾问合同，董事长听完汇报后，未做任何讨价还价就直接签署了法律顾问合同。这个经历告诉我，企业并不缺少资金来支付法律顾问的费用，关键在于企业是否能意识到法律顾问的价值。

本章节本来是讨论法律顾问合同风险管理的内容的，却花了大量笔墨来讨论法律顾问市场价值的实现，原因在于，在当前的法律实践中，并没有多少企业和律师能意识到法律顾问在合同风险管理中的作用与价值，法律顾问为企业提供合同管理服务还仅仅停留在日常企业合同审查工作上，对合同风险的认识也仅仅局限于对合同条款风险的认知，且随着模板合同被普遍认知之后，法律顾问审查合同的职能也正在削弱，合同条款风险因为模板合同的出现而逐渐消失，企业法律顾问在企业合同管理中的作用和价值正在逐渐淡化和削弱。

因此，笔者提出法律顾问合同风险管理的课题之前，首先必须让企业和律师都认知到：在合同风险管理领域，企业存在广泛的市场空间，法律顾问可以充分发挥其价值和作用。

七、民营企业合同管理价值实现的实战案例

在企业合同风险管理中，法律顾问究竟能发挥什么样的作用？

案例一：

某企业经股东会讨论商议，拟放贷七个亿的资金给一家上市公司的关联企业，该关联企业在青海有1000亩地，资金实力雄厚，在放贷前，因为公司有聘请法律顾问，股东商讨让法律顾问陪同股东一起前往青海考查该企业资信状况。

法律顾问陪同一起到青海后，查阅了该企业工商档案，纳税记录，财务报表及公司的生产销售情况，该公司名下确实有1000亩土地，但土地的账面价值仅为一个亿，公司日常经营销售总额仅几千万元，但公司的融资金额却高达50个亿。调查结束后，法律顾问提出自身意见：该公司经营业绩不佳，负债率过高，偿债能力缺乏，融资风险太大，建议不放贷。

而公司几个股东在一起商讨后认为：该公司虽然负债率高，但风险与利

益共存，正因为该企业缺资金才会借贷，现在正是放贷的大好时机，并且该公司的借款全部用于上市公司拓展新项目，若项目拓展成功，利润丰厚，因此决定放贷七个亿。因为担任这家公司法律顾问已超过十年，对企业有深厚的感情，所以据理力争，坚持说服各个股东不要放贷。

股东讨论后一致认为：企业放不放贷，放多少贷，是企业经营决策的事，责任和风险都由股东自身承担，之所以让法律顾问去考查，也只是出于谨慎考虑，言下之意就是法律顾问去不去调查都一样，股东们其实早已决定要放这笔贷款了。

法律顾问见无法说服股东，遂强烈建议所有借款均必须上市公司提供担保，但与上市公司协商后被拒绝，因为上市公司有规定，所有担保事项都要对外公开披露，且必须经股东大会、董事会按议程讨论，而该笔借款系上市公司法定代表人兼董事长个人投资行为，不想牵涉上市公司。

在几个回合的争论之后无果，法律顾问作为让步坚持要让上市公司法定代表人兼董事长以个人资产提供担保，也被上市公司法定代表人兼董事长拒绝。在多次协商之后，双方妥协，法定代表人兼董事长愿意以个人资产提供担保，但不能公开披露，借款总额由七亿元降低为两亿元。

但两亿元资金打入青海公司账户后三个月，上市公司股票突然停牌，青海公司宣布倒闭，二个亿的资金基于上市公司法定代表人个人担保部分收回7000万，1.3个亿的放贷资金血本无归！

（一）案例中法律顾问的职责分析

该案中，公司对外放贷系由公司股东自行决定，放贷事项并未委托法律顾问开展尽职调查，只是基于公司有法律顾问存在而走个调查的形式而已，公司与法律顾问之间没有关于放贷前需尽职调查的合同约定，法律顾问也没有尽职调查的义务。资金放贷产生收益与法律顾问无关，资金损失收不回也跟法律顾问无关，之所以法律顾问在现实法律实践中处于这样的影子地位，是因为企业认为律师尽职调查的费用太贵，而且意义不大，所以不愿花钱聘律师开展尽职调查。

在该案中，企业股东的思想意识里认为：法律顾问的职责就是把握合同条款的风险，审查合同条款是法律顾问的职责与义务，至于借不借款，如何借，借了之后能不能收回，都与法律顾问无关。

而且在这一点，律师作为法律顾问与企业股东之间的认识是完全一致的。担任法律顾问的律师认为：企业按年支付法律顾问费用，低的3000—

5000 元每年，高的 10 万— 30 万元每年，支付的法律顾问费用相对于诉讼代理律师的代理费用来说，都是比较低廉的，诉讼代理律师一个普通的民事案件按件收费最低也可以收 3000 元，而遇到大标的经济案件，收费可能上百万甚至上千万。法律顾问干一年的话，收的费用不及诉讼代理律师接一个案件的费用。对于法律顾问来说，当然是事情越少越好，日常审查合同条款就已经够辛苦，再把合同履行中的风险控制也界定为法律顾问的职责，那法律顾问真是忙上加忙。

这就是传统的 1.0 版法律顾问服务的现状，而且这样形成一个恶性循环，伴随着各种不正当竞争因素夹杂，法律顾问的费用越收越低，法律顾问发挥的作用与价值也越来越小，当互联网飞速发展，提供简单法律咨询下载合同模板的智能机器人出现，法律顾问的价值体现就越来越弱。

（二）案例中法律顾问的作用分析

在该案中，法律顾问虽然在尽职调查中提供的意见没有被采纳，但法律顾问基于对企业的个人感情因素据理力争，强烈要求上市公司法定代表提供担保，最终当借款风险发生时，上市公司法定代表人的个人担保让企业追回了 7000 万的损失，法律顾问发挥的作用还是非常重要的。

但在该案中，企业二亿元的资金只收回 7000 万，1.3 亿资金血本无归，对于企业来说，因为损失了 1.3 亿，股东没有心情也没有机会思考收回的 7000 万是否有法律顾问的功劳，相反，还有可能因为 1.3 亿元损失无法收回而怪罪法律顾问在风险发生后采取的措施不力，比如虽然诉讼胜诉，但法院执行局没能通过强制执行实现生效的判决结果，企业有可能也将这份失望计算在法律顾问的头上。在企业遇到风险之后，除非法律顾问可以力挽狂澜，让企业起死回生，否则法律顾问的作用大多会被忽略，甚至会产生对法律顾问的怨恨和不满。

之所以产生这种两难的境地和状态，原因仍然是因为法律顾问的收费和法律顾问职责不明所造成。

若法律顾问合同明确赋予法律顾问在合同履行过程的监管职能及风险防控职责，监管合同履行及防范合同履行过程中法律风险，便成为法律顾问的责任与义务，合同履行过程监管不到位，法律顾问将会被追责，因法律顾问失察造成企业损失或风险发生时，法律顾问救济不及时造成企业损失的，法律顾问将会承担相应的赔偿责任。

但风险与利益是共存的，既然让法律顾问担责，让法律顾问承担的风险与义务提升，法律顾问服务的合同报酬也要相应同比例增长，企业支付给律师的法律顾问费不应是年度内3000元到30万元的年费，而应根据律师的工作量和承担法律风险的责任大小，而确定合理的法律顾问项目服务费用。法律顾问服务费用的提高自然也就增大了法律顾问的责任与义务，这是一把双刃剑。

现实法律服务实践中，2.0版的法律顾问服务模式已经突破了传统的1.0版模式的收年费仅提供简单法律咨询和日常合同审查的初级模式，而进入基本年费加项目服务另行收费的提升版本。

八、民营企业合同管理模式创新案例

鉴于民间借贷风险太大，大多数借贷资金最终都发生借贷风险，导致借贷资金难以收回，甚至血本无归。许多企业也经历了借贷资金无法收回通过打官司获得胜诉判决之后仍然未能获得执行到位的情形。所以企业在发生借贷之前，便双方先行委托律师，双方均委托一家律师事务所提供借贷的中介法律服务，放贷方委托律师开展尽职调查，根据律师尽职调查结论由律师事务所决定是否放贷和放贷的金额，接收贷款的借款方也委托同一家律师事务所负责资金的监管及专款专用，并且资金的流转及运营监管均交给律师事务所来把关与监控，律师事务所直接在双方借贷合同中约定的利息部分提取一定比例的利息收入作为律师专项法律顾问费用，这种法律中介的法律顾问模式便是在2.0版专项法律服务模式升级之后的3.0版。

某企业因建造一幢大楼需融资七个亿，因该企业由十家企业股东合资而成，企业自身无固定资产可供银行抵押，但建造完成之后的大楼资产，各个入股的企业均可以自行销售获利或自行购买。融资未来有保障，但因无资产抵押难以获得银行贷款。

该企业委托笔者寻找了一家金融担保公司，可以提供七个亿的借款，但为了保障资金安全，要求笔者所在的律师事务所提供全程资金监管及风险控制，确保借款能如期归还，并愿意将借款利息的百分之三十作为律师事务所的专项法律顾问费问。

律师事务所接受委托后，与需求融资的企业达成共识，需求融资企业在融资贷款期间将企业的公章、合同章、财务专用章、法人章、营业执照正副本及所有企业网银的优盾全部转交给律师事务所管理，律师事务所指派专业律师负责接收每笔融资资金的转账、划拨、专款专用的项目资金支出，并监管企业的用印，签署合同及日常经营管理的费用列支。一年后，大楼如期建成，企业股东分割大楼各楼层，回收资金全额归还担保公司融资借款，并全额收取贷款利息。

法律顾问在双方融资合同的管理中既担任了借款方尽职调查和融资管理的角色，同时又担任了借贷方资金监管及风险控制的职能，既成功实现了双方的融资合同风险控制，同时律师事务所按双方融资的金额收取相应的顾问费用报酬，也实现了法律顾问服务利益的最大化。

九、民营企业合同管理模式的演变

（一）1.0 版本法律顾问模式下合同管理的法律实践

传统 1.0 版法律顾问模式相当于会员制的信息咨询模式，但随着互联网的发展，公益法律服务网站和法律服务平台数量的增多，大多数法律咨询均可以在网上找到答案，比如：百度、找法网等，大多数合同模板、制度模板等都可以在网上免费下载或者以非常低廉的价格购买，比如淘宝网、淘法网等。

在互联网高度发达和智能机器人的出现，1.0 版的常年法律顾问服务已进入淘汰阶段，只在欠发达地区或者企业内部的法务管理领域可能还存在一定的市场。

（二）2.0 版本法律顾问模式下合同管理的升级

2.0 版的专项法律顾问服务模式虽然正在被大多数企业所认知并接受，但这种专项法律顾问服务的模式却与企业正在兴起的法务岗位承包模式相冲突。专项法律顾问与企业法务相比，存在以下优劣势：

首先谈劣势：

1. 企业法务属于企业内部员工，工资奖金包括社会保险及福利均由企业承担及考核发放，企业聘用的法务在企业可以担任副总经理等重要岗位，企业可以通过岗位责任制和企业奖惩制度来评价与考核企业法务的工作业绩，对于企业外聘法律顾问与企业内部法务经理相比，企业法务经理可能更方便管理，且企业法务经理专职为企业提供法务管理劳务服务，不像律师会兼任多家企业法律顾问，企业法务经理更能保障足够的工作时间和工作精力为企业服务。

2. 企业的业务领域专业化分工之后，企业可能专业生产制造某类专业产品或提供某类专业化的服务，企业招录法务经理时也会事先考证过法务经理的专业资历和专业能力，入职后也可能会派遣或接受各类综合提升的专业培训，因此，为某专业领域的企业提供法务劳务服务的专职员工在该专业领域可能会有丰富的专业知识，而外聘律师同时兼任多家单位的法律顾问，可能专业领域的知识量和资历水准不如企业法务经理的专业竞争力。

3. 企业法务经理的专一性服务特征决定了企业法务经理的保密能力和泄密风险的概率。企业法务经理受企业录用之后即受企业保密制度和另行签订的《保密协议》的约束，企业法务经理所接触的商业秘密的广泛性和内部管理模式的深入性要求企业法务经理负有更严格的保密责任与保密义务，违反保密制度和《保密协议》的约定将会承担巨额的经济赔偿责任甚至被追究刑事责任。

而担任企业法律顾问的律师因为企业支出的法律顾问成本原因可能会同时兼任多家企业的常年法律顾问，甚至有可能同时兼任两家及以上存在商业竞争的企业的法律顾问。2.0 版项目法律顾问模式要求法律顾问不是提供简单的法律咨询和合同审查，而是要介入项目本身提供专业的尽职调查、风险分析、法律策划、过程监管、风险控制及考核评价，意味着 2.0 版的法律顾问介入了企业生产经营或服务的各个环节，掌握着企业大量的商业秘密和内部管理模式信息，而 2.0 版项目法律顾问身兼数家单位法律顾问的身份本身就存在泄密的风险，不管这种泄密是有意还是无意的，或者纯粹是因为工作原因而导致的商业秘密和服务模式泄露。我们暂且不去讨论法律顾问泄露商业秘密和企业法务经理泄露商业秘密之后的法律后果或应承担什么样的法律责任。而从企业管理层对企业法务经理和企业法律顾问泄密的信任度来说，显然企业更相信企业法务经理能保守商业秘密。

在实践中，曾经碰到有几家客户更换法律顾问时，客户老板提到更换法律顾问的理由就是某个律师兼任好几家公司的法律顾问，而这几家企业的老板又相互认识，法律顾问在平常聊天时会说起一些信息，虽然律师的言论并没有泄露企业老板重要的信息或商业秘密，但这种涉及企业老板私人信息的话题让企业老板觉得不可靠。

由此对比，企业法务经理可能比企业法律顾问更能获得企业老板信任。

其次谈优势：

1. 企业法律顾问大多由外聘律师担任，律师系通过法律职业资格考试，且有一年以上执业经验。法律顾问取得律师执业资格证，相对企业法务经理非律师身份来说，在法律专业领域更有专业优势。

2. 企业法律顾问来自企业外部，且可能担任多家企业法律顾问，同时也可能兼并政府、行业协会和知名人士的法律顾问，也可能有一定从事诉讼业务的工作经验，相对企业法务经理来说，信息量更广，视野更开阔，思路可能更能与时代同步，与国际接轨。

3. 企业法律顾问来自企业外部，其独立的身份和经济利益的相对独立性，决定企业法律顾问可能更能做出独立性和中立性的判断。对于企业来说，企业法律顾问的专业意见可能因其中立性而更有参考价值。

讨论更多的企业法律顾问与企业法务经理的对比可能不会有太多的意义，笔者在此想论证，在实践中 2.0 版本的企业法律顾问与企业法务经理相比，哪个更有市场空间。

就目前法律服务市场发展的模式来说，企业法务经理和 2.0 版本的企业法律顾问几乎均同时处于迅速发展阶段，大多用 1.0 版本的法律顾问时间久了之后，可能会倾向于用企业法务经理，因为企业法务经理看上去比 1.0 版本的法律顾问更贴近企业需求。而如果企业已经使用 2.0 版本的企业法律顾问之后再录用企业法务经理时，会明显感觉到企业法务经理与企业法律顾问的水平存在真实的差距。

笔者在多年从事法律顾问的工作实践中，多次遇到企业因为各种原因与笔者所在的律师事务所终止常年法律顾问合同的情形，但这些曾经接受过我们团队 2.0 版的专业法律顾问服务之后，与我们中断法律服务 2 年左右的企业，又均会重新以新的模式与我们团队建立法律顾问服务合同关系，这说明，企业对 2.0 版本的法律顾问专业服务还是存在一定的依赖性。

（三）3.0 版法律顾问模式下合同管理的承揽模式

3.0 版法律顾问服务完全超越了传统 1.0 版的常年法律顾问收取固定年费的模式，也突破了 2.0 版的为委托人一方提供专项法律顾问服务并另行收取项目法律顾问费用的模式，更是突破法律顾问服务单方委托的模式而接受双方甚至多方委托，以承担整个项目过程全程法律事务的承揽模式而提供法律事务全程外包的顾问服务。

3.0 版法务承揽模式的进步意义在于：

1. 并非单纯提供简单的法律咨询和合同审查；

2. 并非单纯为一方委托人提供项目法律服务；

3. 服务的内容并非外围式的法律咨询，法律建议或提交法律意见书面报告，而是全面介入式的法律事务全托管，为整个项目所涉及的双方或多方当事人提供全程管家式的法律事务承揽服务。

很显然，3.0 版的法律顾问已突破传统的 1.0 版和 2.0 升级版的服务范围和委托区间限制，法律顾问的职责和义务范围也相应全面升级：

1. 法律顾问的职责不是提供咨询和建议，而是全程负责接管具体项目运作的经营管理事务；

2. 法律顾问的尽职调查、风险分析、合同履行监管、具体法律事务的操作与处置，均不再是接受委托人的指令而行动，而是法律顾问根据需要自行策划，分析并在当事人的配合下完成，法律顾问不再是接受当事人指令而行动的配合者，而是根据需要指令当事人给予配合的运行主角。

3. 法律顾问项目承担的收益提高了，其责任及风险也相应程度扩大及升级，律师的疏忽大意和不尽职所承担的法律后果不是收不进法律顾问费用的问题，而是将会承担相应的损失赔偿责任，风险责任与利益分享共存。

4. 律师事务所对于法律顾问律师的管理也不再像传统模式挂靠式执业，而是以团队的专业化分队及标准化流程监控及量化指标考核与评价相结合的标准化监管模式。律师事务所在承担业务之前，其相应的服务标准均已起草与发布，与委托人签约时也会以标准作为附件的考核承诺，服务完成之后以标准接受评价与监督，发生争议时，按标准承诺内容承担及赔偿损失，成为事务所管理的标准化模式。

（四）3.0 版本法律顾问模式下合同管理价值实现的实战案例

3.0 版本法律顾问服务模式又称承揽式法律顾问服务，在现实法律实践中，目前仅应用在重大交易项目和工程建设项目中，企业管理中常年承揽式法律顾问服务目前并不多见，笔者以团队曾经服务过的案例来解释 3.0 版法律顾问合同管理的承揽式服务模式。

案例一：土地并购合同管理法律顾问承揽服务

甲企业欲购买一块土地，因土地资源稀缺，且交易金额过大，在现实交易中也出现过许多交易风险，比如：因光地交易涉嫌构成非法交易土地罪；因土地上建设投资未超过 25% 而被政府责令禁止过户；因通过转让股权的方式变相交易土地，但购买企业股权之后，发现被购买的企业存在巨额债务和对外担保；在土地交易过户前需先取消银行贷款抵押，注销他项权证，但在收购方支付定金并偿还银行贷款取消土地抵押之后，土地使用权证却突然被出售方的债权人提起诉讼并申请法院查封等多种风险形式。

甲企业求稳妥，将土地并购项目以 3.0 版法律顾问合同管理模式承揽给中观法律顾问团队，双方签订承揽式合同管理法律顾问意向协议之后，中观团队先通过各种渠道寻找土地资源，并找到三块符合条件的土地资源，经过对三块土地的尽职调查，发现其中一块土地涉及多起未了结的诉讼，另外一块土地的出让方负债率过高，交易有风险，最后一块土地虽然也有未了结的诉讼和对外担保，但相对风险较小，中观团队与甲企业协商之后，确定以最后一块土地作为交易目标。

第一步：尽职调查。

经过该土地所属的乙企业多次磋商，并配合接受中观团队尽职调查（包括但不限于工商登记、税务申报、人力资源、社保缴纳、法院诉讼、土地抵押、银行贷款、企业经营资产清查、财务报表、应收应付账款清理等），中观团队出具《尽职调查报告》《风险分析报告》《并购法律策划报告》之后，甲企业决定启动并购程序。

第二步：签订承揽式合同管理法律顾问合同。

中观团队组织甲企业与乙企业谈定交易价格、税收承担、付款进程与付款方式、担保条款之后，由甲企业、乙企业作为委托方，与中观团队签订承揽式合同管理法律顾问服务合同，以双方交易金额的3%作为承揽式合同管理法律顾问费用，由甲乙双方各半承担。

第三步：出让方与受让方签订交易合同。

中观团体根据甲乙双方交易谈判确定的内容，决定采取股权转让模式收购土地，遂起草了相应的《股权转让协议》，并组织双方签署合同，甲方向乙方支付首期交易定金，合同生效。

第四步：出让方移交全部交易证照及印章、财务账册、网上银行支付工具。

甲乙双方合同签订后，中观团队派律师进驻乙企业（出让方），根据约定让乙企业移交目标企业的营业执照、公章、合同专用章、法人章、财务专用章、财务账册、支票及密码器、网上银行支付工具等涉及企业资金及风险的所有印章证照及相关文件资料。

上述文件证章材料全部移交给中观团队，由律师事务所出具接受文件材料清单，双方签字并盖章确认办理完成移交手续。

第五步：甲企业准备股权转让款。

甲企业筹集股权转让款，中观团队起草股权转让协议，并准备组织双方签字并办理股权转让工商变更登记手续。

第六步：发现新的担保，调整交易方案。

中观团队在准备办理股权转让手续时，发现乙企业存在以前未披露的1500万担保，股权转让交易出现新的风险。

经甲乙双方充分协商沟通，确定将交易方案调整为先将土地投资设立新公司，然后办理新公司股权转让模式，遂变更交易合同，双方签订《买卖合同——先投资后转股交易合同》。

第七步：甲企业支付第二笔款项，归还乙企业银行贷款，取消土地抵押登记，注销他项权证。

以土地作为投资设立新公司之前，必须先归还银行贷款，取消土地项目上的抵押登记，注销他项权证，方可办理土地投资的过户变更登记手续。

第八步：以土地作为投资，设立新企业丙。

乙企业以土地作价出资，甲企业以现金出资，设立新公司丙，由甲企业法定代表人担任丙企业法定代表人，丙企业设立完成，取得工商营业执照、刻制印章、办理税务登记及银行开户等各项手续。所有印章证照文件由律师事务所保存。

第九步：将乙企业持有丙企业的股权转让甲企业。

丙企业设立完成后，由甲企业支付第三笔款项给乙企业，将乙企业持有丙企业的股权转让给甲企业。至此，甲企业控制丙企业100%的股权。

甲乙双方交易完成。

第十步：甲企业支付尾款，律所移交证照。

最后一步，由甲企业交易约定价款的最后尾款支付给乙企业，乙企业收到全部款项后出具已收讫全部交易款项的证明，并向律师事务所出具交易完成的确认书，指令律师事务所将其控制的丙企业的全部证照印章及所有法律文件移交给甲企业，甲企业收到律师事务所移交的全部证照印章文件后出具移交清单签收证明，并出具交易完成确认书。

甲企业、乙企业、中观团队三方交易完成。

该案例以土地并购交易承揽式合同管理服务的十步骤来展示3.0版法律顾问合同管理承揽式服务全过程，交易步骤并不代表土地并购交易的模板流程，因为土地交易中因交易标的风险系数不同，交易模式可分常见的三种：①直接土地过户式；②企业股权转让式；③先投资后转股式，先将土地投资设立新公司，然后再将新公司100%股权转让的一种交易模式。

在本案例中，甲乙双方先选定的是第二种股权转让式，但在交易过程中发现乙企业存在1500万元担保，遂将交易方式变更为第三种先投资后转股式。

至于三种交易方式各有什么风险，在何种状态下选择适用，以及涉及发生的税收和费用有什么不同，在本章节不做探讨，后续的土地并购示范例将做详尽的解释与论证，本章节只是借助实操案例让读者明白，承揽式合同管理法律顾问服务是如何全程承揽法律服务项目，并承揽全部交易责任与交易风险的。

案例二：企业破产和解程序化解债务危机

当企业负债超过其偿债能力时，企业常见有以下几种选择：卷款逃跑；关停企业；强撑，直至资金完全断裂；向法院申请宣告破产。

在当前的司法实践中，大多数企业可能会有以上四种选择，其结果都是以悲惨的方式终结，笔者曾尝试为企业在濒临破产边缘时，充分利用《破产法》的规定，向法院申请破产和解，化解企业债务危机，律师事务所全程提供承揽式合同管理法律顾问服务的模式。

讲述该服务模式前，先必须以通俗的方式来解释一下“破产和解”程序为企业带来的利益。

“破产和解”是《破产法》规定的企业在面临破产危机时、可通过与债权人达成和解协议的方式让企业持续经营化解债务危机。破产和解程序为何可以化解债务危机呢？主要原因有以下几点：

①破产和解协议的债权人并不要求100%的债权人都同意和解协议，而是只要求二分之一以上的债权人数和三分之二以上的债权金额所代表的债权人同意就可达成《破产和解协议》，通俗地说有49%的债权人可以不同意，有三分之一债权金额可以不用还或少还。

②只要法院受理债务人的破产申请，立即产生的法律效果便是：a.所有诉讼案件移交破产受理法院审理；b.所有执行案件中止执行程序；c.所有查封、扣押、冻结等强制措施解除。

③破产和解协议达成并经法院裁定生效之后对所有利益相关方都有法律约束力，包括持反对意见的三分之一债权金额和二分之一以下债权人数所代表的债权人。

正是基于破产和解协议裁定有及于持反对意见的债权人的法律效果，在企业债务危机处理的法律实践中，濒临破产企业往往可以采取团结大多数债权人（与代表二分之一人数和三分之二债权金额的债权人达成和解）的方式消除一部分债务，即使达成的和解协议损害一小部分的利益，该和解协议仍然依法受到法律的保护，这便是破产和解程序的意义所在。

在法律顾问的法律实践中，3.0 版承揽式合同管理法律顾问服务可以采取全部承揽的方式承揽破产和解程序全过程中合同管理，包括破产和解协议签署前的尽职调查、风险分析、法律策划、与债权人谈判并达成和解协议、清理企业资产、清算企业债权债务、向法院申请破产和解、执行和解协议内容、逐笔履行债务、获得企业重生，化解债务危机。

综上，在合同管理发展进程中，1.0、2.0、3.0 版合同管理法律顾问服务展现出不同的服务内容，总体来归纳：1.0 版合同管理法律顾问提供法律咨询，负责日常合同审查；2.0 版合同管理法律顾问提供模板合同，提供合同专项法律意见；3.0 版合同管理法律顾问承揽合同管理全程服务，从尽职调查、谈判、签订合同到合同履行完毕及客户回访的全过程，提供全过程合同管理承揽式法律顾问服务。

拓展阅读（一）：法院受理破产和解后工作流程

程序一　案件受理与公告

一、债务人向法院申请破产和解，提出和解协议草案，法院于收到破产申请之日起 15 日内（经上一级人民法院批准，可延长十五日）裁定受理，并同时指定管理人。

二、法院自裁定受理破产申请之日起 25 日内通知已知债权人并公告。

程序二　债权申报与审查

一、债权人申报债权（债权申报期限自人民法院发布受理破产申请公告之日起计算，最短不得少于三十日，最长不得超过三个月）

(1) 接受债权人申报，登记造册，编制申请表；

(2) 审查债权人的申报，编制债权表；

(3) 交债权人会议核查后，编制核查表；

(4) 报人民法院裁定确认，编制确认表；

(5) 被异议债权，经确认之诉确认债权。

二、管理人调查债务人所欠职工的工资和医疗、伤残补助、抚恤费用，所欠的应当划入职工个人账户的基本养老保险、基本医疗保险费用，以及法律、行政法规规定应当支付给职工的补偿金情况，列出清单，并公示。

三、调查债务人财产状况并制作报告；清理应收款项，编制应收款项清单。

四、对债务人的特定财产享有担保权的权利人，自人民法院裁定和解之日起可以行使权利。

程序三　和解协议与债权人会议

一、自债权申报期限届满之日起15日内召开第一次债权人会议，由人民法院召集。第一次债权人会议，将编制的债权表提交第一次债权人会议核查；讨论、表决和解协议草案。

召开债权人会议，管理人应当提前十五日通知已知的债权人。

二、和解协议的表决和认可。和解协议草案经债权人会议表决通过的（由出席会议的有表决权的债权人过半数同意，且其所代表的债权额占无财产担保债权的三分之二以上），由人民法院裁定认可，终止和解程序并公告。

和解协议草案未获债权人会议表决通过的，或者已经债权人会议通过的和解协议未获人民法院认可的，人民法院应当裁定终止和解程序并公告。

三、和解协议的执行。由债务人负责执行；执行失败的，宣告破产。

拓展阅读（二）：×××公司及×××公司破产和解申请策划方案报告

导　言

一、策划方案报告目的

中观法律顾问就宁波××有限公司、宁波××有限公司申请破产和解提供法律分析，并对两家公司破产和解是否可行提供策划方案，出具《关于宁波××有限公司、宁波××有限公司破产和解策划方案》。

本所律师按照我国律师行业公认的业务标准、道德规范和勤勉尽责精神，就破产和解项目中所涉的法律风险、如何操作出具本报告。本报告仅就法律上破产和解是否可行进行分析，对两家公司具体情况，包括但不限于：公司资产情况、涉诉情况、对外负债、职工安置等具体项目需在开展尽职调查后做出具体判断。

二、简称与定义

在本报告中，除非根据上下文应另做解释，否则下列简称具有以下含义：

“本报告”：指由中观法律顾问出具的《关于宁波××有限公司、宁波××有限公司破产和解策划方案》

“本所”：指中观法律顾问

“××公司”：指宁波××有限公司

“×××公司”：指宁波×××有限公司

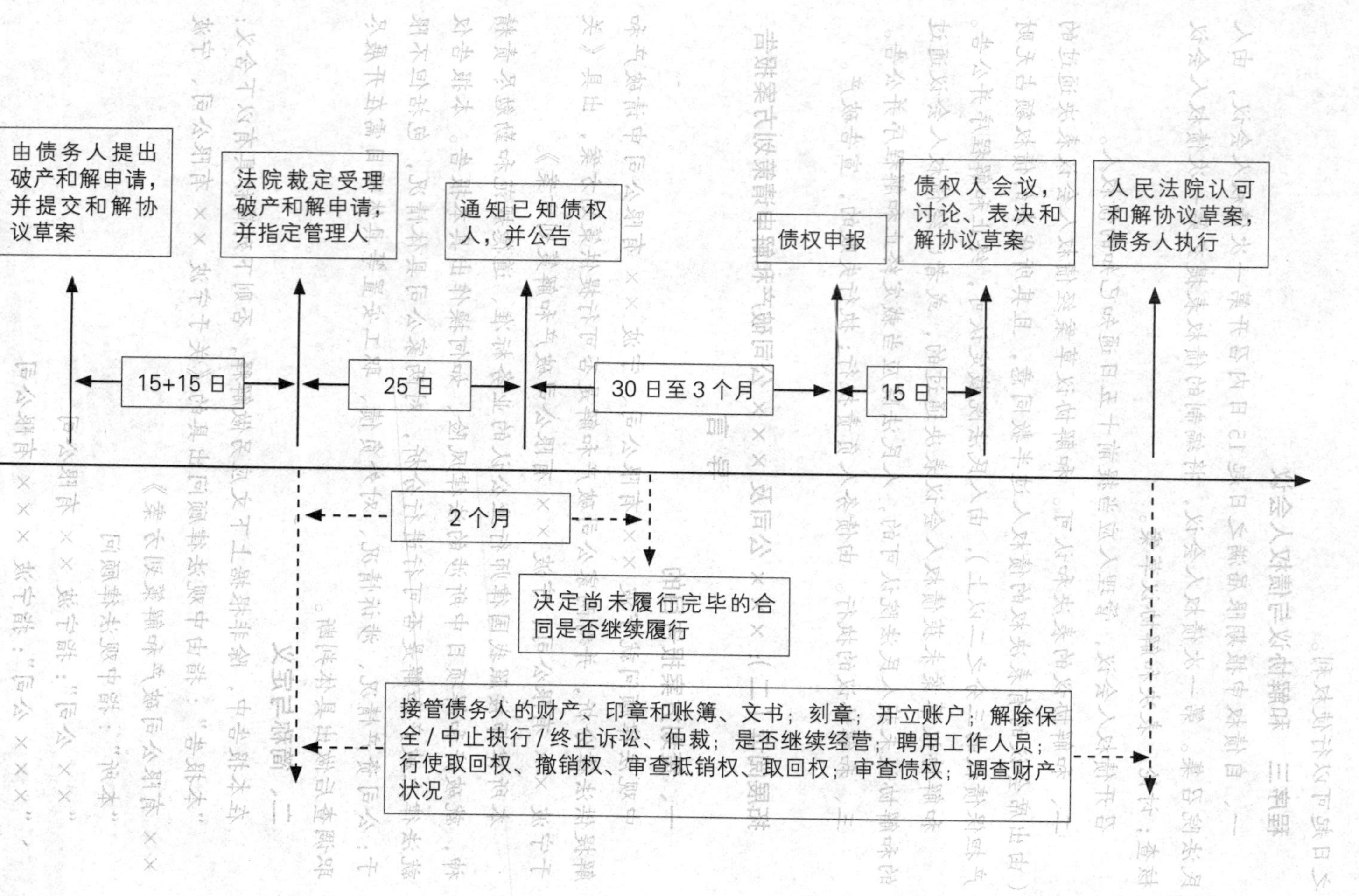
由债务人提出破产和解申请，并提交和解协议草案
15+15日
法院裁定受理破产和解申请，并指定管理人
25日
通知已知债权人，并公告
30日至3个月
债权申报
15日
债权人会议，讨论、表决和解协议草案
人民法院认可和解协议草案，债务人执行
2个月
决定尚未履行完毕的合同是否继续履行
接管债务人的财产、印章和账簿、文书；刻章；开立账户；解除保全/中止执行/终止诉讼、仲裁；是否继续经营；聘用工作人员；行使取回权、撤销权、审查抵销权、取回权；审查债权；调查财产状况

本报告所使用简称、定义、目录及各部分的标题仅供查阅方便之用；除非根据上下文应另做解释，所有关于参见某部分的提示均指本报告中的某一部分。

三、特别说明

（一）本报告所给出的法律意见与建议，是以截至报告日所适用的中国法律为依据的。

（二）本所律师要求：本报告谨供贵公司及授权相关单位 / 人士审阅。未经本所律师书面同意，不得将本报告外传及用于佐证、说明与题述事宜无关的其他事务及行为，委托方及本所律师均需对本次报告内容保密。

关于宁波 ×× 有限公司、宁波 ××× 有限公司申请破产和解方案策划如下：

【正文】

一、策划单位背景

中观法律顾问系专业从事政府及企事业单位法律顾问的专业律师事务所，主要服务内容包括担任政府及企事业单位常年法律顾问、专业法律顾问、专项法律顾问等法律顾问专业法律服务。

企业破产法律服务系中观法律顾问提供的重要专项法律顾问服务项目之一，在中观法律顾问法律服务项目中占有相当的比重，其中成功案例简要概括如下：

泰山房地产（北仑区）破产重整案：泰山公司主要资产系在建工程，我所承办该项目后，创造性地采取代建代销方式，顺利完成项目工程，将房产全部销售，成功实现债务人资产保值，债权人清偿率高达100%；

浙江造船有限公司（奉化）破产重整案：该案债权总额高达65亿元，奉化区人民政府成立清算小组领导重整工作，我所和德威会计师事务所组成的联合团队担任政府清算小组的专项法律顾问提供全程法律服务，现浙江造船有限公司已经恢复生产并陆续交付在建船舶，引进的战略投资人目前也正在洽谈中；

宁波飞龙电器有限公司（慈溪）破产重整案：该案具有影响广泛、涉案人数众多、资产体量巨大的特点，我所德威会计师事务所组成的联合团队担任破产管理人，在慈溪市政府指导下开展破产重整工作，目前已通过重整方案。

二、破产和解债务人背景

××× 公司系 ×× 区专业生产玻璃的制造工业企业，在 ×× 区属于纳税百强企业之一，××× 公司系与 ××× 公司配套进行玻璃深加工的加工制造企业，在全国玻璃制造业均有一定的影响力。

因受到全球金融危机的影响，加上为 ×× 区其他企业提供 1.5 亿元担保受到牵连，两家公司资金链断裂，总负债超过 5.7 个亿，因无力偿还到期债务进入破产边界。

×× 公司在交通银行有 2.3 个亿的银行贷款，其主要的土地及设备资产均抵押给交通银行，×× 公司及 ××× 公司在其他银行合计有 3.4 个亿的银行贷款，目前所有银行均已向法院提起诉讼，并进入法院强制执行阶段。

三、债务人面临的困境

因房地产市场回暖，玻璃制造加工前景开始回升，×× 公司希望借助于其他企业的力量重新恢复玻璃制造生产及加工，但交通银行因贷款到期进入法院强制执行阶段，已申请法院拍卖 ×× 公司项下的土地及设备等资产。

若土地资产及生产流水线被法院拍卖，第三方购得资产后不可能再租赁给 ×× 公司继续制造、加工玻璃，因此 ×× 公司公司特向当地政府主管部门寻求帮助。

当地政府针对 ×× 公司与 ××× 公司的现状，从维护社会稳定的角度召开了法院参加的协调会议，协调会议的精神主要从维稳角度出发，考虑到 ×× 公司及 ××× 公司有 900 名员工的安置问题、遗留的非法用地问题、环境污染行政处罚问题、税收欠款等各种遗留问题，现交通银行申请拍卖的资产系 ××× 公司名下唯一可供还债的财产，为了让 900 名员工的劳工债、税收债、环境处罚以及其他银行的普通债和担保债能够获得公平受偿，政府协调会议研究决定：要求 ××× 公司及 ××× 公司在 2017 年 6 月 30 日前向 ×× 法院提交破产重整申请，中止所有正在执行的法院拍卖程序和强制执行程序。

根据以往担任破产重整和破产清算管理人的工作经验，若 ×× 公司及 ×× 公司一旦申请进入破产重整程序，法院受理后必须在 15 个工作日内指定破产管理人，接管 ×× 公司及 ××× 公司的所有财务账本及财产，在债权人会议不能达成一致意见的情况下，×× 公司（×××× 公司）可能面临停止生产经营，所有财产被破产管理人接管后，可能会引进第三方介入进行重整，破产重整的时间可能会拖延至 3 至 5 年，未来的结果很难预见。

四、策划方案及步骤

鉴于以上困境，策划人针对××公司、×××公司的现状，提供一种既符合政府的维稳精神（不拍卖××公司资产）同时又不让××公司进入破产程序的中间方案，即“政府指导下的破产和解”，具体方案及操作步骤如下：

第一步：××公司与×××公司联合向××区人民政府打申请报告（由于行政区划的调整，现××公司属于××区管辖，而×××公司属于高新区管辖，所以两家公司必须联合申请），请求高新区人民政府及××区人民政府联合成立相应的工作组接管×××公司和×××公司的财产，并组织相关人员开展相应财产清理和债权清理工作；

第二步：××公司和×××公司共同委托一家律师事务所开展两家公司合并破产和解的尽职调查工作，由律师事务所对债务人开展尽职调查，调查的内容包括但不限于：债务人基本情况、主要资产、主要债权人及债权金额、法院执行及司法拍卖情况等信息，并根据调查结果出具《尽职调查报告》，将报告提交给政府工作组；

第三步：由开展尽职调查的律师事务所负责与两家公司所有债权人进行商谈和摸底工作，判断是否有债权重组和债务重组的可能性，据此来判断是否可以进行破产和解，律师事务所根据洽谈及调查摸底情况，出具《破产和解可行性分析报告》，将该报告提交政府工作组；

第四步：由于法院受理破产和解后，有抵押的债权人仍然可以申请拍卖债务人财产，因此申请破产和解的前提是有抵押的债权人必须先行能够与××公司、×××公司达成初步执行和解方案；

鉴于此，律师事务所将作为债务人××公司和×××公司的代理人，与两家公司有抵押的债权人磋商谈判，在能够达成初步和解意向的情况下，在法院执行局协调下签订初步《债权和解协议》，并在法院执行局备案，同时提交政府工作组；

第五步：由律师事务所根据与有抵押的债权人订立的《债权和解协议》为基础，与其他没有抵押的银行的债权人初步磋商，达成初步《和解意向性协议》；

第六步：由律师事务所依据与有抵押债权人签订的《和解协议》和无抵押的普通债权人签订的《和解意向性协议》，起草《破产和解申请书》及《和解协议草案》，向法院正式提交破产和解申请；

第七步：法院受理破产和解申请，出具受理破产和解的《裁定书》，并根据政府组建的工作组的实际工作情况，依法指定政府工作组为破产管理人；

第八步：政府工作组以破产管理人身份委托律师事务所负责清点财产、清理债权、制作《债权表》，起草首次债权人会议议程和方案；

第九步：由律师事务所接受破产管理人的委托，与所有有意向和解的债权人开展和解谈判，并签署相应的和解协议；

第十步：律师事务所受破产管理人委托组织召开首次债权人会议，形成债权人会议决议，并初步通过《和解草案》，《和解草案》获得出席会议有表决权的债权人过半数同意，及其所代表的债权额占无财产担保债权总额的三分之二以上通过的，《和解草案》即获得通过；

第十一步：破产管理人将已获得首次债权人会议通过的《和解草案》提交给破产受理法院，由法院裁定《和解草案》生效，法院出具《破产和解裁定书》，裁定破产和解生效，并进行执行程序，解除所有银行账号冻结，解除所有土地及固定资产查封；

第十二步：政府工作组召开××公司及×××公司破产和解成功大会，宣布法院的裁定及破产和解方案，××公司及×××公司恢复生产，在政府工作组的监督下后续严格按照和解草案确定的内容履行清偿义务。

五、重点及难点

在××公司、×××公司向法院申请破产和解的方案中，由于该案涉及面广、债权金额较大、资产已经全部抵押等困境的存在，必须谨慎把握，协调好各方关系，避免项目操作失败，对于整个项目在具体实施过程中的重难点问题，本所律师简要陈述如下：

（1）交通银行作为××公司有抵押的债权人，债权金额高达2.3亿元，是否能与交通银行达成和解协议，是能否申请破产和解的关键性因素，若交通银行不同意和解方案，其他所有债权人即使达成和解，仍然不可能得到执行，因此，与交通银行谈判并达成和解是所有项目达成的前提和关键。若与交通银行谈判破裂，只能按政府协调会议精神的要求，依法向法院申请破产重整，进入破产重整程序，中止所有法院的强制执行措施及司法拍卖程序。

（2）法院受理破产和解的前提是××公司和×××公司与所有债权人已达成初步和解协议，并且已形成初步的和解协议草案。因此律师事务所代表××公司和×××公司所开展的前期尽职调查工作和和解可行性分析工作是重点，只有在律师事务所提交的《尽职调查报告》、《可行性分析报告》、《债权和解协议草案》获得法院认可的前提下，法院才有可能直接受理破产和解，否则法院只会受理破产重整或破产清算，因此律师事务所开展的前期调查是本项目成功的基础。

（3）政府组建工作组是和解项目成功的核心。按一般司法惯例，法院受理破产申请后，会依法定程序指定破产管理人，而指定的破产管理人作为独立的第三方公平公正地参与清算工作，一般不负责与债权人谈判或通过其他方式去和解，而只会公事公办，若法院指定独立第三方作为破产管理人，该项目可能会因为破产管理人与债权人之间无法达成和解协议而宣告和解失败。只有在政府先行组建工作组，并以工作组的名义开展相应的清算工作，在债务人×××公司向法院提出破产和解申请时，同时向法院提交政府工作组实际已开展清算工作的现状以及政府工作组运作的基本情况，政府才有可能出面与法院协调，让破产受理法院指定政府成立的工作组为破产管理人，而这也是和解成功的核心要素。

（4）律师事务所在破产和解程序中承担了99%的工作量并且成为破产和解成功的关键要素，整个破产和解程序，无论是一开始的尽职调查、可行性分析、与债权人的谈判等工作、破产和解协议草案的起草、破产和解受理申请书的起草等，还是在法院受理破产和解申请，指定政府工作组为破产管理人之后，律师事务所接受政府工作组的委托开展债权申报、财产清点、财务清理、组织召开首次债权人会议等所有债权申报工作及债权人会议工作，以及与所有债权人谈判并达成和解协议等。全程的工作内容均由律师事务所承担，因此在破产和解的全程工作中，律师事务所承担了99%的工作任务，律师事务所是否尽责尽力，是否有和解谈判的能力，是全案成功的关键要素。

附：律师团队工作内容

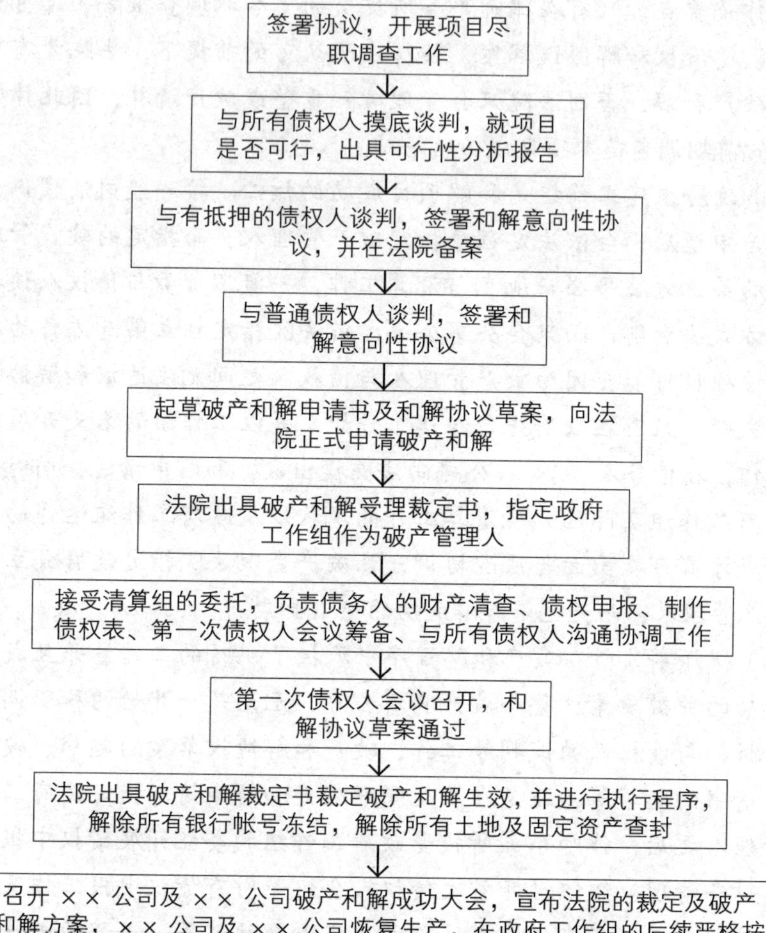

拓展阅读（三）:《合同管理最困难的三件事》

最初担任企业法律顾问时，对于合同的管理，我的重心都是放在合同管辖权条款上，我心底里认为：合同条款的复杂对于企业来说没有任何意义，一份商业合同只要有双方当事人盖章，明确交易的标的物和价格就行了，其他条款都不重要，重要的是管辖权条款一定要在我有关系或我的客户有关系可以搞定的法院。在最初担任企业法律顾问的六七年时间里，我审查企业的合同只审查管辖权条款，只要一份合同确定的管辖权没有问题，我就会在合同审查栏签上律师的大名，而如果合同管辖权不在我们有利的一方，无论合同条款多么优秀，都会被我否决掉。

从事企业法律顾问七八年之后，可能由于大多数企业都聘请了法律顾问的原因，管辖权条款已经很难在合同签署中轻易争取了，每家单位都有律师做顾问，每个律师都非常清楚管辖条款对于律师的重要性，所以往往有律师参与合同谈判，因为管辖权问题会争执得非常久，最后的结果是合同因为管辖问题谈不下来，折中的办法便是写“双方均有权向各自所在地人民法院提起诉讼”，或者干脆约定仲裁。

当法律顾问在管辖权条款中发挥不了优势的时候，法律顾问在合同管理中的作用就开始大幅度削弱。在最初的几年里面，我在客户单位的授课内容和培训的讲义都是围绕着如何去争取管辖权的，根据我多年的经验总结，我曾经总结了十几种在合同中争取管辖权的方法，包括但不限于：“双方均有权向原告所在地法院提起诉讼”“双方均有权向合同签订地法院提起诉讼（合同顶端注明合同签订地在我方）”“不约定法院管辖权，但明确约定合同履行地”“不约定法院管辖权，但明确约定交货地点”“不约定法院管辖权，但将合同命名为加工承揽合同，加工地在我方”等等。当然以上种种技巧与方法在民诉法新的司法解释出台之后，都不再有用了。

在管辖权条款对于法律顾问失去了卖弄的价值和意义之后，我才开始思考：企业法律顾问在合同管理中究竟要做些什么？如何让法律顾问在合同管理中发挥专业特长和专业优势。

第一项研究是帮企业制作合同模板。制作合同模板的好处是可以大量节省人力，企业有合同模板了，业务人员人手一本合同范本可以参考，遇到相同或相似的合同，从范本上直接拷贝一个过来，不用动脑筋去思考合同条款，业务人员签合同省力了。律师帮助起草并修正过的合同模板，业务人员拷贝过来就可以直接签署了，法律顾问也不必每个合同都去签个字，也省了法律顾问审查合同的环节，法律顾问省力了。按照范本签合同，范本是律师起草并修正的，老板最后签合同只要确认是律师起草的范本，也会很放心地签，老板也省心了。

第二项研究是帮企业做合同谈判前的风险调查。法律顾问定一个制度，要求在跟每一个客户谈判之前，先对拟签合同的对方客户进行资信调查，法律顾问会提供资信调查的一些方法，比如：企业信用网站查询工商登记信息、司法判例网站查询涉诉信息、海关资讯网站查询出口信息、商标网上查询商标注册信息、专利网站查询专利申请信息、商业圈朋友圈获取企业诚信信息等。法律顾问的职责是帮客户单位制作一张合同风险排查表，让客户单位的员工在与客户谈判前先收集交易对方的基础信息，做到知己知彼。

第三项研究是帮企业设置一个合同风险的预警机制。方案是对于企业的客户先进行分类，现款交易的合同不在风险预警之列，凡是按期付款的赊销合同都要针对不同的客户设置一个风险临界点，方法是根据企业管理层对客户的分析，设置一个企业可以承受的赊销额度，当赊销账款余额达到预警临界点时，以图示的方式预警，该客户列为重点监控对象，当赊销金额达到预警红线时，停止与该客户的交易，及时让法律顾问或外聘律师介入调查或提起诉讼。

第四项研究是合同的档案管理。之所以法律顾问介入客户的档案管理，是因为经常在客户遇到诉讼时，翻箱倒柜找不着应诉或提起诉讼的合同材料，无论老板发多大的火，材料仍然找不着，当然最后着急的还是担任诉讼代理人的律师或法律顾问，所以与其在遇到诉讼时翻箱倒柜，还不如在平时将合同整理得井井有条，遇到诉讼或阶段合同审查时，查找方便，省心省力也省事。

第五项研究是阶段性合同审查和培训。在担任法律顾问期间，发现阶段性合同审查非常重要，在阶段性合同审查中会及时发现许多问题，而这些问题在阶段性合同审查中发现之后会被及时纠正，消除了许多合同隐患，发现问题之后再对企业员工进行相应的培训，根据发现的错误讲道理，犯错的员工印象会很深，没犯错的员工也会很认真，因为被法律顾问点名并不是件脸上有光的事。

这五项研究工作，在这近二十年的法律顾问实践活动中，我都完整地运用到客户单位了，成效当然是显著的，在这里我不用提，其意义和价值有合同管理经验的朋友心中都有数。在下面的篇幅里，我想谈我在合同管理中遇到的困难和挑战。

第一大困难是法律顾问的地位问题。法律顾问的地位是企业的老板或管理层给的，如果法律顾问来讲座，老板会亲自来听，法律顾问来审查合同，老板会亲自动员，法律顾问提出的问题，老板会把管理层叫过来训话，法律顾问来了，老板会迎接，法律顾问走的时候，老板会送送，那员工会非常清楚，这个法律顾问是很有地位的，法律顾问的话要听，也必须听，法律顾问的专业和价值也就能发挥出来。如果反过来，法律顾问对于企业来说，就是一个局外人，你到企业了，老板只知道你是来收钱的，员工知道你是律师，仅此而已，纵然你法律顾问有千般热情、万分专业，没地位的法律顾问在企业永远都是多余的。

第二大困难是企业老板或高层管理者的自信。企业的老板会很自信，自信到不相信“术业有专攻”，法律顾问在过于自信的老板眼里，只不过是个有证照的律师而已，老板认为他懂的比法律顾问多，能力比法律顾问强，无论是眼光还是能力，都斜着眼看法律顾问。如果那样，法律顾问的建议没有人看，法律顾问的培训没有人听，法律顾问的呐喊没有人会理睬，你再专业也没有用。因为有个特别自信的老板，法律顾问只能靠边站。

第三大困难是合同的跟踪。合同谈判前风险调查、合同范本起草、合同审查、合同培训、合同档案管理、合同风险预警这些单项合同管理事务，对于一个在企业有地位而且老板也不是特别自信的法律顾问来说，都是很容易做到的，但要把合同从最初的风险调查到最后的合同档案归档完整地串起来，如果没有企业一把手亲自来抓，对于一个法律顾问来说，是很难实现的，之所以这么说，是因为我努力了这么多年，还没能在一个企业建立一套完整的企业合同跟踪体系，因为合同的每一个环节涉及不同的管理部门，谈合同签合同在业务部门，合同订单完成却在生产部门，合同的履行在销售部门，合同的质量管理在质检部门，合同的履行收款在财务部门，合同的售后服务在售后服务部门，风险控制和合同审查在法务部，合同档案在公司办公室，合同贯穿了企业的每一个部门，实际上是企业生存与延续的生命线，但这个生命线控制在企业的一把手手里，仅靠法律顾问的能量或者几个管理部门的配合，无法将这条生命线完整地组装起来，发挥最佳效率。我虽然努力了很多年，但一直未能建成这个生命线的管理体系，所以我觉得这是最困难的一件事。

拓展阅读(四):《不动产交易专项法律顾问操作实务》

一般不动产权利人出售不动产或收购不动产的需求方，在遇到不动产交易时，首先想到的一定是不动产交易的中介，很少有当事人会想到聘请律师来完成不动产的交易，笔者最初介入不动产交易的原因，也是因为担任不动产出售方的法律顾问，不动产出售方在出售时带着律师与意向受让方一起谈判，意向受让方也带来了一个律师，最初交易的双方当事人带着律师来的目的，也只是让双方律师来审查和确定合同条款的。但双方的律师在合同条款的问题上发生了很大的争议，对方的律师认为交易存在许多风险，跟受让方当事人说“不”，而我也跟出让方当事人说有风险，双方的生意便差点做不成。

因为在谈判过程中，我提出了一些双方都可以接受的建议，并且站在交易双方公平公正的立场上起草了一份协议，希望利益共享，风险共担，该协议获得双方当事人的认可，结果是受让方当事人把他的律师辞掉了，希望也聘请我担任他的律师。

最初跟双方当事人分别都签协议，扮演这种“吃了原告，吃被告”的双方代理的角色，我是非常担心的，因为这种代理方式违反律师执业纪律与律师执业道德，非常担心因为这个案件的代理我会被吊销律师执照，所以特别小心地推辞，希望不接这个业务。但交易的双方却又非常希望能成交这笔生意，所以强烈要求我冒险承接这单“双方代理”的业务。

因为年轻，同时也考虑到交易双方真诚的需要，我便硬着头皮接了这单“双方代理”的业务。

交易双方在我“双方代理”的过程中，虽然也有争议，也有分歧，但因为有我这位既帮“原告”又帮“被告”的和事佬在中间调和，所以，这单交易就非常顺利地完成了，双方皆大欢喜，我也很乐意地收了双方支付的律师代理费。

顺利完成这笔“双方代理”的业务之后，当受让不动产的那一方又想出让该不动产的时候，又找到了我，希望我继续扮演“双方代理”的角色，就这样在客户连着客户推荐的情况下，我居然完成了大量的“双方代理”的不动产交易业务。

我心里总觉得这种代理是有问题的，直到有一天，当我“发明”了一种《专项法律服务合同》，我将不动产交易的双方均列为委托人，我所在律师事务所列为代理人，当交易的双方在一份合同上共同签署协议，并共同聘请我为他们的专项法律顾问时，我才弄明白，我在不动产交易双方的法律关系中，我是他们共同聘请的专项法律顾问，这并不是传统意义上的“吃了原告，吃被告”，而是双方共同委托的“专项法律顾问”。

首先，我们来分析一下不动产交易的几种方式。

不动产交易一般有以下几种交易方式：

（1）直接过户；

（2）出让不动产的企业与收购不动产的企业合并；

（3）转让不动产所在公司的股权；

（4）转让实际控制不动产所在公司 100% 股权的上级公司的股权。

其次，我们来分析一下上述四种交易方式的交易成本预测。

（1）直接过户交易不动产，会产生土地增值税、营业税（增值税）、教育附加税、契税、所得税，交易的综合税率一般为 14.5%，也就是说，若不动产评估价为 1 个亿，将要缴纳壹仟肆佰伍拾万元的税款；

（2）若将出让不动产的企业与收购不动产的企业合并，根据税法的规定，将不产生任何税收；

（3）若转让不动产所在公司的股权，将按股权转让产生的增值部分缴纳 25% 的企业所得税；

（4）若转让实际控制不动产所在公司 100% 股权的上级公司的股权，若上级公司与实际控股的公司在同一区域的，需缴纳 25% 的股权转让增值的所得税，若上级公司与实际控制的公司不在同一区域的，有可能不会产生税收。

第三，上述四种交易方式存在的交易风险。

（1）直接过户方式：税收成本高（综合税率 14.5%），一手交钱，一手交货，交易风险非常小；

（2）采用企业合并、转让不动产所在公司股权以及转让上级公司股权都会直接承接不动产所在公司的全部债权债务、公司的财务风险、税收风险、劳工风险、注册资本抽逃风险、最初资本金来源不明风险等全部的风险，还有可能存在公司财务报表上未显示的对外担保或者其他或有负债，总之，交易税收成本低，但交易的风险非常大。

第四，上述四种交易模式之外的交易方式选择。

这种交易模式为：先投资后转股

具体交易的步骤为：

第一步：交易双方共同新设一个新公司 F，注册资本为 100 万元，出让方占 70% 股权，受让方占 30% 股权，均以现金出资；

第二步：新公司设立完成后，不动产出让方将不动产评估作价以增资扩股的方式向 F 公司增加注册资本，将不动产过户至新设的 F 公司名下，受让方同比例以现金增资，增资完成后，出让方仍持股 70%，受让方仍持股 30%；

第三步：出让方将持有 F 公司 70% 的股权转让给受让方，受让方持有 F 公司 100% 的股权，双方交易完成。

第五，先投资后转股交易成本及风险分析

在先投资后转股的交易模式下，根据税法的相关规定，以投资方式将不动产过户的，只需缴纳3%的契税，土地增值税、营业税、教育附加税均可申请减免；但在第三步发生股权转让时，会根据股权转让收回股权转让款产生的增值额征收25%的企业所得税，原企业若存在未弥补的亏损的，可以弥补相应的亏损。若原不动产所在企业存在亏损的，该交易模式将只产生3%的契税。

先投资后转股的交易模式下，发生股权转让的F公司是完全新设的公司，无任何债权债务，也没有历史遗留的财务风险、税收风险、注册资本抽逃风险、劳工风险、最初资本金来源不明等风险，新设F公司也不可能存在对外担保等或有负债，F公司是完全清洁的，交易几乎无风险。

第六，先投资后转股交易模式下专项法律顾问的职责与作用

在先投资后转股的交易模式下，专项法律顾问发挥的效能便是"双方代理"，由交易双方共同聘请同一个律师担任专项法律顾问，专项法律顾问为交易双方提供不动产交易过程中每一个步骤的法律顾问咨询服务，把控整个交易过程中的交易进程及付款进程。具体作用及效能实现的步骤为：

第一步：不动产交易双方达成一致，共同聘请同一个律师担任双方交易的专项法律顾问，并与该律师签订《专项法律顾问服务合同》，由此产生的法律顾问服务费用，由交易双方各半承担；

第二步：由双方共同聘请的专项法律顾问对交易的不动产开展尽职调查，并出具《尽职调查报告》，调查不动产的权属、抵押、担保、股权、负债、股权及所属公司经营情况，发现交易过程中可能存在交易风险；

第三步：组织交易双方进行交易合同的谈判，主要谈定交易总价、付款进程、税收及交易过程中产生的费用承担、违约责任及违约金等事项，组织交易双方签署文件；

第四步：受让方支付首期定金（一般为20%）至律师所在的律师事务所，专项法律顾问接收并代为保管交易不动产的所有证照；

第五步：专项法律顾问接受双方委托，代办新设F公司注册的工商登记，登记完成后，负责保管新设F公司的全套工商登记材料、印章、营业执照、税务登记证及代码证和银行开户资料等；

第六步：专项法律顾问代办不动产委托评估，并根据评估价代办不动产投资过户至F公司名下，办理F公司的增资扩股工商变更登记事项，在不动产过户至F公司名下缴纳过户契税前，受让方支付第二笔交易款项（一般为50%）至律师事务所账户；

第七步：专项法律顾问接受双方委托，起草F公司股权转让协议，并组织双方签署，将F公司的股权100%转移至受让方名下，在工商变更登记完成前，受让方支付剩余全部款项（余款30%）至律师事务所账户。

第八步：专项法律顾问组织交易双方结算税款、交易费用，向受让方移交代为保管的土地证、房产证、营业执照、代码证、印章等所有证照，向出让方移交代为保管在律师事务所的全部交易款项，一手交钱，一手交证。全部交易完成。

整个交易过程，专项法律顾问全程法律策划、全程代办审批及交易手续、全程掌控交易进程、全程保管交易款项及印章证照，交易在专项法律顾问的全程封闭式掌控下完成。

第三节　民营企业制度管理法律顾问

一、民营企业制度管理发展历程

民营企业法律顾问提供的制度管理服务，也同样经历1.0版、2.0版、3.0版的发展历程，最早期的1.0版制度管理法律顾问服务就是帮助企业审查制度条款和修制订制度程序的合法性，并在日常制度管理中提供制度执行的法律咨询。

2.0版制度管理法律顾问服务提升与发展在于帮助企业提供专项法律制度体系的建立；制度的起草、修订、征求意见、发布实施；并参与制度执行的考核与监督。比如：知识产权专项制度建设、企业商业秘密保护制度建设、企业模板合同及合同管理制度建设、印章管理制度体系建设、档案管理制度建设等等。而3.0版制度管理法律顾问服务是在2.0版提供专项制度建设的基础上，升级为承揽式企业制度管理体系建设；岗位责任落实；制度框架搭建；制度文本起草、制度制修订与发布实施；制度执行的跟踪落实与管理绩效考核评价。

3.0版与2.0版制度管理法律顾问服务的最大区别在于：2.0版仅提供专项制度的建设与落实，而3.0版制度管理法律顾问承揽企业整体框架体系的建设与提升，而不仅仅局限于单项制度。

本章节仍然以法律实践案例的方式来解读1.0、2.0、3.0版制度管理法律顾问服务模式的发展与提升。

（一）1.0 版制度管理法律顾问服务模块常见的法律文书大多为制度类审查意见，例如：

1. ××× 公司制度审查意见；

2. 公司合同管理制度审查意见；

3. 公司印章管理制度审查意见。

（二）2.0 版制度管理法律顾问服务模块常见的法律文书大多为制度模板类，例如：

1. 公司员工手册模板；

2. 档案管理制度模板；

3. 公司印章管理制度模板；

4. 公司合同管理体系规范模板。

（三）3.0 版制度管理法律顾问模式下常见的制度文件为制度管理体系类文件。例如：某某某公司制度管理体系文件。

二、民营企业制度管理的程序与方法

企业规章制度的起草与修订并非常年发生的行为，而是定期，比如三至五年修正一次，或者当法律法规发生重大变化，企业规章制度文本或制度程序与现行法律法规不符时企业才会提出修正制度的要求。因此，企业法律顾问提供制度的起草与修订服务并非常年性，但制度的运行控制与绩效评价却是常年的，并且贯穿于企业存续的始终。

本章节讨论民营企业制度管理法律顾问服务的程序包括制度起草与修订程序、制度运行控制与评价程序两部分。

（一）制度起草及修订程序

1. 制度的起草及修订依据《劳动法》、国务院条例及人力资源与社会保障部的相关解释，应遵循以下步骤：

（1）制度需求的调研；

（2）制度文本的起草；

（3）制度条款征求意见及相关讨论；

（4）制度文件定稿及发布实施；

（5）制度的员工签收及培训。

制度的起草及修订阶段从企业委托开始，至企业法定代表人签署制度发布令结束。

2. 制度起草及修订阶段形成的工作底稿及表单

民营企业法律顾问在提供制度起草及修订服务时，会形成以下工作底稿或表单：

（1）企业需求调查问卷表或企业制度需求法律体检表单；

（2）企业制度文本框架性文件；

（3）企业制度文本起草的初稿（征求意见稿）；

（4）企业制度文本征求员工意见的会议记录或线上线下征询员工意见的会议记录；

（5）企业制度文本修正稿、修正记录或修正会议纪要；

（6）企业制度发布会议签到记录或法定代表人签发制度文件的发布令或签发记录；

（7）员工签收制度文本的会议签到记录或员工接收制度的签收记录，或制度文本发布的墙报照片、张贴照片、公示栏照片。

企业制度文本起草及修订的上述工作底稿是企业依法制修订制度的证明材料及程序文件，在企业员工与企业发生制度争议时，将成为提交给劳动仲裁委员会或法院的证据材料，对于企业制度的法治管理有着十分重要的意义。

（二）制度运行控制及评价考核程序

订立制度的目的在于全体员工遵循制度原则及信奉制度规则，并依照制度规定的程序和方法严格执行。因此，制度的运行控制是民营企业法律顾问运用制度手段依法管控企业运行的核心。在 1.0 版本的制度管理法律顾问服务模式中，企业法律顾问的工作职责仅局限于审查制度文本的合法性，协助企业参与制度的调研和起草工作，对于制度的运行程序和运行控制完全不在企业法律顾问的视野范围。仅仅在涉及劳动争议仲裁或诉讼时，企业法律顾问才会关注企业制度的起草、修订、发布、实施的程序是否合法，因为这将关系到企业执行制度的合法性，并决定企业对员工所实施的惩戒及解除劳动关系等行为的有效性。

而事实上，制度的起草及修订只是制度管理的起步，制度管理的核心在于实施与执行。

因此，2.0 版本制度管理法律顾问服务将法律顾问的工作重心转移到制度的运行控制环节，企业法律顾问不仅仅参与制度的起草与修订，而且更进一步地通过一系列的工作底稿和表单记录参与制度的运行控制。

三、民营企业制度管理形成的工作底稿及表单管理

在2.0版本制度管理法律顾问服务模式下，企业制度运行控制程序及形成的工作底稿及表单如下：

（一）制度的员工签收记录或培训记录

在该阶段形成的工作底稿有：员工签收制度文本的制度签收回执表单；员工参加制度发布及培训会议的会议签到表及会议纪要；制度的张贴公告或网络发布的照片或截图、网络时间戳证明文件。

（二）制度运行控制的跟踪与考核汇总

在该阶段形成的工作底稿有：员工执行制度的工作日志；操作台账；流程跟踪档案等。比如：考勤制度的打卡记录、请假条、请假申请批准单、病假条、医院检查证明、考勤汇总表、扣款惩戒记录、通报记录、解除劳动合同通知、员工签收处罚单的回执、邮寄送达的快递底单及签收记录等。

（三）制度实施的考核评价、绩效考评

在该阶段形成的工作底稿有：工作日志、日常工作台账汇总统计表、问卷调查表、自我评价总结、民意调查报告、考核评价计分表、奖惩建议表单、奖惩实施记录。

以合同管理制度为例，制度管理法律顾问参与绩效考核中工作底稿有：合同签署文本原件、生产车间质量检验记录、产品出库记录、物流送货记录、产品收货验收记录、增值税发票送达签收记录、付款凭证、银行往来电子回单、货款进账记录、合同效益评价等。

四、民营企业制度管理中表单的重要意义

制度管理的根本宗旨在于摆脱“人治”，克服企业管理者的主观判断带来不公平或难以服众的现实。因此，制度管理具有强烈客观性。

制度管理的客观性决定了企业管理者的听闻眼见等带有主观情绪判断的依据只能作为参考，而对员工的管理极大程序上依赖于纸质或电子媒介形成的表单记录。因此，客观性的表单记录成为制度管理的核心。

制度管理的表单化虽然让企业管理者在一定程度上丧失了人情味，但表单记录的客观性却让管理者节省了复杂的心理判断及反复揣测推理的纠结性思维，而以表单的结果根据定式做出简单的直观判断，这便是法律实践中表单的价值和意义所在。

五、以商业秘密管理制度为例解读3.0版本民营企业制度管理法律顾问服务模式

（一）商业秘密管理制度的起步

本章节以企业商业秘密管理为例来阐述表单以标准化的模板形成如何引导制度管理简单化。

商业秘密因其隐秘性而无法通过直观的思维而感知，但其价值和意义却又简单地表现在企业的各项日常管理之中。

比如企业的专利技术，当专利技术未被企业以专利的方式向国家知识产权局提交申请之前，企业的专利技术以图纸、样品、会议纪要、研发工作底稿、文章图表等多种形式隐藏在企业的各类信息媒介中，企业所关注的商业秘密管理其实就是对企业各类信息媒介的管理。

但在现实的法律实践中，我们看到一种不协调的社会现象，就是关注企业商业秘密的人，大多不是关心商业秘密存在于各类信息媒介的管理，而是关注商业秘密被盗取或被泄露之后的结果。往往企业是在秘密被盗取或泄露之后才意识到原来这项秘密是企业的财富。

在法律实践中，我们看到许多理论与实践文章都在探讨和论证商业秘密保护，而保护的措施都是在讨论商业秘密被泄露之后的法律救济。比如行政保护通过行政机关投诉救济；司法保护通过法院诉讼救济；社会保护通过社会舆论和媒体评论保护。无论哪一种保护其实都是秘密被泄露之后的亡羊补牢，而真正能保守秘密的流程管理、制度管理、过程管理可能被忽略。

（二）商业秘密管理制度须考虑的因素

探讨商业秘密管理，我们应该考虑的是涉及商业秘密的因素有哪些。

1. 人，哪些人可能涉及商业秘密？笔者在多次讲座中阐述一种观点，商业秘密保护涉及企业所有的人，全员保密意识的培训是商业秘密管理的开始。

当笔者提出全员保密管理，许多人认为有点夸张，但其实每一个员工都不能排除。比如清洁工虽然不能接触技术图纸，但清洁工打扫卫生遍及工厂的每个角落，清洁工可能最熟悉工厂的地形，甚至在垃圾堆和废纸篓里均能发现企业的重大机密。又如驾驶员，在一般的理解中，驾驶员只是开车的，接触的层面只是不会说话的汽车，但其实不然，实际上驾驶员会接触到所有汽车乘坐人的聊天信息，管理人员的行踪，运输的样品图纸，这些都可能是重要的商业秘密。

2. 信息媒介。任何保密的信息都会存在于一定的媒介之中，无论纸质的，电子的，固态的或移动的，秘密信息不可能脱离媒介而独立存在，信息媒介是商业秘密管理的重要因素。

3. 行为。商业秘密本身是静态物，不可能自行脱离或主动流动而附着其他所有人，商业秘密的流动与泄露依赖的是员工的行为。因此，商业秘密管理的三大因素为：人、媒介、行为。商业秘密的管理也就是三大因素的管理。

（三）商业秘密管理制度须考虑的风险点

与商业秘密相关的所有因素并非都会存在风险，即使风险普遍存在，也有风险比例的大小之分，因此，商业秘密的管理不可能事无巨细，眉毛胡子一把抓，否则管理者会失去管理目标和重心，劳心劳力劳神，却可能并无成效。

因此，在商业秘密的管理中，制作表单实施制度管理前应先找准风险点。

1. 商业秘密的风险区域

在前述章节讲述商业秘密与人的关系时，笔者的观点是商业秘密管理与人普遍相关，这其实是从全员保密意识的角度出发的，全员均有保密意识，才能形成公司保密的氛围和价值观，全员保密的氛围和信守会让泄密者自卑和怯弱，因为每个人都想成为群众心目中的好人与善人，全员保密意识的监督和促进很重要。

但我们在考虑泄密风险区域时，却不必怀疑所有人都是贼，也不必全员进出都实行抽查与监控。

对于员工来说，可能信任比监督更重要，员工的人身监督与检查绝对不是风险防控的重点区域，但对员工的行为和员工持有的信息媒介却要列入重点监控区域，这便是常说的“对事不对人”的道理。

而对于行为和信息媒介来说，重点的监控区域就是信息媒介而非员工的所有行为，只有当员工的行为发生异常或获得信息举报时，员工的行为才应该纳入重点监控风险区域。

因此，对于商业秘密的风险区域，应该集中在信息媒介的监督管理中。

2. 商业秘密管理的风险时段

商业秘密发生泄密的风险时间段并非从信息的生成开始，也不会一直伴随信息存在，发生泄密风险时间开始于信息成果显现价值起，到信息成果被公开或丧失价值时结束。

之所以提出商业秘密管理的风险时段，而不主张对信息全过程监控，是为了体现效率而防止盲目疲劳式管理。

比如：企业投入研发开始的阶段，是收集信息、储存信息、分析信息阶段，该阶段的信息是零散无序的，甚至从某种意义上讲是无用的，当信息的收集储存达到一定的信息量，也就是我们日常讲的当量变达到质变发生时，研发人员会形成阶段性的研究成果，形成有价值的信息，该阶段成果的生成便是保密的开始。而当企业将信息成果研发完成，向国家专利局申请专利并公开之后，该项信息的保密义务便宣告结束。

因此，对于风险时段的研究，可有效地解决全程紧张的疲劳管理，而把握有效的监控时段，提高管理的效率。

3. 商业秘密的风险事由

该课题探讨的是商业秘密发生泄密一般在什么情况下发生，什么状况下是发生泄密的高峰期。对风险事由的研究是为了便于能有的放矢，避免大海捞针，草木皆兵。

对于员工来说，泄密的风险事由有：

（1）离职；

（2）调岗；

（3）行政处分。

对于信息媒介来说，泄密的风险事由有：

（1）利益诱惑，收取贿赂或好处费；

（2）产生矛盾、报复或泄私愤；

（3）跳槽、投资入股、分立。

（四）商业秘密管理制度体系中的表单模板

在前述内容中我们论证了商业秘密管理的因素和商业秘密管理的风险，其目的在于希望通过制定表单来管理因素并控制风险，达到管理商业秘密的目的。

因为商业秘密的管理不能定位在主观推测和臆断上，无论是事前，事中或事后，都应该有客观的证据才能做出正确的判断，追究责任也需要有客观的事实和损害后果。

而每个企业因素的多样性和员工行为的复杂性，很难拿出一套标准的表单模板来管控所有类型的企业，制作一套适合企业的管理表单可以经过以下步骤和方法：

1. 找出企业需要管控的商业秘密元素。以文具外贸企业为例，商业秘密元素应该包括：

（1）国内供货工厂名称，联系方式，供货品种及单价信息；

（2）物流渠道：车队、货代、报关、海运、空运；

（3）资金流通：外汇结汇、出口退税、工厂货款；

（4）国外采购客户信息：客户名称、联系方式、采购要求、采购习惯、采购价格；

（5）国内文具行业创新信息：专利、著作权、商标。

2. 找出泄露商业秘密的风险路径。以文具外贸企业为例：能泄露商业秘密元素的风险只有高管和业务员，其他人员难以接触到以上商业信息。现实法律实践中业务员飞单现象也是最大的泄密风险。

3. 以控制风险为目标而形成的表单初稿。以文具外贸企业为例：

（1）客户授权底单。包括国内工厂授权，国外采购商授权，通用格式为：

兹授权______代表我公司与______公司联络接洽国外______产品采购/国内______产品生产加工事宜，______代表我司出具提交的与______采购/生产加工有关的相关法律文件，我司均予以认可。特此授权。

授权人：______

受托人：______

联络客户回执：（盖章或签字）

一式两份，一份交客户，一份回执公司留存

授权底单的用途在于明确某某自何年何月何日接触公司客户，并代表公司拓展业务。

（2）单价报价委托单。通用格式为：

兹授权______代表我公司向______公司提交我公司的______产品的报价信息，请予接洽。______提交的报价信息系我司真实意思表示，自报价信息送达贵司之日起，我司即受报价法律约束。

授权单位：______

受托人员：______

收件客户回执：（盖章或签字）

一式两份，一份交客户，一份回执公司留存

报价委托单的用途在于明确某某自何年何月何日接触公司报价信息，并代表公司对外报价。

（3）公司代表授权书。一般作为合同文本附件，通用格式：

兹授权______作为我公司合同谈判代表与______公司洽谈对接______合同事宜，______在涉及______合同事宜的签字或盖章行为，我司均予以认可。特此授权。

授权单位：______

受托人员：______

接洽公司回执：（盖章或签字）

授权一式两份，一份交客户，一份公司留存

授权底单的用途在于明确某某自何年何月何日代表公司进行合同谈判并签署合同。

（4）交货授权回执单。通用格式：

兹委托我司______将______合同项下______产品向______公司履行交付手续，交货数量为______，货物价款总价为______。请接洽并确认收货。特此授权。

授权单位：______

受托人员：______

收货单位回执：（盖章或签字）

一式两份，一份交客户，一份回执公司留存

（5）技术交底授权书。通用版：

兹授权______代表我公司与______公司联络接洽，授权______将我司______技术资料、图纸、光盘、样品等相关资料移交至贵司。特此授权。

授权单位：______

受托人员：______

接收单位回执：（盖章或签字）

一式两份，一份交客户，一份回执公司留存

（五）商业秘密管理制度体系中的表单控制与管理

对于外贸企业来说，最普遍的商业秘密泄露行为便是业务员的“飞单”，而在发生飞单事件之后，公司除了开除员工之外，似乎束手无策，原因在于公司可能知道员工“飞单”了，但却不知道飞了多少单，飞到哪里去了。因为在此之前，基于信任所有业务员，业务员跟谁做生意，跟谁合作谈判，老板都是只看结果，看银行进账和财务报表，而很少去关注业务员的一举一动和工作细节。

实行日常行为表单跟踪管理的重要性在于让公司所有员工的工作足迹有线索可寻，让员工的业绩有据可考。而且详尽而周密的表单跟踪体系也会让员工明白，他们的每项工作表现都有记录，既鼓励员工踏实苦干，又警示员工不要越轨，因为表单工作底稿既记录了业绩，同时也会让越轨行为现形。

由于公司类型和专业领域各不相同，表单的种类和形式各不相同，比如科研单位是不生产和销售产品的，其商业秘密管理的元素便应该是信息收集、整理、储存、分析、设计、讨论、汇报等研发和成果交付的全过程，其管理风险便在于资料信息的泄露和技术人员大脑载体的转移（离职），因此对于科研单位来说，其表单体系应该是：

（1）员工入职登记表及历史接触技术交底书。历史接触技术交底书主要目的是确认新员工在来公司之前曾接触过哪些技术，参与程度，是否大脑载体中已储存他人的研发成果。该交底书的目的既可让公司明确是否存在侵犯他人商业秘密的风险，同时又为将来员工离职时大脑储存信息成果的对比保存了证据。

当然，现实实践中，公司招录进来的员工可能本身就是带着技术储存的大脑入职的，而且这也正是公司所需要的研发工作经验。那这份历史接触技术交底书就更能证明员工的历史经验和入职后经过公司培养之后的增值价值，历史接触技术交底书便显得更加重要，只不过这份技术交底书是必须严格保密的。

（2）技术岗位、薪酬、涉密等级参与技术研发深度确认单。公司员工基于岗位不同，涉密等级不同，参与技术研发深度的不同，其工资奖金津贴便各不相同，且随着岗位和涉密的调整，其工资薪酬也会相应调整。

因此，在每月发放和领取工资薪酬让员工签署确认自身所处的岗位，密级与研发地位也是件非常重要的事情，这样一方面让员工在领取薪酬的时候明白，他的薪酬是与责任和密级挂钩的，同时也时刻提醒员工，每个月的薪酬都记载着他们承载的商业秘密的分量。

（3）阶段研发成果接收确认单。传统的管理模式中，在召开技术人员研发工作讨论会议时，会首先进行会议签到，会议中会形成一份会议记录，但参会的代表拿到了什么样的会议资料，以及该资料的保密等级，在会议签到表和会议记录上均无法体现。

因此，在商业秘密表单管理中增加一份参会前的《阶段研发成果接收确认单》便显得非常重要。每次重要会议召开前，公司秘书或办公室人员会逐个通知参会人员，在通知参会的同时会提交一份会议资料给预参会人员，同时让接收会议资料的人签收一份《确认单》，表明收到了会议通知及会议资料，明白参会的重要性以及手里会议资料的保密等级。若该份会议资料会后不回收的，也让参会人员明白对资料的保密义务，建立保密意识和养成保密习惯。

（4）核心成果交接确认单。一般研发项目研发完成之后，形成的核心成果资料会按流程交给公司的核心管理层签阅和审批。传统的管理模式是制作一张签阅流程表，让签阅的管理人员签字，签字表单完成后随资料进档案室。

商业秘密管理表单体系要求在核心成果形成资料文本后，公司秘书或办公室人员应制作《核心成果交接确认单》，注明交接资料名称、技术核心、保密等级、技术完成程度等，交接确认单一式两联，一联接收人员签字后自行留底，一联签字后交由公司档案室留存。这样做的目的不仅仅是保留高管签收资料的证据，同时也时刻提醒高管所处的位置及保密责任的重大性。

（5）离职人员技术成果交接确认单。离职交接作为一项传统管理项目一直被管理者重视并在实践中坚持，在此不详尽陈述，但要重点说明的是：交接的内容不应仅限于纸质资料，电子文件等有形载体，还应包含大脑储存的技术信息交底。

从以上案例解析，笔者试图让读者明白，3.0 版本模式民营企业制度管理法律顾问服务已从单个的制度文本修订模式升级为制度的系统管理模式，制度管理全方位渗透到企业管理各个支点，充分考虑企业经营管理的各项因素和风险点，形成制度体系的终极目标不是为制度而制度，而是以制度来实现企业的体系管理。

第四节 民营企业档案管理法律顾问

民营企业的档案以工作日志、工作底稿、会议记录、表单等多种档案形式存在于民营企业各类管理文件之中，为简便起见，本章节将所有的档案形式均统称为工作底稿。

一、民营企业工作底稿体系管理的重要意义

工作底稿在企业法律顾问服务中占据着重要的地位，发挥着非常重要

的作用，只是工作底稿的价值没有引起管理者足够的重视而已。

先讲一个案例，一家公司3000万的货款收不回，委托中观团队打官司，因为该3000万是连续三年累计下来的应收款，而打官司需要证据，中观团队派出三人在这家公司待了五天时间，也未能将相关证据材料找完整，因为这家公司平时货款收得都比较及时，操作完成的合同、送货单、对账单等丢在一堆纸箱里，堆不下就搬进档案室了，结果三年下来，档案都堆了50多个纸箱子。因为从来未整理过，等到打官司需要查找材料时，即使将所有纸箱翻了底朝天，仍然很难找全相关材料。

在实践中还遇到一件事，一家上市公司新招了一个法务，刚上班没几天，老板去东北出差，中途打电话给法务，说跟一个客户5000万的合同发生了争议，让法务马上带上当时跟那个客户签的合同原件飞东北。

法务连夜带着合同去东北，谈判结束，老板宣布他被开除了，理由是法务带到东北的合同最后一页盖章页竟然没有了，合同跟废纸一样。法务觉得很委屈，因为他来公司上班才几天时间，合同文本是管合同的内勤给他的，当时他也发现缺页了，但内勤说存放的合同就是这个样子的，他也没办法。

法务把上市公司给告了，理由是上市公司自身管理不善，档案缺页跟法务无关，解除劳动合同属无故解除，应赔付双倍经济补偿金。

在多年的民营企业法律顾问服务实践中，笔者也发现一个重要的现象，许多公司表面上看起来很重视合同管理，合同模板让律师起草，签署前还必须经过律师审查，等合同签署完成，业务员似乎就完成任务，合同会随手锁进抽屉，或者被扔进纸箱里。在大多数情况下，业务员们的运气都不错，合同签了对方都诚信，按时付款，及时履行。可一旦出现一个不讲诚信的客户，业务员就惨了，会到处翻纸箱，满公司奔东跑西询问，幸运的合同从纸箱或抽屉里翻出来，不幸运的可能永远也找不到合同了。

这其实说明什么问题呢？

公司管理头重脚轻，前期运营十分重视，在合同签署完成就以为没事了，忽视了合同的后期跟踪管理，造成的结果是一旦出现风险，公司管理就乱了套。

笔者在本章节所要探讨的工作底稿管理，就是探讨民营企业法律顾问如何引导企业管理者在运营过程中规范管理实际产生的所有工作底稿。在后面的章节里，笔者将会介绍：企业运营的所有工作底稿同时又是企业绩效考核的重要依据，记载着企业运营的所有基础数据。

二、民营企业工作底稿在企业管理体系中的定位

民营企业四大管理体系即信息、合同、制度、档案（工作底稿），四者之间的关系如下：

信息是企业的供给，没有信息等同企业没有粮食。合同是企业对内对外联络的通道，是沟通世界的桥梁与纽带。制度是企业管理的骨架，企业的立身与稳定，全凭靠制度的强力支持。工作底稿是企业的成果体现，展现了企业持续发展过程中的全部足迹，工作底稿既是过程的体现，也是结果的展示，在四大管理体系文件中占据着重要的地位。

以下对工作底稿进行分类：

（一）根据企业工作底稿的内容，工作底稿可以分为：

1. 知识产权工作底稿；

2. 公司治理工作底稿；

3. 资产管理工作底稿；

4. 人力资源工作底稿。

（二）根据企业工作底稿的类型来分：

1. 信息工作底稿；

2. 合同工作底稿；

3. 制度工作底稿。

（三）根据工作底稿的层次来划分：

1. 日志或日记账式工作底稿；

2. 专项工作底稿；

3. 系统工作底稿。

本章节主要讨论的工作底稿是按第（三）种来划分的工作底稿。

三、民营企业档案管理法律顾问参与工作底稿管理的发展历程

（一）1.0 版本企业法律顾问服务与工作底稿的关系

1.0 版本企业法律顾问服务时期几乎不涉及企业工作底稿的管理，在传统的法律顾问服务合同与要求中，也从未听说过企业法律顾问要为企业工作底稿提供何种服务。企业工作底稿的收集、整理、归类、编码、存档、入库及借阅都是档案室或各个部门资料员的事，涉及档案资料的收集整理也很少会遇到法律上的问题，除非有前面提到的情况发生：合同原件找不到了；货款证据丢失了等。但即使发生这种资料档案遗失事件，也只是部门负责人或资料管理员的事，与企业法律顾问的职责与服务几乎扯不上边。

（二）2.0版企业法律服务与工作底稿的关系

2.0版企业法律服务不再是单纯为企业提供法律咨询和法律帮助，而开始为企业提供专项的法律服务。比如：知识产权法律体检，合同管理专项服务。企业法律顾问提供专项法律服务时，必须涉及专项事务工作底稿的管理。比如在知识产权专项法律体检中，企业法律顾问体检的表单中必然有商标申请材料、商标授权材料、商标注册证书、商标转让材料、商标争议和诉讼材料等。涉及商标检测时，必然涉及商标检索报告等。在合同管理专项法律服务过程中，企业法律顾问最终提交的服务成果必然是合同模板起草、合同版本讨论修正、合同模板发布、合同制度的起草与发布、合同审查流程的监控与执行、合同履行过程中所有工作底稿的归类与整理等。可见在2.0版本企业法律顾问服务过程中，企业法律顾问的服务进程便是依赖于专项服务所形成的工作底稿来体现和展示法律顾问的工作成果的。

而且民营企业法律顾问为企业提供专项法律顾问服务时，其中一项重要的职能和任务就是监督和检查企业专项事务中工作底稿的完整性与正确性。

在企业法律顾问提供尽职调查专项法律服务时，其调查的结论和成果就完全依赖于整个调查过程中形成的工作底稿。

由此判断，在2.0版本法律顾问时代，工作底稿已经成为企业法律顾问服务的一个重要组成部分。

（三）3.0版企业法律顾问服务与工作底稿

笔者认为，3.0版企业法律顾问的时代可以简称为工作底稿一统天下的时代，企业法律顾问为企业提供系统工程的承揽式法律服务，不仅企业法律顾问自身的法律服务依赖于工作底稿来汇报，同时也是客户评价法律顾问服务业绩的凭据。更进一步来说，企业法律顾问为企业提供法律顾问服务的重要内容也是让企业全面形成工作底稿体系，并凭借工作底稿体系来对企业管理进行绩效考核。

四、3.0版本法律顾问模式下工作底稿管理体系示范例

为了能让读者明白3.0版法律顾问的工作底稿体系和企业的工作底稿体系，以下举例来详细说明：

（一）民营企业法律顾问年度提交的法律顾问工作底稿体系，这是民营企业法律顾问在每一个法律顾问服务年度终了之时，向顾问单位汇报总结时提交的法律顾问工作底稿档案清单，民营企业法律顾问以工作底稿档案的汇总作为年度工作成果的展示来向顾问单位汇报，而顾问单位也是凭借年度工作底稿的厚度和深度来评价和考核法律顾问的工作业绩。

1. 法律体检形成的法律体检报告；

2. 法律顾问聘用合同；

3. 法律顾问工作计划；

4. 法律顾问见面会会议纪要；

5. 法律顾问收费发票及银行进账单；

6. 法律顾问提供信息、合同、制度、档案服务时形成的律师走访签到单，完成事项确认表、律师提供法律顾问服务过程中现场形成的有客户签收确认的工作底稿；

7. 阶段性总结及项目总结汇报；

8. 年度总结及经验交流会；

9. 企业法律顾问的绩效考核表单；

10. 企业法律顾问提交给客户年度法律顾问工作底稿汇总。

企业法律顾问年度移交给客户的档案资料应涵盖上述 10 项基础内容。从以上企业法律顾问的年度工作底稿体系可以看出，工作底稿已经成为企业法律顾问提供法律服务的全面记录体系文件，成为企业评价法律顾问工作业绩与服务质量的评价依据。

传统的法律顾问评价在一定程度上依赖于法律顾问与企业老板或企业管理者的个人关系。而在 3.0 版本企业法律顾问时代，企业法律顾问从合同签订开始到服务期限届满，来企业走访过几次，体检过什么项目，提供过什么专项服务，解决过什么问题，参与过什么调解，开展过何种培训等等。所有法律顾问的服务内容均以完整的法律顾问工作底稿体系文件详细记载并经企业管理人员鉴证确认，法律顾问的工作业绩和服务成果一目了然完整地展现在工作底稿体系文件中，专业与质量靠工作底稿体系文件证据说话。

（二）企业管理者在企业法治管理过程中形成的工作底稿体系

企业法治管理过程中形成的工作底稿体系包含以下主要文件内容：

1. 员工招录《告知事项》签收确认书；

2. 劳动合同签署版本；

3. 入职培训签到表及培训会议记录；

4. 企业员工手册、规章制度签收确认书；

5. 岗位工作计划及岗位职责领责确认书；

6. 员工岗位工作日志、工作周报、工作月报、工作季报、半年报、年报汇总；

7. 员工承接专项事务进程日志，进程汇报记录；

8. 员工承担系统工程事务日记账记录，阶段性进展汇报、成果汇总；

9. 员工月度、季度、半年度、年度绩效考核汇总；

10. 员工年度述职报告、绩效考核评价报告。

企业法治管理体系所要达到的目标就是消灭“人治”，避免企业员工业绩领导一人说了算，避免拉关系、拍马屁、拿贿赂来评价员工业绩，企业员工的工作底稿体系文件详细记载了员工入职到离职的全过程文件，并且详细展现了员工的工作日志，周工作量月工作量等基础数据，在大数据时代，工作业绩靠数据说话，绩效考核凭记录审定。

五、民营企业工作底稿体系的数据化进程及其发展

随着时代的进步，信息化、数据化进程的加快，工作底稿已经摆脱了传统的纸质档案的束缚，而进入数据化的时代。

当今世界，上班打卡无须打卡机，工作日志无须填写纸质表单，企业微信、钉钉等工作软件的问世及普及，企业员工进入工作区域便会自动打卡，员工工作日志只需在手机或电脑上打字、手写或语音输入，模板文件便生成并自动上传汇总，企业管理者不需要手工收集日志、统计日志数据，互联网时代、大数据时代让工作底稿体系文件全面自动化、可视化。

企业法治管理体系的建设伴随着企业工作底稿体系的完善而走向科学化、标准化。

第三章　服务民营企业持续经营风险管理

第一节　民营企业风险控制法律顾问

民营企业风险控制与风险管理是法律顾问的一项重要工作职能，具体包括风险分析、风险管理、风险预防三部分内容。

一、民营企业法律风险分析

民营企业法律风险分析的主要任务是帮企业找出法律风险点，并对企业的影响程度做出预估判断。

民营企业的法律风险根据企业性质和经营范围的不同会存在不同的风险，寻找风险点要因企业而异，结合企业经营实际情况，本章节列出民营企业共性的风险要素，供民营企业法律顾问在实践中参考。

（一）企业设立合伙人（股东）诚信的风险。在法律服务实践中，以投资合伙为名实施诈骗洗钱的违法犯罪行为时有发生，也存在合伙人（股东）隐瞒事实真相，骗取合伙人（股东）信任，套取资金后抽空企业资金的行为发生。因此，公司设立时对于投资合伙人（股东）的尽职调查很重要，知己知彼，才能有效避免投资风险。

（二）企业设立时法律与政策正确解读的风险。对于与国家法律和政策紧密相关的产业，法律和政策的正确解读与分析非常重要。在一定的历史时期内，国家鼓励哪些产业、限制哪些产业、禁止哪些产业必须充分了解。比如环保产业属于国家鼓励产业，高能耗产业属于国家限制产业，赌博业属于国家禁止产业。而在每个不同的历史时期，国家产业政策并不相同，且在不停地调整，解读与分析国家法律与政策方向便成为企业投资风险分析的重要内容。

（三）企业设立与投资时技术竞争风险。企业在投资一个新型的领域时，对于陌生领域的技术构成及技术布局必须做好充分的检索与市场调查。在当今时代，技术的竞争已经成为产业竞争的核心，企业在投资一个陌生领域之前，如果未进行专利检索和市场分析，有可能在投入巨资研发成功之后才发现企业研发的技术可能已经过时，或者研发的技术完全落入他人的专利保护范围，或者该技术以被他人垄断，在该技术领域，企业完全没有市场竞争力。因此，企业投入研发之前的专利检索与市场调研便成为企业控制投资风险的重要因素。

（四）企业投资的资金链与财务成本风险。许多企业在经历一段鼎盛时期之后突然破产或倒闭，在很大程度上是因为资金链断裂或者财务成本过高而使企业丧失市场竞争能力。

对于资金有较高依赖性的企业，比如商贸、制造业、出口型企业等，企业在投资时若依赖的并非企业自有资金，而是借贷资金投入或者引进的第三方投资机构，在企业风险分析时，资金链和财务成本便应该成为企业重点关注的风险因素。

在现实法律服务实践中，银行往往在企业鼎盛时通过各种关系向企业注入借贷资金，而在企业困境还未出现稍有风吹草动的时候最先抽贷的也往往是银行，对于银行信贷有较高依赖的企业，资金链与财务成本风险的重心可能要放在银行信贷方面。

（五）企业在经营管理中的人才风险也是企业面临的主要风险之一。俗话说，知人知面不知心，人才的流动往往与管理者的慈善和友爱不成正比，人才更多关注的是自身的发展空间和后续的创造力，即使在与管理者长期共处产生了深厚的工作友谊，在面临新的机遇和前程的巨大诱惑时，人才可能还是会选择割舍友谊。因此，一个企业在行业中的地位和市场竞争力可能会成为人才集聚的重要因素，而当企业处于发展初期或创业阶段时，人才流失或人才背叛的风险可能是最大的，企业必须在人才管理中引入风险管理机制，培养后备人才或者做好人才储备，以防止风险发生时引起企业管理与技术人才的断层。

（六）企业公司治理风险

企业公司治理风险主要包括以下几种情形：

1. 股东会决议因违反法律规定或违反法定程序而无效或被撤销的风险；

2. 公司股权被恶意收购，股东会被操控的风险；

3. 公司董事会决议因违反法律规定或违反法定程序而无效或被撤销的风险；

4. 公司董事被更换，董事会被操控的风险；

5. 公司印章被抢夺，印章被操控的风险；

6. 公司印章被盗用，资产被恶意抵押，恶意提供担保，低价出售资产的风险；

7. 公司董监高利用职务形成的便利条件，转移公司业务、资产等损害公司利益的风险；

8. 公司监事会或监事监管不到位，不尽职责或恶意利用监事职权提起诉讼或解散公司的风险；

企业公司治理的其他风险点还有许多，笔者列举的是在法律实践中比较常见的风险点，且可能会对企业产生重大影响，法律顾问在寻找风险因素时，应结合实际情况加以综合分析。

（七）企业知识产权风险

企业知识产权风险因素常见的有：

1. 企业字号与在先知名商标、著名商标、驰名商标冲突而导致字号被撤销的风险；

2. 企业使用与知名商标、著名商标、驰名商标相同或近似商标构成商标侵权，导致巨额赔偿的风险；

3. 企业制造、销售的产品涉嫌侵犯他人专利构成专利侵权而承担巨额赔偿责任的风险；

4. 企业广告、宣传册、网站，使用独创字体或者使用他人图片，摄影作品等构成侵犯著作权承担赔偿的风险；

5. 企业在生产、经营、研发设计过程中，使用他人开发的软件，构成软件著作权侵权，导致承担赔偿责任的风险；

6. 企业在研发、设计、制造、销售、服务等过程中涉嫌侵犯他人商业秘密，构成刑事犯罪或承担侵权赔偿责任的风险。

（八）企业人力资源风险，包括：

1. 招录员工的诚信风险，包括履历造假、学历造假、虚构薪资、隐瞒违法犯罪事实，与前任公司未依法解除或终止劳动合同，隐瞒既往病史、精神疾病等劳动用工风险。

2. 员工工伤风险。员工不按企业规定的操作违规操作，引发工伤事故或重大安全事故造成员工工伤的风险。

3. 员工过激行为风险。比如员工因琐事冲突而引发的“斗殴”“跳楼”“自残”等过激行为风险。

4. 职业病风险。企业因生产环境或工艺流程不符合国家规定的要求，导致员工发生职业病引发赔偿的风险。

5. 罢工、上访等群体事件引发的风险。

（九）企业资产风险

企业资产管理常见的法律风险因素有：

1. 企业未建立资产台账或未定期检查、更新台账，导致资产被遗忘、闲置的风险。

2. 企业重大资产未办理财产保险或保险合同未续签，资产面临损毁，灭失后无法获得财产理赔的风险。

3. 企业流动资产未建立账本或账本登记不全，导致应收账款超过法定诉讼时效的风险。

4. 企业未建立客户信用评价预警系统，当企业赊销货款金额超过预警红线后，未及时采取措施，导致赊销应收款坏账的风险。

5. 企业对外投资未进行尽职调查，投资决策失误，而导致投资项目失败，资产损失、贬值，被强制变卖的风险。

（十）企业综合风险

企业常见的综合性风险包括：

1. 企业安全生产管理责任制未落实，消防管理未到位，企业出现安全事故，企业法定代表人及实际控制人面临重大责任事故罪被追究刑事责任的风险。

2. 企业涉税管理制度不到位，企业法定代表人或实际控制人面临虚开增值税发票，偷税漏税被追究刑事责任的风险。

3. 企业股权被代持，未办理股权代持公证或律师见证手续，在日常企业管理中未保存实际参与经营管理的证据，代持股权被显名股东侵占的风险。

4. 企业内部员工股权激励不规范，对外融资借款手续不规范，企业融资行为涉嫌非法集资的风险。

5. 企业融资借贷中，因担保、反担保、互相担保而形成担保链，担保链中任何一个节点出现破产倒闭而引发连锁反应，形成担保链断裂引发企业倒闭的风险。

二、民营企业风险控制的发展与演变

法律服务市场对法律顾问服务的需求最初便是从风险防范开始的，企业之所以想到或者意识到要聘请法律顾问，其目的便是为了防患于未然。可以这样讲，在传统的法律顾问服务领域，风险防范应该是法律顾问最主要的职能。

当然，传统的风险防范依赖于法律顾问的法律服务实践经验，所以年纪越大、阅历更丰富的资深律师更适合成为民营企业的法律顾问。正如医生越老越吃香一样，经验丰富的资深律师担任法律顾问才能知悉企业的“病灶”在哪里，未来会表现出什么样的“病症”，会有什么样的后果发生。

企业管理者也是基于对法律顾问资深经历的信任，才有可能接受法律顾问的劝导，按法律顾问所指引的方向和方法去循章管理，避开风险。

但随着社会的发展和市场需求的复杂性，传统的仅凭资深法律顾问的经验“探伤”和“预知”未来的法律风险防范模式已经不再适应现代企业的管理模式，因为现实中发生的许多风险都是先前闻所未闻、见所未见的，仅凭资深法律顾问的阅历根本看不到病灶所在，也无法预知会有什么样的结果发生，因为当今快速发展的世界是资深法律顾问从来没有经历过的繁华。

比如电子商务、P2P、连环担保、世界金融风暴、股灾等等，新的历史发展时期，企业的风险已经不再是仅仅局限于传统的债务、资金链、人力资源等企业个体自身所面临的风险因素，而是将企业融入了世界经济的大发展环境之中，风险往往是群体性的，行业性的，甚至是国家经济风险。传统的坐守企业风险因素而把控企业风险的控制风险方法，可能已经无法实现规避风险的目的，企业个体经济实体已经融入了世界，成为世界经济大网的一个点或一个环节。

三、大数据时代互联网经济风险控制的转变

（一）传统风险控制

1.0 版民营企业法律顾问服务在风险控制领域将法律顾问的工作重心集中在企业经营中应收账款坏账风险、产品质量风险、工伤职业病等涉及企业经营实体人、财、物的风险控制，控制风险的方法也是依赖于法律顾问的法律实践工作经验，一般通过法律顾问开展讲座培训等方式，提高员工的风险意识，通过员工的自觉行为和管理者的管理行为防范风险。

（二）民营企业风险控制的升级

2.0 版民营企业法律顾问服务在风险控制领域已经不再依赖于法律顾问的实践经验，而是形成了一套法律顾问防范风险的方法和程序。从法律体检发现风险点，分析风险成因，到形成风险分析报告，系统地培训及建立制度防范风险，订立风险应急预案，在风险发生前实施预警并启动风险管理应急模式规避风险，或者将风险消灭在萌芽状态，或者将风险产生的后

果降低到最低限度。

比如：中观法律顾问团队在为企业防范应收账款风险时建立的客户应收账款风险及信用等级制度。该制度的建立是将企业所有的客户进行分类，根据客户的资信情况和历史交易记录确定客户的信用等级，并根据客户的信用等级确定客户的赊账金额。当客户的实际欠款金额超过客户的信用赊账额度时，风险预警系统会自动预警，并显示客户为红色预警状态，此时要求企业与客户的所有往来取消赊销，而改为现款交易，若现款交易客户在30天内未发生现款交易活动，且客户收款金额未下降时，客户即被列为风险客户而进入重点监测客户区域。若超过90天客户未就赊款金额与企业达成和解或者确认还款计划时，客户将被划入黑名单并转入法务部委托律师采取法律措施。

该客户信用等级制度及赊销风险预警制度对销售企业成功回收应收账款发挥了重要作用，为中观法律顾问服务的销售性企业一直沿用至今。

又如中观法律顾问团队在实践中形成的账龄分析及风险预警制度。该制度的策略是企业法律顾问定期到企业检查及分析企业应收账款的账龄，并对处于不同账龄的应收账款采取不同的应对措施。比如对账龄超过三个月的应收账款由企业财务发对账函，账龄超过六个月的由企业财务发催款函，账龄超过一年的由法律顾问发律师函，账龄超过18个月的委托律师提起诉讼。账龄超过两年的，法律顾问配合财务获取法律文书作为坏账处理。同时客户应收款的账龄结构也成为客户信用等级制度建设的依据。

再如，中观法律顾问为客户建立的一套印章管理制度，包括印章统计台账及印鉴预留审核对照表；印章管理人员接受印章签收单及尽职承诺；印章借用审批及外带审核签批单；印章用印审批流程表；印章用印登记簿及印章用印资料文件留存档管理制度等。

2.0版法律顾问服务对于风险控制与管理不再依赖于法律顾问的业务工作经验，而是针对现实法律实践中可能会出现的风险进行合理预测后，法律顾问在广泛调研的基础上，完善企业各项风险管理制度，并通过各类制度表单的跟进辅导企业实施风险控制与管理的全过程。

（三）大数据时代风险控制管理体系的发展

3.0版民营企业风险管理法律顾问服务与2.0版最大的区别便在于2.0版的服务目标集中于单个项目，并且力求在每个项目上的风险管理法律顾问服务精益求精，体现的是法律顾问的专业性。而3.0版的风险管理法律顾问服务在专业领域求精的前提下，追求企业法律顾问服务的体系化、系统化、标准化和信息化。

在大数据时代，信息网络逐渐代替传统的传播工具而植入各类企业的运作命脉网络之中，当今时代，企业如果失去信息与网络的支撑，已几乎难以生存。在大数据时代，互联网传播工具植入企业的生存运转命脉之后，打通了企业与国家社会团体之间，以及企业与企业之间，企业内部各个部门及员工的信息通道。在某种意义上来讲，企业管理与企业运行被互联网打造成半透明状态，企业在日常运行与管理中的每一项行为都有可能被快速传播并且留下运作印记。

在这种企业运作半透明时代的今天，企业如果仍然停留在 2.0 版的风险管理法律顾问服务模式上，可能带来的结果是企业和法律顾问都会被掌握互联网技术的竞争对手或“智能机器人”所替代。

举个例子来讲，2.0 版的风险管理法律顾问服务模式建立的企业客户信用等级制度和风险预警制度，在互联网技术不发达的时代里，客户信用等级和客户的赊销额度都是完全保密的，即使客户被列入黑名单或调整了信用额度之后，客户不一定知悉，何时采取什么样的措施或下一步将如何行为都控制在企业管理层的运作掌控之中。而互联网时代任何一项数据的更新或客户信用的变化都会被互联网以其迅捷及时的速度传播。俗话说：上有政策，下有对策，当客户知悉对待他的政策发生变动，或者对其会产生不利影响时，也会及时采取反制措施，企业运用单项专业手段防范风险的能力大幅度削弱。

笔者早期在 2.0 版本风险管理法律顾问服务时代，创造性提出了诸多法律顾问服务的专项产品，比如前面章节提到的应收账款账龄分析及风险预警制度；客户信用等级及风险防控预警制度；企业公章管理办法；企业合同审查及风险防控办法；企业档案管理办法；企业印章证照盗抢应急防控办法等等。这些单项的法律服务产品在一定历史时期内发挥了重要的作用，但这些单项法律服务产品在运作了一定时期之后，让客户觉得有种头痛医头，脚痛医脚的被动感觉，因为在互联网越来越发达的今天，任何单项的管理均不能脱离其他因素的关联而独立存在并发挥作用。

比如：企业制定印章管理办法的目的是为了控制印章不会失控，以防出现违规担保或者企业管理人员违规承诺或因违规用章而带来承担额外义务的损失。企业在法律顾问的辅导下，印章完全被控制了，但在互联网全融入状态下，企业违规担保事件、违规承诺和承担额外义务的事项却大多并非因为用印章而产生。一些新型的文件，如电子邮件，QQ 聊天记录，微信聊天记录，电子合同，手机短信等新型的媒介工具都有可能产生与违规用章相同的法律后果。互联网时代，法律风险的多样化和复杂化已经无法通过单项专业制度的实施来控制和实现预警了。

又如：笔者曾经为了规范企业的合同档案管理和会议资料档案管理而制定了企业档案管理办法，甚至超前地帮企业规范了电子档案管理。但随着互联网的发展，出现的状况是纸质档案日益弱化并且在逐渐退出历史舞台，而电子档案的形式和范围却在推广并蔓延。如今的档案管理，单纯管理合同文件及会议资料已远远不够了，合同作为独立的文本正在逐步消失，无论是纸质的或者是电子的，现今时代大多数交易并非以合同文本的签署和送达来视为成交，而是以双方合意的达成视为合同完成。比如：淘宝交易平台的出现，交易无须签署合同文本，而以一方下单，另一方供货，再由下单方确认收货的全过程来完成合同交易，在整个交易过程中并没有合同文本出现，而且交易风险由第三方交易平台来把控和协调。

笔者早期创制的合同审查制度及风险控制预警办法便黯然退出历史舞台。

在互联网大数据时代，甚至出现了一种担忧：律师会不会被机器人所替代，律师是否面临失业，律师职业是否即将消失？

笔者也认为：律师或法律顾问如果不与时俱进，被淘汰或者被替代，将是历史发展的必然结果，法律顾问的服务模式与服务体系必须紧跟时代发展节奏，发展与创新是法律顾问全面参与依法治国的永恒主题。

为此，笔者创造性地提出了 3.0 版法律顾问风险体系防范模式。在 3.0 版本法律顾问风险体系防范模式下，法律顾问服务从专业化走向体系化，从单向服务转向为系统服务，从个体的精准服务进化为团队的紧密协作。

四、大数据时代风险防控体系的建立与实践探索

3.0 版法律风险防控体系的要点：

（一）法律风险防控不再单纯关注个别要素，法律顾问服务也不再注重单项法律服务产品。

（二）将法律风险防控贯穿于法律顾问标准服务体系之中，而并非为防范风险而进行风险管理，风险管理纳入法律顾问服务的全过程，而并非作为一项专业的服务内容。比如企业宣传与培训、辅导与建制、策划与调解、评价与考核四项基本职能中均融入风险控制的要素，而并非将法律风险控制定位为一项专业的服务内容。

（三）法律风险防控范围的全融入和法律风险防控的体系化，具体体现为：法律风险防控融入企业知识产权、公司治理、资产管理、人力资源、信息、合同、制度、档案等各个区域与环节，且法律风险防控并不单纯具体化在某一个环节中，而是综合考虑企业法律服务八大要素的每一项环节。

举例而言：企业商标风险属于知识产权类风险，但直接影响公司控制权（以商标等无形资产投资或商标许可），也直接影响企业资产管理（无形资产管理），也牵涉企业人力资源（知识产权研发与管理团队）。而且商标的风险与企业的信息管理、合同管理、制度管理和档案管理均息息相关。也就是说企业单纯地去建立商标风险管理制度或去制定企业商标风险控制的体系与方法，均不能从根本上发挥控制风险的作用。

五、民营企业风险管理法律顾问服务与民营企业风险控制管理两大体系的融合

在现实的民营企业风险管理实践中，民营企业往往有两套管理体系在同时运作，一是企业管理者自身的风控职能体系，由企业管理者内部人员专门从事企业风险控制与风险管理，并且在企业管理中以独立的风控专员或风控管理团队独立存在并在企业管理中发挥重要作用；另一套体系是以企业外聘法律顾问和企业内部法务联合所形成的企业法律风险管控体系和控防系统。两套体系的差别在于，企业风控人员注重企业的管理风险，而法律顾问侧重于企业的法律风险控制。

在大数据时代，企业风控团队与企业法律顾问的融合应该是大趋势和大走向，民营企业的风险防范必须从法治管理体系入手，并植入到法治体系管理的每一个环节，形成体系化、规范化、标准化的管理系统，才有可能发挥风险控制管理的职能与作用，控制企业风险。民营企业法律顾问也应该在3.0版本风险管理法律顾问模式下融入企业风控管理体系，形成企业依法治企、依法控制风险的法治风险控制管理模式。企业风控与企业法律顾问风险管理并轨才能实现企业的法治管理。

以下从法律风险控制体系与程序方法来说明现代企业法治风控的实务操作：

（一）法律风险的类型

传统认知中，法律风险仅仅是指对于企业存在灾难性的事件，而事实上企业发生的灾难性事件，只是风险已经发生之后表现出来的破坏性结果。

俗话说，“冰冻三尺，非一日之寒”，灾难性结果的发生往往只是风险的外在表象，而事实上风险的存在是从潜在的危险因素产生就已经开始了，风险从萌芽、出生、加剧、演变到最后破坏性结果的发生，必然经历了一个风险从胚胎到最后爆裂的过程。而一般人的常识意识形态里，以为破坏性事件发生的那一刻才是风险的开始，灾难的结果发生才是风险的实质。这种表象性的判断实际上忽略了风险的潜伏期及生存以及成长的过程，是结果主义者的认知。

而事实上，风险因素无处不在，正如癌症的病灶一样，物质与反物质是共存的，风险与利益是孪生的，没有风险的利益那叫不劳而获，没有利益的风险那叫无中生有。

因此，笔者认为现代企业管理中，防范风险不是一种单纯的理念，也不是一项发生蚁洞之后的补漏工程，而是贯穿于整个企业存续期间与持续经营的全过程。

根据以上分析，企业法律风险的类型可以划分为：

1. 意识风险：指对企业经营中的风险与利益缺乏正确认知，忽略或者完全没有意识到风险的存在，在企业筹建和日常经营管理中盲目追求利益，而完全忽略风险控制，以侥幸心理获利或以佛系的态度接受风险的爆发。

2. 制度风险：指可能意识到风险的存在，却不以建立健全制度主动防控风险和控制风险的积极态度实施日常经营管理，而是对风险的萌芽与成长听之任之，有风险到来，坦然接受，若无风险发生，侥幸绕过，企业效益不依靠管理，却靠运气顺其自然而为之。

3. 争议风险：指对企业可能发生的争议和纠纷缺少预见或者正确认知，未建立企业争议调解机制，待争议发生时，盲目依赖第三方的调停或裁决，致使企业失去协调和谐的再生发展机制，矛盾纠纷从萌生开始得不到有效的润滑和化解，任凭争议与纠纷演变为不可调和的战火，失去和谐的重生与再造机能。

4. 效益风险：指企业的经营管理以走一步看一步，摸着石头过河为指导思想，未建立企业绩效考核与评价监督机制，企业员工工作绩效好坏一个样，片面追求和谐与平等，而不主动追求企业管理效益最大化，使企业失去商业竞争力和持续生存发展的原动力。

笔者之所以采取以上分类模式，是想借此说明：企业风险其实存在于企业从筹备开始到终止经营的全过程，风险与利益作为企业孪生的存在因素，无法割舍，不可分离。企业经营管理和持续经营的全过程其实就是风险与利益平衡发展的全过程，看不到风险只见利益的一帆风顺和看不到利益只见风险的危言耸听都并非是正确的企业经营观。

由此，笔者提出企业风险控制与法律顾问服务并轨的理念。

六、民营企业风险控制与风险管理法律顾问服务的并轨

民营企业风险控制贯穿于民营企业法律顾问服务全过程的始与终。

（一）企业风险控制的市场需求是法律顾问服务生存与发展的前提与基础。

法律顾问职业的出现，以及从诉讼律师队伍分离出来的社会分工，并非是基于理论家的思想创制，也并非基于实践中的行为组合，而是基于市场发展中对于法律顾问实施企业风险防范的市场必须。

任何行业的出现与发展均离不开市场本身的需求，有需求才有利益，有利益才有原动力。

现实企业在生存与发展的社会实践中，发现利益是风险伴生共存的事实，并且认知到如果风险得不到有效控制时，企业实现利益将成为不可能，在国家和社会全面推进依法治国，依法治企的法治时代，企业的经营管理者迫切需要有控制和平衡风险能力的律师介入企业经营管理，推动民营企业普遍建立法律顾问制度，帮助企业管理者理顺和平衡利益与风险的关系，规避风险、控制风险、减少风险，实现企业经营管理的利益最大化。

（二）企业风险控制贯穿于法律顾问服务的全过程。

民营企业法律顾问职业基于控制与平衡企业风险而生，并且民营企业法律顾问服务的全过程以发现风险，识别风险，规避风险，减少风险，控制风险为核心职能。民营企业法律顾问服务的职能实现也就是民营企业风险控制的成就过程。

从更进一步的意义上讲，民营企业法律顾问服务就是控制民营企业风险，控制民营企业风险的实践活动就是民营企业法律顾问服务。

笔者书写至此，实际上道出了民营企业法律顾问服务的实质性认知，即民营企业法律顾问服务就是民营企业风险管理全过程；民营企业法律顾问服务体系的所有内容，实际上是站在法律顾问服务者的角度，来分析与展开民营企业法律风险管理与控制的全过程。

七、民营企业风险控制中法律顾问的介入方法

（一）民营企业法律风险的类型与控制方法

企业法律风险类型	企业法律风险控制方法
意识风险	宣传与培训
制度风险	辅导与建制
争议风险	策划与调解
效益风险	评价与考核

（二）民营企业法律风险管理与控制的程序与文件管控

程序	管控	形成文件
法律体检	发现风险	体检报告
调研与认证	分析风险	工作计划
实施计划	控制风险	工作底稿
检查与评价	评估风险	执行表单
争议调解	化解风险	调解文书
绩效考核	降低风险	评价报告
改进与提升	平衡风险	改进与调整建议

（三）民营企业法律顾问与民营企业风险控制管理的并轨

这其实就是在民营企业的日常管理中融入法律顾问的风险管理职能，让民营企业的法律顾问和民营企业的会计一样，成为民营企业一项最基础的管理岗位，法律顾问从民营企业设立时与生俱来，伴随民营企业出生、成长、兴盛、清算与消亡的全过程，法律顾问以风险控制和风险管理为职能，融入民营企业的生存管理与经营管理的日常管理之中，成为民营企业持续生存管理的一部分。

第二节　民营企业应急管理法律顾问

一、民营企业应急事件解决机制

应急事件的处理是民营企业面临的重大法律风险课题，民营企业法律顾问不一定在企业遇到每一项应急事件时都能第一时间奔赴现场，但企业法律顾问应为企业建立应急事件处理程序及应急事件解决机制，确保企业在遇到应急事件时有章可循，有序可依。

（一）自然灾害风险应急

地震、台风、森林火灾、雷电、山洪、暴雨等自然灾害的发生具有不可预见性，灾难的发生具有突发性，对于这类自然灾害，企业应长期性、持久性地制定并保持预防措施，并在日常运营管理中监督检查。建立灾害预防制度，制定灾害发生时的应急程序，落实日常经营管理中自然灾害的预防措施并定期检查制度，是企业法律顾问的分内职责。

（二）失火、漏电、水管爆裂等人为应急事件处理

对于因人为管理不善或疏忽大意引发的应急事件事前预防、事中处理、事后教育便成为管理三部曲。建立事先预防检查制度、制定事中处理程序、确立事后教育培训机制，便成为企业法律顾问的执业课题。

（三）罢工、团伙冲突、自杀事件、集体上访闹事、集体仲裁与诉讼等群体事件

该类事件具有突发性，同时又具有人为性，处理这类群体事件重点要把控的是如何依法处理和制止牵头起事、挑起事端的人。射人先射马，擒贼先擒王，将牵头挑起事端的人先行处理便是解决这类应急事件的关键。

民营企业法律顾问应针对这类事件的起因进行法律分析，梳理出这类事件牵头人触犯的法律条款，以及处理和制止上述事件的法律依据，可获得的行政、司法、社会救济的途径与方法。

对于事件的参与者，要制定一套谈话，安抚、协商、调解、让步妥协的程序与协调机制，争取在短时间内得到快速处理并及时协调解决。

（四）工伤事故、交通事故、醉酒、火警等突发性安全事件

对于这类突发性安全事件，首先是救助，其次是依法申报，然后是调解，若调解失败，可能产生诉讼或行政追责。

企业法律顾问对于紧急救助类的突发事件，也不一定能第一时间到达突发现场，法律顾问的职责在于通过日常培训告知企业员工应急处理程序，参与事件调解及事后的补救性教育培训工作。

二、应急管理在企业法治管理体系中的地位

风险与利益是孪生共存的，而应急管理却是风险与利益的调节器，如果将利益比喻为硬币的正面，那风险就是硬币的背面。风险与利益共生共存，互为依赖，而应急管理便是硬币侧面的翻牌手，应急管理到位，利益正面朝上，风险被控制在背面；应急管理不到位，风险盖过利益而翻牌，风险背面朝上。是风险朝上多些，还是利益朝上多些，全凭应急管理来调节。

应急管理作为风险与利益的平衡器，在企业法治管理体系中发挥着重要作用。而企业法律顾问作为企业法制管理的工程师，肩负着应急管理的重要使命。俗话说养兵千日，用兵一时，企业法律顾问真正体现其价值和

作用之处，不是在企业面临诉讼时披挂上阵，因为那是诉讼代理律师的事。而是在企业面临危难之时，能够运筹帷幄挽救企业于大难临头之时。

民营企业法律顾问参与企业日常经营管理的四大法宝（宣传与培训、辅导与建制、策划与调解、评价与考核），其实都是在为企业防范风险服务的，企业法律顾问的使命就是帮助企业防范风险，而企业法律顾问风险防范是否到位，企业法律顾问的价值体现也就在风险实际发生时应急管理是否能及时到位。

若民营企业法律顾问建立的企业法治管理体系表面上看起来非常强大，但一旦遇到风险实际发生时，却如大坝溃堤一样兵败如山倒，那企业法律顾问便只是个纸老虎，只是纸上谈兵的花架子而已。

应急管理之所以成为企业法制管理体系中的核心环节，主要是因为应急管理直接决定企业经营的成与败，即使日常经营管理一片繁华，但倘若遇到风险发生便如大树倒地，连根拔起，那日常经营管理的繁华只是一片虚无，毫无用处。

因此归结起来，在企业法治管理体系中，企业法律顾问日常开展的“宣传与培训、辅导与建制、策划与调解、评价与考核”都只是风险防范和应急管理的方法而已，方法管理的效果是否能够实现，最终均体现在风险防范的到位性，而检验的唯一途径便是应急管理。

三、民营企业法律顾问应急管理是一门实践性的科学

企业经营因为以盈利为目的，以企业能够持续经营为前提，企业无论实施什么样的管理制度，无论建立哪种模式的管理体系，最终的检验目标仍然是企业是否能够实现利润。避免损失，减少损失，防止损失实际发生，这才是企业聘请法律顾问的终极目的。若企业法律顾问平时套路一套一套的繁华，而遇到实际问题却只能干着急时，企业管理者自然会鄙视企业法律顾问的尴尬存在。

这也是为什么律师在担任企业法律顾问时，深刻感知到企业的管理者只重结果而不重过程的原因。文学艺术家以及佛系生活派，可能会去追逐过程中的繁华，而企业经营管理者却只注重经营的业绩与可能获得的利益，而法律顾问作为经营管理的护航者，经营管理者只要求法律顾问在遇到法律困难和障碍时能拿出漂亮的业绩：排除障碍，避免损失。对于不能成功的理由和客观不能的辩解，企业经营者可能都会无法接受。

企业法律顾问服务的重点与难点，可能都在应急管理上，正如国家用兵，要的结果就是战时能打，战无不胜，至于战略战术以及战事理论研究那都没有战争的结果重要。

企业法律顾问能否获得续签合同，在企业“和平”年代靠信任，在“战争”年代只能靠结果。若企业一直经营正常，平安无事，企业聘请法律顾问也只是在经营管理上借些参谋，只要法律顾问的理论知识和实践经验能够让企业管理者信服，法律顾问合同也会顺水顺风的获得续签，但企业一旦发生诉讼或应急事件，法律顾问的理论知识面和荣誉地位与实践中的经验值都会显得不太重要，企业管理者要的就是诉讼或应急事件的处理结果，若不能圆满解决纷争或成功挽回损失，即使是几十年的法律顾问服务合作，合作大厦也会瞬间崩溃瓦解。

而法律顾问的应急管理却是一门实践性的科学，任何理论都很难预知判断结果，这便为法律顾问的客户维护带来了高难度的考验。

企业法律顾问的服务质量考量应以应急管理成败论英雄，这就要求企业法律顾问攻无不克、战无不胜，任何一场失败的战争，都会导致完整地断送修炼的全部前程。

四、民营企业法律顾问应急管理常胜的秘诀

战时能打，打之能胜，除了天时、地利之外，重点是靠人和。天时与地利是客观因素，而人和却是依靠企业法律顾问的日常积累与实践管理。

举例来说，当企业发生应收账款风险，几千万甚至上亿的款项无法收回，对于平时未聘请法律顾问的企业来说，只能临时聘请诉讼代理律师采取法律强制措施开展救济。而长期聘请常年法律顾问的企业，这种大额欠款风险一般不会发生，因为法律顾问为企业有建立客户信用等级制度与风险应急制度、有企业账龄分析与账龄管理制度。超过信用额度的欠款应该及时清理，若没有及时清理，也应该让欠款方提供财产担保或信用担保，若遇欠款逾期，只需要发一份律师函便可解决，而无须对簿公堂。企业法律顾问的价值便是将这种欠款风险消灭在萌芽状态，以不战而获得法律上的利益。

又如当企业发生工伤事故产生巨额索赔时，没有聘请法律顾问的企业只能聘请诉讼代理律师应诉，与工伤员工在法庭上博弈，而长期聘请法律顾问的企业，企业法律顾问应该为企业建立工伤管理制度，让企业员工参加了社会工伤保险，同时企业应该建立工伤防范机制，将企业可能会发生的工伤通过管理先行排除，将不能排除的工伤管理与赔偿责任通过合同或制度转嫁至实际应该承担的施工单位或劳务派遣单位，消除企业工伤风险。也就是说企业工伤防范在于日常管理，而不在于风险发生之后的应急。

再如：企业连环担保中，因担保链条中其中一家企业出现资金链断裂或破产而引起连锁反担保被索赔事件的发生，大批连锁担保的企业被卷进担保诉讼中，企业因提供担保可能面临巨额债务而倒闭或破产。若担保风险发生时，未聘请法律顾问的企业除了委托诉讼代理律师参与诉讼之外，可能别无选择。而长期聘请法律顾问的企业应该因为有法律顾问建立的企业担保审查制度而没有被卷进连锁担保诉讼中，即使被卷进联保连锁担保诉讼，也因为企业法律顾问曾为企业设置过担保合同的反担保制度而可以另外获得财产追偿，或者企业法律顾问已事先将企业的主要财产或优质资产转移至连环担保链的圈层之外，而让企业即使遭遇诉讼也不会带来灭顶之灾的损失。

综上，笔者要表达的观点是：应急管理重在日常管理而不在火线应急。应急管理的最高境界是无急可应，当风险永远被牢牢地控制在利益的背面时，应急管理便没有应急的现场，而只有日常的管理。

“急”只是一种理论状况，是一种可以预知的风险发生时的假想场景，而在法律顾问的日常管理中已经设置了天罗地网，将这种“急”锁定在萌芽或不可能发生的状态，企业法律顾问的应急管理才算落到实处，并卓有成效。

所以，笔者主张诉讼律师的最高境界是消灭诉讼，法律顾问服务的最高境界是无风险可以应急。

而要达到这种境界并非理论上的纸上谈兵，而必须建立能控制“知识产权，公司控制权，公司资产，人力资源，信息，合同，制度，档案”八大风险要素的企业风险管理体系，通过“宣传与培训、辅导与建制、策划与调解、评价与考核”四大方法运作并完善体系，以合理有效的程序控制体系运作，有效防范风险，健全应急管理措施，实现企业法治管理体系的良性运作与发挥，以发挥最佳管理效益。

所谓“磨刀不误砍柴工”“千里之行，始于足下”讲的也是这个道理，企业法律顾问的价值体现在日常法治管理体系的维护与积累，而并非在战时的挥刀弄斧，也并非应急时的力挽狂澜。

这也是笔者书写本书的宗旨和全部用意所在。

第三部分

民营企业法律顾问服务的方法与程序

第一章　民营企业法律顾问服务的方法

第一节　宣传与培训

宣传法律的精神，培训法律的规则，永远是法律人永恒的主题。无论从事诉讼、非诉讼的律师，还是法官、检察官等法律职业共同体都应以宣传法律，弘扬法治精神为己任，对于民营企业法律顾问来说，宣传法律、传播法律意识更是民营企业法律顾问的首要工作任务。

一、民营企业法律顾问宣传法律的路径

宣传法律、传播法律意识、培育法制观念，是民营企业法律顾问应尽的社会责任，如何行之有效地完成法治宣传的社会责任与社会义务，法律人必须借助于平台找到合适的路径。

（一）政府主办的公益宣传

民营企业法律顾问传播法律的主要路径当前仍然是政府部门主办的公益宣传活动。

就笔者而言，2006年在宁波市经委的指导下，创办了宁波市知识产权保护协会，在协会下设知识产权维权律师团，开展民营企业日常知识产权法律咨询及接待民营企业知识产权维权投诉，并定期及不定期地深入民营企业开展知识产权宣传公益演讲。

2009年在浙江省科技厅、省知识产权局、省科技厅的指导下，发起浙江省知识产权宣传巡回演讲活动，成立了浙江省知识产权律师讲师团，在浙江十一个地级市及县区主办知识产权宣传巡回演讲近百场。

2013年在宁波市交通委、市司法局的指导下，创办“宁波海洋经济推进讲师团”，走进200多家物流企业，开展法律体检，宣传巡讲数十场。

2018年以承办浙江省司法厅下达的起草《村（社区）法律顾问服务规范》团体标准为契机，在浙江全省范围发起“乡村振兴律师万里行”活动，走进乡村、服务社区，组织法律宣传巡讲，目前已达十几场。

在当前的法律服务实践中，政府主导的法治宣传仍然是主要途径，其

一是因为百姓对于政府的依赖与信任，政府部门可以组织百姓聆听宣传与演讲，而律师个人或团体发起演讲未必有听众。其二，社会公众媒体对政府主导法治宣传的关注度远远超过社会组织和私人团体发起的宣传活动。其三，律师参与的政府主导的公益宣传，更能获得国家、政府和社会的认可。其四，律师能够进入政府主导的公益宣讲人的名册，本身就代表了一定的社会成就和知名度。

（二）律师协会、律师事务所、律师个人创办的互联网网站，公众号、自媒体

网站、公众号、自媒体在某种程度上已经代表着这个时代的窗口，社会公众对纸质媒体的关注度越来越弱，而律师阶层作为社会服务性中介的一部分，上报纸上电视等官方媒体的机会和概率均不会太高，因此网站、公众号、自媒体便成为民营企业法律顾问宣传的主流媒体。且互联网的发展，已经让越来越多的社会公众将关注的视线投向电子媒体，互联网宣传已经成为律师行业宣传的主要阵地。

（三）行业协会、社会组织、企业、律师事务所等组织和单位自行举办的学习研讨、组织生活等活动，邀请律师参加的公益讲座

民营企业法律顾问通过参加各类学习、培训、研讨讲座活动，对法律顾问业务本身就是一种推广和延伸，通过行业协会、企业、律师事务所举办的各类交流活动，不仅可以丰富法律顾问的理论和实践经验，拓宽知识面和业务领域，对提高法律顾问知名度和社会影响力也会带来极大的帮助。

（四）法律顾问出版书籍、发表研讨文章和参加行业组织的专业研讨活动，提交论文参与评奖和论文研讨

虽然互联网时代推动无纸化时代正在悄悄来临，但传统的纸质媒体仍然在社会宣传中占有较高的比重。书籍、期刊、杂志、论文集仍然是传播法律精神的重要组成部分。

专业纸质文章的出版与发行，虽然已经不及互联网的传播速度和影响广度，但纸质文章媒体在社会公众的心目中仍然代表着一种学术地位和专业层次。同样一篇文章在网络上发表可能得到广泛传播，却不一定会得到学术界和社会专业人群的认可，而在期刊杂志上发表的文章，或者在论文研讨会上获奖的文章，可能更能获得社会公众的信服和学术专业人群的认同，纸质出版物在一定程度一定历史时期，仍然代表着学术和专业的主流。

（五）微信、QQ、直播、钉钉等社交软件和各类视频传播软件

传统的电报、电话、甚至手机通话，均逐渐在被微信、QQ 等各类社交软件所代替，当今时代的法律顾问如果还停留在传统的打电话发短信的时代，可能根本跟不上委托人需求的节奏。越来越多的视频通讯，包括视频通话，网络会议系统，直播网站等新型的视频传播媒介也正在成为热潮。

以上五种宣传路径并不代表民营企业法律顾问宣传的全部，但是在实践中应该涵盖了现实有效的主流宣传途径。

二、宣传法律与民营企业法律顾问业务拓展的关系

笔者从事民营企业法律顾问业务近二十年，一直非常注重宣传工作，笔者创立的中观法律顾问团队，有“师蹄之路·中观法律顾问”网站（www.lawbus.com.cn)，在今日头条、一点资讯，百度百家、大鱼号等都有中观法律顾问自媒体，在熊猫 TV 有“中观法智视解”直播间，在中国律师网设有“张民元律师”专栏，在《中国律师》杂志设有“民元思问”专栏，团队有“师蹄之路”微信公众号。并且多年以来一直在坚持更新，可能每周的业余时间都用在写文章和发文章上面了。

同行和朋友们质疑：你为何不花更多的心思和精力去做业务，却把那么多时间花在维护这些媒体上，更有关心我的朋友，看到笔者参加和出席那么多的公益性演讲和讲座活动时，都会笑我精力过剩，也有劝我刀要用在刃上。

在以往的文章论述中，理论界有称律师以维护当事人的利益为天职的观点，笔者持部分认同，仅认为这里的律师应该是指诉讼代理律师，而对于专业从事法律顾问的律师来说，法律顾问更应该关注社会的公平与国家的正义，而不能仅仅将天职定位在维护当事人的私人利益上。

法律顾问宣传法治，弘扬法律精神，提升自身的形象和精神影响力，本身就是为从事法律顾问工作做必要的准备，也是提升法律顾问服务能力的重要措施与方法。宣传工作到位，法律顾问才会有地位；宣传工作有影响，法律顾问才有影响力。

法律顾问作为法治精神的倡导者和指引者，应该努力通过宣传让自身成为法治领域的精神领袖，才能服务和引导更多的人信仰法治，崇尚法律。

三、法律培训的准备及前期调研

法律培训作为民营企业法律顾问服务的一项重要内容与方法，已经为社会公众所普遍认知和接受，一般聘请法律顾问的企业都会要求法律顾问到企业开展培训，并且主观上认为培训的课时越多，法律顾问便越称职。

但在现实的法律服务实践中，笔者却遇到多起尴尬事件。

比如有一次应企业董事长的邀请到企业讲授《劳动法》，因为企业董事长非常重视，亲自坐在台下听课，还认认真真地边听课边记笔记。当讲座进入高潮时，笔者讲到了劳动法所规定的加班费的计算与发放规则，请假制度的执行和员工年休假制度，违反《劳动法》的惩罚性双倍支付工资和补偿金的规定。

当笔者讲到加班费计算规则时，董事长停止记笔记，眼睛直勾勾地看着笔者，讲到员工年休假制度时，董事长将笔记本合上了。笔者刚刚提到的惩罚性双倍赔偿制度还未解读规定的细则，董事长便直接站起来了，宣布今天的培训会议结束。然后笔者被请进董事长的办公室，董事长宣布："你被解聘了，我们将另聘法律顾问。"

笔者举例是想告诉读者与晚辈，为师者并不是那么容易的事情，企业培训前必须做足功课，调研企业需求，了解企业状况，沟通企业管理者的想法，然后列出培训的目标，准备课件，并事先与企业管理者交流，因材施教，因地制宜，按需分配知识与技能。

四、民营企业培训的内容与方向

民营企业法律顾问的企业员工法律培训应该放弃那些法学理论和法学思辨，而应该通过律师的专业引导，让企业员工敬畏法律并按照法律顾问设定的法治方向幸福并自愿地前行。

民营企业法律顾问的职责便在于，充分发挥其专业的法律知识和法律技能，为企业设置符合企业持续发展和持久经营的法治模板和法治通道。

经总结思索，笔者认为民营企业法律顾问应该培训的内容不是定义术语、理论和思考，而是模板运用的方法与步骤。

举例来说，企业法律顾问培训企业员工关于知识产权的知识时，不必让员工去认知什么是商标，什么是专利，什么是著作权和商业秘密，那些真的很专业也很复杂。法律顾问要培训的内容应该只有商标注册申请文件模板有几个空格，空格上应该填写什么内容，专利申请材料上有几个空格，每个空格应该填写什么内容，哪些资料要保密，哪些资料移交时要签收，而不必去论述为什么和论证长篇大论的理论和原则。

俗话说"术业有专攻，隔行如隔山"，律师想要通过员工培训让员工成为专业法律人士，既不可能实现；即使实现了，律师也就失业了。利用专业知识与技能去制作模板和起草规则，让企业员工学会使用模板和遵循规则，这才是企业员工法律培训的硬道理。

现在回想起来，笔者近二十年在企业做培训，其实大多数是在讲故事，员工非常爱听，而一旦讲理论，员工可能都睡着了。讲故事的思路和方向应该是对的，讲故事可以唤醒员工的法律意识，让员工敬畏法律并追随法治的方向。但讲故事毕竟是低层次的，属于初级层阶。笔者没能整理和创造出能让员工学习并可实际操作的模板，并且去系统地培训，这才是最大的失败。但方向找对了，笔者便可以与读者们一起共同努力。

总之企业员工法律培训的内容应该是简单的模板和基础的程序，其方向是培养员工的法律意识和对法律的敬畏。超越员工接受能力的专业课程和复杂理论那是律师们的生存食粮，真理向前跨出一步便是谬误。

五、民营企业员工法律培训的程序与教程

企业员工的法律培训很难是由事先设置好的，因为企业的主要任务是持续经营并赢得利润，企业的中心工作是围绕着获取营业收入，减少经营成本，排除经营风险。当任何一项服务被企业管理者认为是与企业经济利益无关时，无论该项服务有多重要，都可能会被搁置或者延后。

因此，民营企业法律培训计划很难被事先安排好，而是在建立有强大的师资和培训教程数据库的前提下，等待企业的培训需求来临，当然对于长期合作的企业客户而言，有计划有预期的培训也是完全可以实现的。

（一）民营企业法律培训的准备

民营企业法律培训应该首先从调研开始，先通过日常法律体检发现企业存在的问题和风险，然后针对发现的问题与风险提出解决方案，法律培训应该是解决方案的跟踪执行部分，而不应该是为了企业培训而开展培训，也不应该是事先列目录和提纲让企业去选择。因为企业管理者看到一长列的目录和提纲会觉得很迷茫，看上去似乎都需要，都很重要，但不培训似乎也能过得去，不是特别必须。因此企业可能就一拖再拖，培训计划可能是已经制定了，但到年底法律顾问合同到期了，可能仍然没有排上日程。

法律培训本身是一种思想意识形态的增值服务，不像吃饭穿衣等物质需求一样，不吃会饿、不穿会冷，思想意识的提升从某种意识上来讲是一种奢侈的需求，可以有，如果缺少了也不会产生严重的后果或者影响。所以这种内心对高层次的意识形态的需求是需要激活的。

举例来讲，根据法律顾问的约定，每年会进行一次到两次的合同评审和制度审查。法律顾问在合同评审结束之后会出具一份《合同评审报告》，罗列了合同管理中存在的问题与风险，而这些问题与风险可能是企业面临的迫切需要解决的问题，风险的扩大可能会影响到企业的效益与生存，法律顾问会根据发现的问题及风险点拟定一份解决方案。

解决合同模板存在格式风险问题是法律顾问的事，解决合同模板应用过程中出现的操作层面的问题是员工的事，因此在每年度完成合同审查的法律体检之后，必须开展一次员工使用合同模板的基础知识与技能培训，这个培训任务便是从法律体检中衍生出来的。

又如，在制度审查中发现制度文本存在与法律规定不一致的地方，同时也发现员工执行制度的表单没有落实。制度文本的滞后是法律顾问的事，应该由法律顾问来调整，而员工执行制度表单的不到位，就需要开展员工法律培训，训练员工如何填表单、如何检查、如何跟踪、如何归档。

总之笔者要表达的观点是：法律培训是可以有计划的，计划不可以与实际管理中的需求脱节，解决管理中遇到的实际问题，这类培训才是由需而生，也才有付诸实施的时效价值和实用价值。

（二）民营企业法律培训的形式

谈到民营企业法律培训，读者眼前肯定会呈现一幅画面，几十个人，一张讲台，一个教授模样的人坐在讲台前，大多数的培训的景象莫过如此。

而笔者根据实践中的感悟，认为讲课只不过是培训的一种最基础的形式而已。笔者曾经在中国律师网发表过一篇文章《最高端的培训便是“生活”在一起》，用意是想表达真正有价值和实践成就的培训不是坐在一起听课，而是用生活与工作中的点滴来指导和感化员工的行为。

这也是在未来，即使所有的法律事务都将会被智能机器人所代替时，法律顾问服务永远不可被替代，因为智能机器人永远不懂生活，永远不可能与客户生活在一起。

举个例子来讲，员工提交了一份合同，律师在审查合同中发现其中存在多处错误，律师可能会有以下几种做法：第一种是直接退回公司的合同主管，跟主管讲错误太多，让员工重新做合同。第二种将合同中的错误全部订正，然后附上律师的批注和建议，交给企业。第三种是打电话给员工，跟员工逐条沟通合同中的错误点，哪里错了，为什么错了，应该如何填写正确的合同条款。

这三种模式，第一种叫审查，表面上看起来律师很高大上，很威严；第二种叫修订，形式上似乎很敬业也很细心；第三种叫培训，从点滴中引导员工学会正确的方式。

很显然第三种模式才是法律顾问的正确姿势，是企业员工的法律导师和良师益友。

但笔者在讲这一层感悟时，许多年轻律师并不能接受，反驳笔者说："你那么有空吗，企业那么多合同，存在的问题多了去了，你一个一个去沟通和培训，有那么多时间和精力吗？"听到年轻律师很激动地提出这样的质疑，其实我只想表达一种情绪：这只能证明你缺乏担任法律顾问最基本的素质！

从时间和精力的角度来论证一下，假定公司十个员工，每个员工平均每天提交一份合同，法律顾问审查一份合同的时间是30分钟，那么法律顾问的工作量为平均每天五个小时的时间用在合同审查上。采用第一种模式的，合同被退回去后还是会送上来，若第二次发现错误仍然退回，除了法律顾问会弄得自己很生气之外，合同审查的时间无形中会增加。若多次退回，法律顾问只会发火，审查合同的时间不会减少。

采用第二种模式，每份合同都在30分钟内认真修改，仔细审查与批注建议，每天的合同审查量照旧，法律顾问的工作每天按部就班。

采用第三种模式，第一次员工合同送上来，电话打过去仔细商谈，耐心解释，纠错答疑，指导方向，可能一份合同花了一个小时，甚至两个小时，当天的合同审查时间超标，可能还得加班。但这些员工经过耐心指导之后，第二次送上来的合同可能只需要花半小时辅导，第三次可能只是十分钟，第四次或已经很专业了，法律顾问扫一眼就可以通过了。

时间和精力的耗费经这么一比较，第三种模式培训的价值和意义便显而易见，所谓"授人以鱼不如授人以渔"，便是这个道理了。

笔者一般新发展的法律顾问客户单位，第一年会非常忙，第二年次之，到第三年就几乎没事可做了，必须找到新的业务增长点去提供增值服务了，因为跟笔者相处久了的员工都已经非常专业，可以顶半个律师了。

民营企业单位每年采取一定形式上几堂大课，强化一下全体员工的法制理念还是非常重要的，因为生活与工作都需要仪式感，但真正有价值务实的法律培训不在课堂，而在工作中的每一个细节的耐心辅导中。

以生活在一起的方式，手把手培训才是最高端的辅导方式。

（三）民营企业法律培训的讲义与教程

笔者布置律师到企业去培训时，年轻律师总是因为没有优质的讲义而发愁。而笔者每次到企业去培训，几乎不备课，除了大型的公开课制作一份漂亮的PPT之外，其余到企业培训几乎都是讲故事，而讲座常常很能吸引人。

年轻律师便抱怨说："张老师，您有的是经验和故事，可我们没故事，难道去讲别人的故事吗？"笔者每次都会跟年轻人讲："故事与年龄无关，你在活着的每一天其实都是故事，关键在于你是否关注，是否去体会，是否有感悟。"

实习律师一年至少也改过几十份合同，在合同中看到的每一处错误，每一次与客户沟通的谈话和情绪，其实都是故事。跟着师傅观摩过几次开庭，一起参加过几场官司。每一次开庭的细节，每一场官司的过程与结局，其实都是故事。重点不在于故事的大和小，而在于观察生活者感悟的"深与浅"。

生活与工作便是最好的讲义，内心对生活与工作的感悟便是最好的教程。深入生活并将生活体验运用到工作中的法律人，才是最高端的法律顾问。

（四）民营企业法律培训效果的检验与考核指标

每个年度的法律顾问工作总结，对于律师事务所来说都是最艰难的日子，因为顾问合同即将到期了，律师事务所必须拿一份极其丰富又高大上的证明材料来证明法律顾问的工作业绩。

这对于担任法律顾问的律师来说可谓绞尽脑汁，一年365天除掉双休日年假日，加上处理杂七杂八的琐碎事，一年可供工作的时间本来就不多。年终写总结真的很难，如何去找那一份成就感，特别对于从事企业培训的法律顾问来说，一年可能就讲了那么几次课，员工有没有听明白都不太清楚，年度终了却要汇报总结，拿什么来证明从事法律培训的法律顾问工作业绩与绩效呢？

年轻时笔者一直开着一辆廉价车，每天都在顾问单位走访与辅导，年底写总结，从来都很自信，因为关系与人缘是最好的自信证明。每天在顾问单位泡着，解决了企业面临的各类问题，指导和解答了企业员工的各类疑惑。久而久之，员工与管理者都对法律顾问形成了强烈的依赖和信任，那么工作总结自然不成问题。

仔细回想与分析，之所以年轻时代受客户尊敬，皆因为腿勤跑得快，客户单位上至股东高管，下至门卫清洁工，都跟年轻的张律师很熟悉，都曾经听过张律师的课，都曾经咨询过张律师相关法律问题，都曾经得到过张律师的法律帮助。

法律培训的检验和考核指标不是讲了多少次课，也不是创作了多少高大上的PPT，真正有价值的指标，是民营企业的法律顾问进了多少次企业的大门，认识了多少企业的人，跟多少员工有交流，跟多少管理者有争论，多少人记得你，多少事跟你有关，在企业员工的心里法律顾问有多少分量，这才是检验的真理性所在。

第二节　辅导与建制

一、民营企业法律顾问是否需要参与制度建设

这里首先出现一个问题，律师懂不懂管理，法律顾问除了懂法律，有能力和精力参与民营企业管理吗？这个问题的提出，首先要解决法律顾问在企业的定位，不是法律顾问能不能管理企业的问题，而是民营企业让不让法律顾问去管理企业的问题。

笔者也曾经去尝试承揽企业管理咨询公司干的活，首先去推广时民营企业将信将疑，律师还能干管理咨询公司干的活？等帮企业完成了同样厚度和高大上的制度文本和管理表单交给企业，企业很惊讶。但到民营企业管理者将律师起草的这套制度和表单在实践管理中推行时，却遭到民营企业各类管理层次不同层面的抗拒。因为任何制度的推行都将会触动到民营企业各个阶层的利益，而制度的推行是必须以民营企业所有员工服从制度管理为前提的。当仅为企业提供法律咨询定位的法律顾问起草制度并推行时，各个管理层只要涉及自身利益时，都会异口同声地表示抗拒：法律顾问只懂法，能懂管理吗？后果可想而知。

为了解决制度的推行问题，笔者曾经跟一家企业签订了五年（30万/年）的法律顾问合同，由企业在全员大会上任命笔者为企业集团总裁助理，直接管控企业集团高层和中层管理人员的人事安排和绩效考核。

当法律顾问被民营企业赋予管理岗位的重要位置，并掌握着集团管理层绩效考核及工资奖金分配权之时，法律顾问的制度推行本身就代表了权威，法律顾问不仅能将制度文本深入贯彻，将制度表单节节推进，而且获得了企业老板和管理层的高度认可。

二、民营企业法律顾问如何参与制度辅导

在民营企业法律顾问服务实践中，法律顾问如何参与民营企业制度管理，仅是技术层面的观察与思考，是法律顾问凭借自身的勤奋与技能所能

完整把控的层级。那法律顾问该如何参与制度管理呢?

（一）法律顾问参与民营企业制度框架设计的调研与论证

民营企业设置哪些部门，各有什么职能，如何定位并考核部门员工绩效，是必须根据实际需求和行业特点来设置的，设置企业框架和落实各部门职能应该依赖企业实地调研与管理部门的技术分析与论证。

法律顾问全程参与民营企业实际需求的调研，并参加企业框架设置和部门设置的技术认证，可以充分发挥民营企业法律顾问管理企业法律制度的实践经验，也可充分利用法律顾问的法律功底把控企业制度修订的法定程序。

（二）企业法律顾问参与企业各项规章制度的起草与讨论

企业各项规章制度的文本合法性和制修订程序的合法性以及制度文本的法治精神体现都必须依赖于法律顾问的专业法律经验和专业操作能力。

企业法律顾问参与制度文本的制修订和审核程序上的把控，不单纯在于发挥法律顾问的法律功底，在很大程度上更多依赖于企业法律顾问日常修订制度文本的实践经验和法律顾问依据实践诉讼案例的分析而把控实践中的诉讼风险。

（三）企业法律顾问参与制度文本执行表单的制修订并参与制度表单的跟踪执行

制修订企业制度的目的并非用于领导视察和朋友来访的炫耀，其真实的日的和使命是应用丁企业的口常经营管理。

制度文本作为企业的纲领性管理文件，规定的只是提纲和原则，具体在日常经营管理中如何依照制度去执行，并非依靠将制度文本张贴公告或组织几场培训可以解决问题。

落实制度的有效方法是在日常经营管理实践中依据制度文本修订各类可日常操作的制度表单，比如:员工考勤打卡表、员工日常工作日志记录表、员工完成目标考核表、员工工作计划、商业秘密管理检查表等。表单的生成没有固定格式，完成依赖制度文本的精神与实质起草产生，日常表单的记录填写与汇总分析，成为制度文本执行的日常依据和绩效考核的凭证，对于企业制度管理有着特殊的重要意义。

制度的修订在于执行，而执行表单正是制度落实的重要管理手段，对制度表单记录与跟踪的质量决定了企业制度管理的能力与水平。

（四）民营企业法律顾问全面参与民营企业员工绩效考核

民营企业员工绩效考核以企业日常记录与跟踪的表单作为重要依据，企业法律顾问是制度表单的起草者，也是制度表单的跟踪者，最终也是制度表单汇总之后的评价与考核管理者。因此在企业员工绩效考核时，法律顾问也可参与并发挥指导作用。

（五）民营企业法律顾问参与民营企业制度风险审查与制度风险控制

民营企业依赖制度进行管理便是依法治企的重要体现，但依法治企的前提是制度本身的合法性及合规性，因此对于制度风险评估与审查，对制度风险进行有效控制，也是民营企业法律顾问的重要职责之一。

三、民营企业法律顾问参与制度建设与辅导的方法

在探讨企业法律顾问参与制度管理的方法之前，笔者先要论证一个问题，企业制定制度的目的和意义是什么？

制度的最初起源是由统治者为了控制被统治者而制定的规则，大多数是规定被统治者应该怎么样，不应该怎么样，若违反了将受到什么样的惩罚，所以在奴隶社会、封建社会直至资本主义社会早期制度都以惩戒为目的，以制度来约束和管制被统治者。

当民主共和的思想深入人心之后，公有制国家以人民民主专政为治国之本实行民主管理，现代企业制度的目的是为了实现公平，企业的管理者借助制度作为一种民主管理手段，让员工依制度自我检查，让管理者以制度为标尺，实现企业内部管理的奖勤罚懒。现代企业的民主管理制度是以激励为目的，以制度来引导和促进员工积极上进，追求正能量。

只有在明白现代企业制度的目的和意义之后，制度的订立者和管理者才会找到合适的角度来设计制度，找到合适的方法来运用制度，找到合理的程序来发挥制度的作用。

（一）民营企业制度设计的方法

民营企业制度设计一般有三种来源：1. 来源于网络或教材的制度模板文件；2. 管理者应聘或竞争上岗做出的自我承诺或工作计划；3. 企业管理层经民主讨论而形成的管理思想和管理理念。第一种来源于社会，属于模板管理式；第二种来源于承诺，属于合约管理式；第三种来源于创新，属于理念管理式。

第一种因为来源于社会，有成熟的模板和系统的理论体系，以及各类经过实践检验的制度表单来支撑，管理易于标准化，但若完全沿用模板，企业制度相对缺少创新。

第二种因为来源于承诺，应聘者竞争上岗为了实现预期的目标，结合自身的能力与实践，向企业的投资者做出一系列管理的承诺，为实现预期的承诺目标，管理者会提出自己一套管理和考核要求，并且要求法律顾问团队的制度建设及制度服务也必须围绕着管理者的考核目标进行。

第三种因为来自管理团队的创新，在某种意义上来说带有尝试、摸索、试点的成分，并且在探索中会根据实际运行情况不断进行更新和调整，甚至经常会出现朝令夕改的状况。

笔者撰写本书的目的是探讨服务，并非做理论指导，为何在本章节却要如此多的篇幅来探讨制度的由来及分类呢。原因在于，民营企业法律顾问团队的服务对象是民营企业制度管理，但真实面对的却是民营企业管理者，因为民营企业法律顾问不可能代替民营企业的管理者去管理和经营企业，而是在实践中根据管理者的要求配合管理者的思路，按照管理者的意志去架设制度、修订制度、执行制度。

之所以要探讨这个问题，是因为在法律实践中，民营企业法律顾问若没有弄清管理者的需求，在参与制度框架设计和制度表单建设时，要么与管理者的理念发生冲突，要么被管理者指挥得团团转，找不到方向。

（二）民营企业制度辅导的方法

1. 模板制度需求模式下的辅导

对于民营上市公司或规模性企业，因为企业相对庞大，企业管理机制相对成熟，且企业决策层与企业管理层均处于相对稳定状态，企业对制度框架设计和制度管理不求创新，不求业绩，而要确保稳定、安全、协调、和谐。对于这类企业，企业一般有相对成熟的模板文件，制度框架既不会频繁做出修订，也不可能频繁地进行修改，任何对制度文件和框架设计的修订，均必须要通过董事会，股东会甚至证监会的层层审核，因此这类企业的制度文件力求稳定，除非与法律法规发生较大冲突，一般不做调整。

民营企业法律顾问在模板制度需求下提供法律顾问服务，主要集中在与制度文本相配套的制度表单的设计、制作、填写与跟踪、绩效考核等服务内容上。

企业法律顾问的职责便在于协助管理者完成各类表单的设计、制作、填写培训档案跟踪，并协助管理者开展绩效考核。

2. 业绩实现需求模式下的辅导

这类需求往往发生在中小型民营企业、外资企业或个人独资企业，采用竞争上岗或新招聘企业副总经理以上职位的管理者，为完成一定的工作任务，实现工作业绩而要求企业法律顾问提供完整的体系化系统化的法律顾问服务。

因为管理者基于完成阶段性的工作任务为目标，在管理期间力争获得新的气象、新的业绩、新的评价，因此在制度框架设计制度文本表单制作与跟踪管理上都要求有较大的创新，且必须与管理者实现其承诺的业绩挂钩。

举例而言，某民营企业刚更换总经理，业绩承诺要求三年内创收翻两番，利润实现两倍增长，团队人数实现翻番，成本控制实现能耗减半。

新任总经理为了实现承诺的工作目标，必然对企业的制度进行大刀阔斧的改革，比如双休日制度要调整为单休工作制，原不加班制度要调整为每周定期加班制度，请假制度、考勤制度等都要相应调整与修正。

在这种业绩考核需求模式下，原企业成熟的模板制度文本就完全没有意义了，也没有任何成熟的管理模板或表单可以借鉴。法律顾问的工作任务便是深入企业开展调研，了解管理者的需求与想法，调研公司员工和中层管理人员的配合程度和接受程度。

企业法律顾问的工作任务不仅要制定出完全符合企业管理者业绩考核要求的全新制度框架与制度文本，更重要的是必须深入调查员工与中层管理者的变革反差，是否会因为制度调整而带来管理层和员工队伍的大幅度调整和变动。同时新修订制度文本和对表单的培训便成为企业法律顾问的重要职责与责任。通过培训让员工及管理层明白制度修订的意义，并培训员工如何规范填写与执行表单，如何通过表单的档案跟踪进行绩效考核。

制度管理在业绩需求管理模式下成为企业管理的核心工作内容，企业需要靠管理出成效，靠管理上台阶，靠管理赢利益，企业法律顾问的工作重心也应该放在制度的设计及实践跟踪考核中。

3. 试点探索需求型模式下的辅导

试点探索型需求的管理者与前两种模式的区别在于，既不安于现有制度管理的现状，尝试通过改革制度来优化管理，但不求实现业绩而急于求成。在探索试点过程中，既希望法律顾问能拿出具有创新价值的制度改革方案，同时又会与法律顾问或第三方共同讨论研讨制度改革的可行性。

针对试点探索型需求模式，企业法律顾问既要通过广泛的调研，拿出适应新形势新时代的制度框架体系，同时又必须将完成的制度改革初稿广泛征求意见，获得广泛的认同，并能获得社会权威和管理者的充分认同。

笔者之所以将企业客户的需求分成三大类来分析，是因为企业管理者的需求不同，企业法律顾问的服务方式方法就完全不同。

模板制度需求型力求严谨、科学，应找到知名企业或权威机构发布的制度模板作为参考，以制作制度表单的模式将成熟的制度模板在企业得到充分应用。模板制度需求型法律顾问的工作重心在于制作和执行制度表单。

业绩实现需求型取决于管理者的意志，企业法律顾问的主要职责和工作重心在于与管理者充分地探讨与沟通，让管理者充分完整地表达管理者的需求与意愿。企业法律顾问以管理者的意愿为核心，依法制修订制度以求实现管理者的目标。

试点探索型属于稳扎稳打、螺旋上升型，企业法律顾问的任务是接受管理者委托开展调研，凭调研报告供管理者民主决策。制度文本及表单起草制作完成后，企业法律顾问要提交给企业和利益相关方开展综合的论证与讨论，法律顾问的工作重心在于广泛征求意见，而不能盲目改革与创新。

第三节　策划与调解

一、律师制度与法律顾问制度的发展历程

中国1980年恢复律师制度，颁布《律师暂行条例》。在当时，从事法律服务的人员分为两类，一类是在“法律顾问处”执业的律师，一类是在企业、乡镇从事法律事务管理的“司法助理”。

随着1986年律师资格考试开始，“法律顾问处”逐渐演变成律师事务所，在企业、乡镇从事司法助理的逐渐演变成为法律顾问和基层法律工作者。

律师业的发展，从事诉讼业务的律师越来越多，并且成为主流。从事法律顾问服务的非诉讼律师因为与商业利益关系淡薄，逐渐被分流。1997年，人事部、原国家经贸委员会及司法部发布《企业法律顾问执业资格制度暂行规定》；2009年，原国家经贸委发布《企业法律顾问注册管理办法》，企业法律顾问资格考试将法律顾问与律师分隔出来，甚至从事法律顾问不再需要律师从业资格，直到2014年取消法律顾问资格考试。2015年12月，中共中央办公厅、国务院办公厅发布《关于完善国家统一法律职业资格制度的意见》，将法律顾问与律师、检察官、法院、公证员并轨。但笔者认为法律顾问的身份及职能仍处于探索阶段。

二、诉讼律师与法律顾问的分离是社会必然趋势，调解是法律顾问的天赋技能

笔者根据社会实践经验，认为诉讼代理律师与法律顾问的分立是必然趋势，未来诉讼代理律师的战场在法庭诉讼，而法律顾问的职能在于非诉讼的调解与帮助，调解将成为法律顾问服务最重要的职能与方法，并是法律顾问提供非诉讼法律服务的主要手段与实现社会公平正义的主要路径。

诉讼律师的主要职能与手段便是法庭的诉讼，俗称打官司，而法律顾问的职责应该定位在调解，笔者认为：调解是法律顾问的天赋技能。

在当前的法律实践中，调解工作越来越受到国家和社会的关注与重视，可以说形成了一种“调解热”。法官审判案件注重“先行调解”，实行“诉调衔接”，律师、检察官、公证员普遍参与调节，各地在法院设立调解室，律师、检察官、公证员进驻调解室值班参与调解。乡镇村社普遍设立人民调解委员会、司法调解室等，鼓励乡镇村社区法律顾问，甚至基层法律工作者全面参与调解工作，实现从城市到乡村的大调解制度。

依法治国、依法治企、依法治村，实施大调解，全面建设和谐社会，这是国家与社会发展的大方向，也是实现民族、国家、社会长治久安的策略。

但究竟谁应该是实施民族、国家、社会大调解制度的主体，目前的方向似乎有些走偏了，就好比在战争年代的全民皆兵和在和平年代的全员发展经济一样，都走向了极端。

“武将”无论战争与和平，都应习武护国，“文臣”无论战乱与繁荣昌盛，都应该礼仪安邦，若因一时之需或者希望通过一种态势改变长久以来形成的观念，都会急于求成，误入极左或极右之路。

因此笔者在提出“法律顾问的诉讼回避制度”之后，继而提出“法律顾问与诉讼律师的社会大分工”，这才是法律顾问发展应有的方向。

因为调解制度的理念是在不突破法律底线的可左可右，是不违背人类天性与伦理的可适度突破原则，调解以心为本，以解开内心的法律心结为己任，即使突破现实的规则与红线，但若不违背公序良俗，不突破国家、社会、民主的正义底线，所有的调解结果都是可以被接受的。而调解制度的这种和谐规则是与“法官奉公断案”“检察官依法检诉”“律师以维护委托人利益为天职”“公证员中立见证”等法治体系相违背的。

若法官可以不奉公，而是可左可右，那法官的不偏不倚必然落空；若检察官可以考虑私情而动摆，检诉的威严便因检察官的恻隐之心而摇摆；若诉

讼律师可以不为委托人的利益实现而鞠躬尽瘁，诉讼律师势必失去委托人的信任；若公证员可以不中立见证，而参与客观与法律事实发表个人倾向性意见，公正的见证客观性便荡然无存。

笔者认为，诉讼律师与法律顾问的专业分工，是应时而生的社会必然，也是 2015 年 12 月中共中央办公厅、国务院办公厅印发《关于完善国家统一法律职业资格制度的意见》奠定法律顾问职业的独立地位之后，法律顾问专业发展的延伸。

但法律顾问如何从诉讼律师队伍中分离出来，形成独立从事法律策划和争议调解的法律顾问专业队伍，还有待于法律顾问专业的立法。

笔者坚信，会有越来越多的团体、组织、个人会认识到法律顾问独立执业的重要性，也会有更多的企业、团队、个人接受法律顾问不打官司而提供法律策划和争议调解服务的职能分工。

三、法律策划是法律顾问的专业本色

当笔者提出法律顾问与诉讼律师相分离而从诉讼律师队伍中独立出来之后，有许多人提出一个现实的问题：法律顾问不靠打官司吃饭，谁来委托法律顾问？

在前面的章节，笔者提出法律顾问的天赋技能是调解，有部分人便提出疑问：法律顾问的职责和任务就是调解吗？那法律顾问接受谁的委托，靠谁支付费用维持生计呢？

笔者在此要强调解释：法律顾问的天赋技能是调解，意思是指调解是法律赋予法律顾问的社会责任和技能，调解是法律顾问工作的目标与方法，是法律顾问的终极追求。

那法律顾问的本职工作是什么呢？法律顾问作为法律人中间一个行业，靠什么维持生存？答案是法律策划。

古代孙子兵法，有上兵伐谋，不战而屈人之兵方为上策，其次伐交，下策才是用兵。法律顾问的本职工作便是《孙子兵法》中的“谋”，即法律策划。

在现实的诸多法律实践中，并非任何事件都需要聘请诉讼代理律师，而只有遇到打官司的时候才会想到聘请律师。原因在于，现实法律实践中，有“谋”的律师数量为数不多，且律师群体和行业机制也没有确立“谋”律师的法律地位，让普天下社会公众均误以为律师就是战场上的武将和沙场上的武教官，而只有当国家提出全面依法治国的方略之后，许多人才开始思考，依法治国不能光凭武力，还得文武并举，律师中的文臣、宰相、辅佐贤能之士方显英雄本色。

法律策划，意指律师充分运用法律知识与技能，为委托人运用法律手段出谋划策，运筹帷幄。法律策划是门尖端的法律实践学，需要律师具有丰富的社会阅历和殷实的法律实践操作经验。

法律策划作为一项法律顾问的专业操作技术，是否可以实现律师不承接诉讼业务也能成功执业呢？法律策划有足够的社会市场能为法律顾问群体提供生存空间吗？

举例来说，笔者承办的重大案例：引进世界500强企业马士基物流与宁波迅达仓储公司组建龙星物流公司项目；接受华州集团委托承办非洲加蓬矿业投资项目；承接浙江破产第一大案：浙江船厂破产重整项目；接受宁波中化集团委托，破解以色列商人500万美金知识产权侵权索赔项目；接受金华美佳科技公司委托，破解杭州公司实用新型专利侵权项目等等。以上项目无论是涉外还是国内，无论项目大小及操作技术难易程度，笔者均是凭借中观法律顾问团队的集体法律智慧为委托人出谋划策，提供专业的法律策划方案和代办法律操作实务。

其实，法律策划作为法律顾问的主要业务职能，已经被越来越多的企业、政府部门和社会组织所接受，许多在法律顾问战线上拼搏的法律专业人士，事实上也一直在提供法律策划类的专业服务，只不过没有相应的理论明确提出诉讼律师与法律顾问的社会专业分工，将法律策划设定为法律顾问的主导职业。

在当前的法律实践中，诉讼律师与法律顾问的服务领域并没有严格的区别，诉讼律师不仅承接诉讼代理事务，也承接法律策划等非诉讼，而法律顾问呢？同样也是担任法律顾问、提供法律策划、辅导与建制、宣传与培训，调解与绩效考核等非诉讼法律服务，同时也会承接一部分诉讼代理的案件。只不过这种律师“文武双全”模式已经带来了大量的社会弊端和社会不和谐的因素，比如：律师与法律顾问之间的利益冲突，律师与法律顾问之间的不正当竞争，诉讼律师与法律顾问之间的相互诋毁等等。

2015年12月中共中央办公厅、国务院办公厅印发了《关于完善国家统一法律职业资格制度的意见》将法律顾问职业与律师、法官、检察官、公证员并列，也正是看到了社会发展的大趋势。法律顾问与诉讼律师的社会化大分工，在法律界是必然迎来的大变革，也是我国全面推进依法治国司法改革的重心所在。

四、法律顾问法律策划业务的推广与调解职能的实现

（一）法律策划是委托人实现法律利益的重要途径与手段

委托人只有在追求法律利益的时候才会想到聘请律师或聘请法律顾问，而委托人在选择诉讼律师和选择法律顾问之间做出决策时，考虑的因素是诉讼律师和法律顾问谁帮委托人实现利益的可能性更大，成本更低。而事实上在社会法律实践中，当事人委托诉讼律师的情形都是被迫的。在中国人的民族观念中，打官司上法庭并不是一件十分光彩的事情，不是迫不得已没有人会选择对簿公堂。而在当事人的利益遭到损害或不法侵害之后，当事人根据自身的生活常识，也找不到其他途径实施法律救济时，才会想到求助于诉讼律师委托打官司。

假设法律顾问的法律策划是一门专业，并且在生活实践中有那么一批不从事诉讼代理的专业法律顾问执业的机构存在，并且在社会公众的生活意识中，知晓法律顾问不打官司通过法律策划同样能够实现当事人的利益，可想而知，大多数当事人会选择聘请法律顾问以“文治”方式解决，而不会选择聘请诉讼代理律师参与法庭的“武斗”。

这说明，法律顾问法律策划业务的实现依赖于社会管理体制赋予法律顾问执业人员独立的法律执业地位和法律执业能力。

如果社会公众能有一个共性的认知，不打官司也可以解决法律争议，不打官司也可以实现法律利益，那法律顾问的春天便即将来临。

现实法律实践领域的法律策划更多的服务于投融资、企业合资、合并、分立、破产重整清单，并购重组上市 IPO 及新三板基金策划，众筹、股权激励等不存在法律争议和法律纠纷的前期法律行为范畴，并且法律顾问的法律策划职能也让越来越多的社会公众所接受。

但在当事人发生法律上的争议和纠纷之后，当事人是否仍然可以通过委托法律顾问而实现法律利益并获得法律上的公平正义呢？

这便依赖于我国律师调解制度的发展与改革。

（二）律师调解制度的建立是委托人发生法律争议和纠纷之后实现法律救济的重要支撑

新中国成立以来，便一直非常重视社会矛盾化解的调解工作，早期的《人民调解法》和企业、社会团体及乡镇建立的“司法助理员制度”，以及当今各乡镇村社设立的司法所，都赋予了工作人员相应的调解职权和调解

职能，并且签署的调解书均能不同程度地获得司法确认。

但自中国律师制度恢复三十多年来，一直没有法律和相应的法规赋予律师的调解权和调解职能，也没有律师签署调解书能获得司法确认的先例存在。

所以在社会民众的心目中，律师就是帮人打官司的职业，甚至前几年出现“律师以维护当事人利益为天职”的定义及判断，也就是说律师在法律定义上，就是专门为委托人实现法律利益的诉讼代理人，即使律师在调解工作中参与调解时也是以一方当事人的代理律师身份参加调解，并且在调解中只能为其代理的一方当事人争取利益。

直到最近两年，社会突然意识到调解工作的重要性，开始全面推广调解工作，让律师、检察官、公证员都参与到社会调解的工作中来，但即使是在社会全员参与调解的大调解制度推动下，律师参与调解的身份仍然只是代替法官到法院设立的调解室在法官的主导下主持调解。在调解工作中，律师仍然扮演的是法官调解的角色，只是因为客观上法院法官的人手不够，而需进入调解程序的案件又太多，所以才从律师队伍中抽调人员到法院设立的调解室充当法官的替身。

在这种大调节的制度模式中，法院仍然是调解的主导机构，法官仍然是实施调解工作的法定工作人员，只是由于法官太忙没有精力主持调解，才从法律人队伍中抽调律师、检察官、公证员等全面参与调解。

这种大调解制度首先代表了社会的进步意义，至少说明国家和政府越来越重视调解工作，并且将调解制度确立为解决社会争议的一项重要工作制度。调解结案，化解社会矛盾，成为社会治理的主流导向。

但笔者从这种大调解制度的进步迹象中，看到的仍然是法官调解一统天下的影子。

笔者曾经书写过一篇文章《调解是律师的天职而并非法官的专利》发表在中国律师网上，笔者甚至认为法官是专业的奉公断案者，法官的职权和职能定位应该是依法奉公断案，而不应该在当事人面前表现出不专业的“和稀泥”式的调解，调解职能由法官队伍来实现破坏了法官职业的严肃性和公正性，也让法官在当事人眼中失去威严。

笔者认为：调解应该是从诉讼律师中分离出来的法律顾问的专利，法律顾问是社会治理实施调解工作的合适主体，也是法律顾问和谐职能实现的最佳路径。

第四节 评价与考核

一、上市公司独立董事制度的尴尬处境

上市公司独立董事制度是外来文化，起源于1940年美国颁布的《投资公司法》。1999年国家经贸委与中国证监会联合发布《关于进一步促进境外上市公司规范运作和深化改革的意见》，要求在境外上市公司中设立独立董事制度。2001年8月中国证监会发布了《关于在上市公司建立独立董事制度的指导意见》，强制要求所有上市公司必须按照《意见》的规定建立独立董事制度。独立董事制度由此逐渐进入中国《公司法》，成为上市公司一项强制性公司内部治理的框架性制度。

应该说，上市公司独立董事制度对于规范公司治理结构，发挥外部董事对上市公司日常经营管理的监督与评价作用，有其社会进步意义。

但随着上市公司的数量逐渐增多，而外部独立董事因为独立于公司之外而对企业的经营管理鞭长莫及，即使独立董事发现企业的经营管理存在问题，迫于独立董事与上市公司之间的经济利益依附关系，独立董事也可能是睁一只眼闭一只眼，很难像设置这项制度的初衷一样发挥独立董事的外部监督作用。

在上市公司独立董事的人员构成中，其中有一名可能是律师身份，同时根据证监会的相关规定：为上市公司或者其附属企业提供财务、法律、咨询等服务的人员，不得担任公司独立董事。上市公司或其下属企业的法律顾问，因为属于证监会所规定的“提供法律服务的人员”，所以不能出任上市公司独立董事。因此上市公司除了聘请一名律师担任独立董事之外，往往还要再聘请一名与独立董事之间不存在经济利益的法律顾问。

而事实上，上市公司的许多法律策划事务依然是资深的独立董事身份的律师在提供服务，但却必须以另外聘请的法律顾问的名义提交，甚至上市公司的某些金额较大的或者疑难复杂的诉讼案件，也是上市公司的独立董事在幕后操作。上市公司的法律独立董事与法律顾问，往往是两块牌子，但实际上是一套班子。

之所以出现这种两块牌子一套班子的情形，其原因是因为当前的法律对法律顾问的定位不清，法律顾问与诉讼律师的职权与职责不清，法律顾问执业的独立性原则和中立性原则没有相关的法律加以确认。在现行司法

体制中，企业法律顾问属于证监会所规定的“提供法律服务的人员”，因而企业法律顾问不能担任上市公司独立董事，而一旦出任上市公司独立董事之后，也不得再为上市公司提供法律顾问服务。法律顾问与独立董事之间理论上界限分明，职责清楚，但在现实法律实践中却处于边界模糊、身份模糊、实体服务职权与职能模糊的状态。

二、独立董事制度与法律顾问制度的并轨设想

若笔者设想的法律顾问的独立性原则和中立性原则得到确认，法律顾问的诉讼回避制度得以实现，法律顾问与诉讼律师的社会分工能够完成，其实企业法律顾问制度与上市公司的独立董事制度便存在并轨合二为一的可能。企业法律顾问同时也是企业独立董事的身份，为企业提出法律策划、宣传与培训、辅导与建制、调解化解矛盾、定纷止争。同时为企业管理提供绩效考核与风险管理和应急管理。

证监会之所以规定提供法律服务的人员不得担任上市公司的独立董事，主要是考虑中立性原则和独立性原则，担心企业法律顾问提供法律服务的行为因为涉及自身的经济利益而丧失了独立性，无法开展中立性评价和独立性判断。但这种独立董事理论上的独立性和中立性在现实实践中根本难以实现，独立董事要么成为摆设，要么成为企业的服务群体，独立董事的身份与责任均处于一种模糊的状态。

独立董事制度因为是证监会的强制规定，在企业追求上市的经济利益的驱动下，独立董事制度一直得到坚持。但无论是身为独立董事的律师，还是聘任律师担任独立董事的上市公司，也都有着不知何处落脚的难言之隐。独立董事的身份本身代表着一种资深的地位，律师能够被聘请为独立董事，在一定程度上体现了律师的资深经历，即使无事可做，也不能主动去推翻这个制度和主动放弃这份荣耀。而对于上市公司的企业来说，独立董事意见和工作业绩不在于有没有价值，重点是在于根据证监会的强制性规定，独立董事必须存在，而且还必须持续述职。

从长远和行业协调发展的角度出发，笔者认为法律顾问制度与独立董事的并轨应该提上议事日程。

三、绩效考核职能在法律顾问服务职能中的提出

提出法律顾问的绩效考核职能定位与岗位职责分析，是笔者在社会实践中既担任公司法律顾问，又担任上市公司独立董事的执业经历中所获得的启发。在传统的法律顾问服务业务中，很少有律师参与企业的绩效考核，大多数企业及担任企业法律顾问的律师都会主观上认为企业绩效考核是公司管理层的职责所在，与法律顾问的执业与服务无关。

但由于企业管理层在绩效考核过程中因为牵涉到各个阶层及个人的利益关系，绩效考核很难体现其公平性，企业绩效考核迫切需要中立的第三机构介入。笔者在法律顾问实践服务过程中承接了部分客户绩效考核业务，也从实践中发现法律顾问从中立的第三方角度发表独立的绩效评价意见，相对企业管理层现行的考核制度来说有其进步性，不仅体现出法律顾问绩效评价的中立性、公正性，更重要的是凭借法律顾问资深的法律功底和风险防控经验，可以有效地保障企业绩效评价的质量，同时可以通过绩效考核与培训，提升企业的管理能力和管理水平。

而笔者在担任企业独立董事期间，也同时担任上市公司绩效考核委员会的成员，但鉴于上市公司管理的特殊性以及独立董事车马费用的限制，作为上市公司的独立董事身份反而难以发挥绩效考核委员会的作用。

笔者由此想到了上市公司独立董事制度与企业法律顾问制度的合二为一，企业法律顾问为企业提供绩效考核服务，就如上市公司独立董事行使绩效考核权力一样名正言顺。

企业法律顾问与上市公司独立董事并轨的最大优点便是减少企业法律顾问与上市公司独立董事的重复列支与费用支出成本，将上市公司独立董事的部分职能分流给企业法律顾问，实现上市公司独立董事与企业法律顾问一块牌子，一套班了，防范和杜绝法律服务社会资源的浪费。

企业法律顾问制度与上市公司独立董事制度并轨，不仅可以节省社会服务资源，而且可以充分发挥两套制度的历史经验作用，完善社会管理体制，实现企业管理现代化。

四、法律顾问实施绩效考核的步骤与方法

实施绩效考核的目的是为了实现按劳分配，多劳多得的公平分配原则。废除人治时代的主观印象和凭管理者个人好恶的主观性分配方法。

1. 实现客观分配，首先必须建立标准，明确员工努力的方向、目标，为实现方向和目标员工应该完成的工作任务指标和工作效果，员工努力工作的结果与企业工作计划之间的差距与超越。建立标准并培训和宣传标准，是法律顾问实施绩效考核的首要工作任务。

没有考核标准，考核工作就没有指标和方向，考核实施也失去了方向和依据。

标准的起草与订立是建立在法律顾问普遍展开调研之后并广泛征求员工意见而形成的标准草案，经全体员工讨论与表决后形成考核制度。

2. 根据标准文本起草并确定绩效考核的指标与相应的表单，是法律顾问实施绩效考核的第二步。

确立指标，考核工作才能找到结合点，通过评价工作业绩和指标指数之间的距离来判断工作计划的完成程度与完成时间，由指标指数记录客观地判断员工的敬业程度与工作效果。

一般实施绩效考核的指标有空间指标，即员工完成工作职责的范围覆盖面，企业规定工作任务及工作职责的完成度。第二个是时间指标，是指员工的实际工作时间，不仅包括上班时间的时间指标量，同时也要统计业余加班时间以及为企业实际奉献的年限、工龄、工作时间与业余休闲。接下来是人文指标，是判断企业员工团队融合度与精神面貌的主要指标。主要判断员工在部门之内，部门内部、公司上下级领导阶层的主观印象分数，尽管绩效考核主张客观、追求公平，但人文关系及团队的亲和力仍然是考核的重要指标之一。最后一个是风险指标，用于判断企业发生风险的概率以及排除风险的能力和应急处理风险及时率。风险指标最终以风险的实际发生率及危害程度来深度区分。

（1）制作考核表单并发放落实。

表单的制作以标准文书为依据，是标准精神的具体化和现实体现。标准的制定者与实施者，均应依赖于客观的表单数据来展开公正的评价。而表单的日常管理与收集汇总既是执行标准的方法，也是贯彻绩效考核过程始终的必需步骤。

（2）数据的分析与综合及错误的纠偏与调整。

日常表单管理的目标是形成数据，作为绩效考核评价的依据，大数据时代企业日常经营管理行为均以数据的方式留下足迹，包括纸质、电子、声音图像和以实物形式存在的工作业绩。

数据的记录、分析与汇总整理的全过程可能均存在偏差，尽管绩效考核主张客观性原则，但明显违背常识和社会公众认知的数据，仍然应该有一个纠偏与调整的过程，只是这种纠偏和调整应在群众监督下按程序行之有效地执行。

（3）绩效考核报告的最终形成。

绩效考核的终极数据是法律顾问最终获取大数据时代各类证明材料汇

总之后，由法律顾问完成的评价与报告。

评价与报告是法律顾问实施绩效考核的终极成果，是提交给企业管理层最终参考与评定员工的主要依据。

第二章　民营企业法律顾问服务的程序

总体来说，企业法律顾问服务的程序同样也遵循着 P（计划）— D（执行）— C（检查）— A（改进与提升）的大原则，但在实际运行中，却体现着法律的意识现状和律师发展阶段的特殊性。

在当前的法律实践中，律师并不像会计师一样，已成为企业的必配岗位。几乎所有的企业都配有财务总监或至少配备财务会计，但并非所有的企业都配有法律顾问或法务。

从某种意义上来讲，企业法律顾问或企业法务仍然是个非常新颖的职业，并未得到社会的普遍认同，而企业法律顾问领域也并未像会计领域一样有成熟的《会计学》理论体系和会计实践体系。企业法律顾问在理论界至今未形成体系，在法律实践中也仍然处于探索阶段。正因为企业法律顾问在实践中处于"摸着石头过河"的阶段，所以在现实操作中的程序也体现着其发展阶段的特殊性。

第一节　民营企业法律顾问服务的需求转化程序

一、需求转化程序的特殊性

这是企业法律顾问在实践中特有的程序，其根源在于：

（一）企业对于法律顾问服务的认知不足，企业在没有遇到诉讼或者法律难题之前很少会想到聘请律师担任法律顾问。

（二）即使企业遇到了法律难题，一般企业也只会想到找一个律师代理诉讼案件或找个律师咨询一下，解决当前面临的实际问题，很少有企业会直接想聘请一个常年法律顾问。

（三）由于当前企业法律顾问未形成完善的理论体系，也没有完善的实践经验总结可供参考，企业找律师咨询时，接待律师也往往"头痛医头，脚痛医脚"，只解决当前问题，很少会提醒或建议企业聘请常年法律顾问防患于未然。

（四）由于法律顾问服务体系的不完善，许多企业在响应政府号召或尝试性地聘请常年法律顾问之后，未发现常年法律顾问能发挥多大作用，故往往聘一两年之后便不再续聘，也没有继续聘请法律顾问的需求与意愿。

基于以上四种现状，导致企业法律顾问目前仍处于探索阶段。因此，企业法律顾问相对于成熟的“会计学”之类的学科体系，就必须依赖于专业的机构和经验丰富的律师在企业日常服务中引导企业将日常法律需求转化为常年法律顾问需求，否则常年法律顾问的理论体系便失去了市场基础。

二、需求转化程序的操作与实现

所谓转化程序，就是通过一定的途径和方法将当事人间接的法律顾问服务需求转化为专业的法律顾问服务。

在社会法律实践中，当事人的法律需求是多样化的，但归结起来，可以罗列出以下几种：

（一）金钱利益；

（二）社会地位；

（三）内心的公平感；

（四）名誉与荣誉；

（五）生命、健康及生活保障；

（六）婚姻、合伙、合资等社会关系；

（七）物权、债权、人身权、智慧成果权等权利。

无论是哪种需求，极少有当事人会直接需要聘请法律顾问，所以，法律顾问的被服务需求在当今现实生活中是潜在的，是隐藏在诸多零星需求的表象之中的。如何将这些零散的需求转化为对法律顾问的需求，这便成为法律顾问实践必须要探讨的课题。

根据笔者多年的法律顾问实践经验，引导法律消费者将零散的需求转化为系统的法律顾问服务，实践中有以下三种专业方法与途径：

（一）律师的专业分工及诉讼回避制度

在现实的法律服务实践中，有一类律师将自己的专业从诉讼事务中独立出来，专业提供法律咨询、法律策划，为当事人提供法律帮助，并且在实践中形成一套相对独立的法律顾问服务体系。当事人有任何类型的法律需求求助于这类律师时，律师以不打官司为理由，主动向当事人提出签订法律顾问合同的要求，并且明确“只做法律顾问，不承接诉讼”，同时通过专业讲解让当事人明白：专业体系的法律顾问服务可以不战而屈人之兵，并且可以防患于未然。基于对专业律师的信任和对世界和平的追求，当事人在专业思想的引导下，会产生聘请法律顾问的需求。

（二）政府机构的引导、推动及政策鼓励

党的十八大以来，在“普遍建立法律顾问制度”精神指导下，各级人民政府积极采取各类措施促进法律顾问建设，特别是在公共法律服务领域较有影响力的浙江省人民政府推进的政府采购项目——村（社区）法律顾问服务，以政府采购的方式，普遍建立法律顾问制度，目前已基本实现一村一顾问。

（三）专业的品牌建设和专业联盟的推动

法律顾问服务依靠单个专业律师的个人魅力和专业影响力往往难以形成规模，因为单个专业律师的时间、精力、创造力和影响力毕竟都是有限的。当单个专业律师希望改变个人单打独斗的境况而努力时，各类以法律顾问体系服务和系统标准化的法律顾问服务品牌便应运而生，比如笔者创立的中观法律顾问。

法律顾问需求的转化依赖于专业律师、政府机构、专业品牌与联盟的共同打造与推动，中国公民的法律顾问意识正在逐步增强，已经有越来越多的人开始认识到“社会存在不打官司的律师，律师不打官司也可以更好地解决法律顾问难题”。

法律顾问的需求市场正在培育中蒸蒸日上。

第二节　民营企业法律顾问服务的报价程序

企业法律顾问的有偿性决定律师必须以收费的高低来衡量其服务的满意度，甚至成为律师升职晋级获得荣誉与表彰的考核依据。在市场经济时代，律师必须要能赚钱，不仅是生存的必须，也是发展与服务实力的体现。

一、律师服务计费模式

服务报价成为律师服务开始的必备环节，在当前的法律服务领域，有以下几种收费模式：

（一）涉及财产案件，按双方争议的标的额或涉及财产的总价值确定一定的收费比例，按标的额的收费模式在诉讼律师业务收费中比较普遍。

（二）不涉及财产案件，按件计费，约定每件案件收费多少。在不涉及财产案件的诉讼案件代理按件收费的也比较普及。

（三）按工作时间计时收费。比如按实际工作时间（小时）数约定收××元/每小时，这种模式在非诉讼法律事务中相对较多。

（四）包干收费模式。按一个项目或一个案件从接受委托开始到事务处理完毕结束，一次性谈定一个包干价，双方按约定的付款条件支付包干费用。

（五）固定总价与按实计费相结合模式。比如双方约定全年常年法律顾问费用××元/年，遇诉讼案件或单个法律项目时，双方另行协商收费。

企业法律顾问服务作为一项传统的法律服务项目，收费便是一项必要的课题。报价收费过低而实际工作量超标时，法律顾问律师心理不平衡，影响工作积极性。而报价过高被客户拒绝，伤了感情与和气，可能也会因此失去与顾问单位长期合作的机会。因此报价需要技巧，是一门学问。

根据笔者多年的法律顾问服务经验，笔者认为报价其实是一门心理学，只要客户心里觉得舒服，几十万上百万的律师费客户也不会觉得昂贵；而要是客户心里觉得不爽，哪怕收费才几千元，客户也会觉得不值。因此报价的重点在于，不能让客户觉得“吃亏了”。

二、对律师服务报价的规制

为了限制低价竞争和行业无序管理，对律师服务报价的规制也应运而生：

（一）政府指导模式

各省市司法行政部门发布相关指导性文件，要求在本省市内担任企业法律顾问的律师事务所参照执行。这种政府指导价曾经在一段时期内发挥了市场调节作用，引导法律顾问市场公平有序、良性发展。但在《垄断法》颁布生效之后，这类政府指导价却因涉嫌政府垄断、构成不正当竞争，而被各地人民政府撤销或废止。

（二）“招投标”模式

国有企业、政府部门或上市公司采取招投标模式向社会公开招聘法律顾问。采用招投标模式的目的是，能够公开、公平、公正地选拔服务质量高且价格合理的律师事务所担任法律顾问，实现质量与价格双丰收。

但在操作实践中，这种法律顾问招投标模式却因为利益绑定而失去了公平公正性。例如：政府部门的法律顾问本身代表着一种地位和价值，所以投标单位会报出与实际劳动付出完全不相称的低廉服务价格，其目的是看重政府法律顾问背后的利益。又如：企业法律顾问在未实行诉讼回避制度时，担任企业法律顾问就意味着近水楼台先得月。法律顾问只是先占位、挂个名，后续有诉讼案件或大型法律项目时便能夺得先机。因此，在企业法律顾问招投标案例中，甚至出现零报价。

鉴于以上“政府指导价”和“招投标”模式均存在一定程度的局限性，一种新型的法律顾问规制手段正在诞生，即法律顾问标准化。

（三）标准化模式

法律顾问标准化，系制定法律顾问的职责标准、程序标准、方法标准、考核标准等一系列的标准文件，并在法律顾问服务实践中以各种类型的标准化表单实施跟踪，法律顾问的服务业绩由第三方认证及评价。标准化的目标是按标准服务、依标准收费、用标准考核，实现法律顾问服务规范化。

第三节　民营企业法律顾问的尽职调查程序

在法律实践中，法律顾问的尽职调查程序又被称之为“法律体检”程序。一般是指在与客户单位签约前或签约后，对客户单位的知识产权、公司控制权、资产、人力资源、风险与应急等涉法因素开展全面的调研与排查。通过法律体检全面了解企业法律管理体系的现状，找出风险点，并根据体检表单出具法律体检报告，作为企业法律顾问制定工作计划的前提与根据。

在实践中，法律体检程序与报价程序谁先谁后，须根据实际需求而定。一般“身价式”的报价模式因基于客户慕名而来，往往可以先报价，等签约后再开展法律体检。而对于“等价式”的客户介绍客户的报价模式也可以根据客户的意向自由选择，因为“等价式”报价模式基于客户与客户之间的信任，往往可以直接先签约收费，然后再开展法律体检。而对于“标准式”的报价模式，一般只能先依程序开展法律体检，客户凭律师提交的《法律体检报告》的水平与质量，来决定是否有意向与律师签约，并让律师事务所报价。因此，法律体检是敲门砖，也是报价与签约的前置程序。

一、法律体检（尽职调查）的层次与分类

法律体检是什么？体检的内容与方法很重要。没有实践经验的律师，即使拿到标准的法律体检表单，也不知道从何处入手。这就跟没有治过病的实习医生一样，因为不知道病的症状，也不知道什么样的状态会发展成为“病”。所以这类律师在对企业进行体检时觉得都挺好，挑不出毛病，最

后可能为了完成任务，在体检表单上找点皮毛内容，敷衍了事。可想而知这种体检表单是没有任何价值的，也不可能因此获得企业的信任。

有价值的法律体检会有两种正确的方式：

（一）由资深的专业法律顾问牵头，深入企业开展广泛调研，凭借其丰富的业务经验和资深的阅历，对企业的风险与体系做出正确判断，并分析原因。

（二）由专业机构提供相对完善的专业法律体检表单，详尽地罗列及阐述企业常见风险的症状及可能存在的相关状态，由尽职调查者按程序逐项核实，以“症状”与“病理”的相符性来做出判断。

显然，第一种方式依靠是人，凭借的是调研人员的经验与实践能力。而第二种方式依靠的是标准，是以企业现状与标准之间进行相符判断，然后得出结论，出具报告。

二、法律体检（尽职调查）的发展与演变

法律体检的诞生是从查风险开始的，1.0 版本法律顾问体检的目标是发现风险，因此 1.0 版本法律顾问体检的方法就是找风险点，寻找哪些点与日常所遇到风险结果相同或相似的。所以 1.0 版本法律顾问出具的《体检报告》发现的都是风险，罗列的都是企业存在的各类问题，得出的结论都是企业处处有风险，遍地是地雷，让企业觉得律师的报告有点耸人听闻，但又不能完全不信，所以将信将疑。

2.0 版本法律顾问所关注的不完全是风险，而更侧重于企业某一领域或某个时期企业治理结构、知识产权、资产、人力资源等管理体系与规范标准的差距。2.0 版本法律顾问法律体检报告侧重于某一专业领域或某一专题项目，体检报告除了关注风险之外，更侧重于关注该领域的业绩分析和架构设计。

3.0 版本法律顾问法律体检超越了 1.0 版本单纯的风险排查，也超越了 2.0 版本的专项渗透，而将法律体检的目标和方向瞄准在企业整体的框架体系建设和企业整体管理的完善上。

三、以法律体检（尽职调查）示范例解读尽职调查程序

以下举例来解析 1.0、2.0、3.0 版本法律顾问服务体检的区别与联系。

（一）以某房地产开发企业为例，1.0 版本法律顾问服务模式中法律体检（以人力资源为例）的调查问卷：

人力资源	入职 劳动合同 薪酬体系 保密协议 入职体检 制度培训 安全培训	现状	相符性	存在风险

法律顾问提交的体检报告为：

经本法律顾问核查，发现企业存在以下风险：

a. 员工未全员签订劳动合同，存在双倍支付劳动者工资风险。

b. 员工未全员依法缴纳社保，存在员工可单方解除劳动合同风险。

c. 员工薪酬体系中未列支加班费和保密费用，存在公司未支付加班费或虽然支付加班费但无证据证明的风险，员工可依法主张支付加班费，并可单方解除合同；保密费用未列支，可能存在员工竞业限制条款因未支付保密费用而不能得到保护的风险。

d. 员工入职未体检，存在员工将在原单位已存在的“职业病”带入公司的风险，公司将有可能面临“职业病”赔偿，并且有可能受到劳动监察部门处罚风险。

1.0 版本法律体检报告以详尽地罗列体检中发现的风险为主，找出企业存在的风险点及与法律规定之间存在的差距。

（二）2.0 版本法律顾问服务中法律体检（以人力资源为例）问卷格式如下：

科目	具体事项	指标	相符性	分析意见
人力资源	人员招录	招录途径 背景调查 薪酬核实 业绩档案 技术技能 商业秘密		
	入职	入职登记 劳动合同 薪酬谈判 制度签收 技术交底 入职体检 技能测试		

	定岗	岗位职责 考核指标 工作日志 工作计划 岗位考勤 工作表单 业绩评价		

2.0 版本法律体检报告为：

经本法律顾问核查，贵公司在人力资源管理方面的现状如下，存在的优势：

a. 建立了完善的入职管理系统，入职管理程序规范；

b. 建立了完善的人力资源档案管理体系，档案收集、存储、借阅、收发程序规范；

c. 建立了完善的工伤管理体系，工伤预警机制及风险防范管理基本到位；

……

存在的缺点：

a. 员工入职未建立背景调查、薪酬核实、业绩评价、商业秘密风险排查和技能测试摸底等入职管理体系中风险防范子体系，新入职员工存在诚信记录风险；

……

体系建设及程序规范化：

……

2.0 版本法律顾问体检报告体现在专向纵深和专业领域的规范化、标准化建设，将专业管理和规范化管理纳入法律顾问的专业服务范畴。

（三）3.0 版本法律顾问法律体检表单按法律顾问管理体系的四大核心要素（知识产权、公司治理、资产管理、人力资源）、四大管理体系（信息、合同、制度、档案）、两项生存管理（风险、应急）项下的子类目详尽罗列，表单较复杂，在此不详述。

3.0 版本法律顾问体检报告如下：

公司法律顾问对公司涉法元素知识产权、公司控制权、资产、人力资源、风险、应急、信息、合同、制度、档案等进行综合调研与评价分析，现提供以下尽职调查法律意见：

1. 知识产权元素尽职调查

公司商标申请及保护状况（台账）

序号	商标名称	注册图案	申请日期	注册日期	续展情况
1					
2					
3					
4					

公司专利申请及保护情况统计（台账）

序号	类型	名称	申请日期	授权日期	专利状态	备注
1	发明					
2	实用新型					
3	外观					
4	国外发明					
5	国外外观					

公司著作权登记台账

……

2. 公司控制权元素尽职调查

股东会会议统计台账

序号	决定召开董事会决议	通知送达及签收	股东会召开日	股东参会及会议纪要	股东会决议	送达及签收
1						
2						
3						
4						

董事会会议台账

序号	董事、董事长、监事提请召开日	通知董事及送达签收	董事会召开日及会议纪要	董事会决定	送达及签收
1					
2					
3					
4					

监事会台账（略）

公司印章统计台账

序号	印章名称	印鉴样式	印章监管人及签收证明	用印审批记录登记簿使用情况	用印复印件留存档案	借用登记档案
1	公章					
2	合同章					
3	法人章					
4	财务专用章					
5						

……

从以上台账可以看出，3.0 版本法律顾问的法律体检既不是单纯寻找风险点的面面俱到，也不是针对单个项目的专业纵深，而是对企业整个运作体系进行一次全面的排查和详尽的统计。

关于 3.0 版本法律顾问法律体检报告的文本格式，在此不予演示，在后续依托本书撰写的示范文本中，笔者将详尽地演示及说明。

第四节　民营企业法律顾问的工作计划程序

一、民营企业法律顾问工作计划的必要性

法律顾问的工作计划是根据法律体检报告来生成的，工作计划中须完成的任务一定是法律体检报告中披露的弱点或风险点。法律体检的工作目标是发现问题，而工作计划的制定是通过对发现的问题进行分析，从而提出解决问题的方案。

因此，法律顾问工作计划是不可能有模板的，依照模板文本生成的工作计划那纯属敷衍。而且法律顾问每个年度的工作计划一定不相同，但其与前一年度的工作计划应该是延续的。

法律顾问工作计划作为一项指南性的文件，是法律顾问全年工作任务的方向和目标，律师全年度的法律实践均是应该按照工作计划来有的放矢按步实施的。因此工作计划在法律顾问工作环节中占有重要而突出的地位。

同时，法律顾问工作计划也是律师年度服务工作绩效考核的标准。年度绩效考核的主要内容便是考核工作计划的实施情况、完成情况、完成的进程与质量。绩效考核的标尺就是在丈量实际工作业绩与工作计划之间的

距离，做出肯定性或否定性的评价。

在当前的法律实践中，工作计划并没有作为一项重要的服务指标在法律顾问服务中发挥作用。有些法律顾问签约之后没有进行法律体检，当然也就没有法律顾问工作计划，法律服务完全依赖于客户单位遇到法律障碍之后的主动咨询，法律顾问服务从属于被动的守株待兔型。

有些律师事务所建立了一些法律顾问工作计划的模板，结果律师参照这些模板每年向顾问单位提供的工作计划都是一个样的，年年都是审查劳动合同，排查商业合同风险，开展知识产权培训等一模一样的内容。当工作计划陷入模板之后，法律顾问的实践服务也必然失去目标，法律顾问与客户单位签完合同都不知道该干些什么，只能坐等顾问单位有法律事件发生。

当然，可想而知，如果没有工作计划，法律顾问服务自然只能等待客户发生法律事件。那是否能与客户续签合同，也只能寄希望于法律顾问合同即将到期时客户单位是否碰巧有新的法律事件。如果没有，那就双方终止合同；若有新的法律事件，双方则续签法律顾问合同。

二、民营企业法律顾问工作计划的分类

民营企业法律顾问工作计划根据时间与期限的不同可以分为年度计划、长期计划。长期计划又可分为三年计划、五年计划、八年计划、十年计划。

在当前的法律顾问服务实践中，法律顾问服务处于一种探索阶段，大多数客户都选择一年一签的年度法律顾问合同。主要原因是对法律顾问的信任度和价值量处于不确定状态。大多合同签一年再换一个法律顾问，试试火候，若不满意一年期满即可解除，不会受到合同诚信的约束。

正是基于当前法律顾问服务“试用期”型的临时工模式，法律顾问往往只能制订年度工作计划。即使有许多法律服务系统需要依赖于长期法律实践才能完善与实现，但基于法律顾问合同的临时性，法律顾问工作计划也只能是阶段性的临时计划。

笔者从事法律顾问服务近二十年，大多数客户都是长期客户，但法律顾问合同却一直沿用一年一签的模式。在订立法律顾问工作计划时，也是订立年度工作计划，但每年会根据年度的工作计划完成情况，调整下一年度的工作计划和服务内容。

三、民营法律顾问工作计划的实施步骤

法律顾问工作计划的程序包括制（修）订程序、实施程序、考核程序。

（一）工作计划制修订的前置程序：法律体检

法律顾问工作计划的制（修）订程序，是指法律顾问的工作计划按何步骤制（修）订。

一般来讲，工作计划的制（修）订必须依赖于前置程序：法律体检。没有调查研究就没有发言权，没有到过企业实地调查或法律体检只是套个模板走个过场，就发现不了企业存在的问题和待解决的困难与障碍，也无法知道企业经营的风险在哪里。如果不用心去法律体检，自然不知道该干什么、实施怎样的计划与方案会对企业有益。

因此，法律顾问工作计划制（修）订的前置程序是法律体检。

（二）走访企业交流讨论与计划落实对接程序

法律顾问制（修）订工作计划必须经过与企业交流研讨，并根据企业的实际需求和可行性论证进行相应的调整。

在现今的法律实践中，能主动提交法律顾问工作计划的律师事务所一般是制订模板的、法律顾问经验相对丰富的律师事务所。但由于主办律师精力有限，法律顾问工作计划文本往往是由律师助理或团队成员协助完成的，而且到企业实地调研的律师可能与订立工作计划的律师并非同一个人，依照模板制作的工作计划文本有可能与企业的实际需求脱节。因此，法律顾问工作计划的企业讨论程序便显得非常重要。

法律顾问工作计划的文本起草完成之后，应提交给到企业实地调研的律师签字确认，并由到企业调研的律师与企业管理人员一起协调工作计划文本的修订，包括工作内容的修订、工作时间的调整、工作重心的确立、考核目标的确定等。

企业法律顾问到企业交流与讨论工作计划的另外一个重要价值在于：讨论工作计划的同时完成工作计划的双方分工，由律师事务所的律师与企业相关主管人员完成工作计划的对接。主管人力资源的律师与企业人力资源主管对接，主管财务内审的律师与企业财务主管对接，主管知识产权的律师与企业知识产权主管对接等。

工作计划的制（修）订，目的在于落实。到企业交流讨论工作计划既达到工作计划与企业实际需求相适应的目标，同时也完成了工作计划的后续落实与分工。

（三）实施工作计划的工作日志与工作底稿

针对工作计划而具体实施的工作日志和完成专项事务的工作底稿，是法律顾问工作计划的实践程序。工作日志与工作底稿作为律师日常服务和专项服务的业绩证明，既是工作计划的实践延续，同时也为后续的法律顾问绩效考核提供了充分而翔实的考核依据。

工作日志与工作底稿在法律实践中是很容易完成的程序。因为每天都在工作，只要花个几分钟就可以在“钉钉”或其他程序软件上完成工作日志。工作底稿作为律师工作痕迹的一部分，也是工作中直接形成的，但最大的障碍便在于每天的工作日志和工作底稿如何与工作计划的进程相对接。

工作计划在制（修）订完成之后，有可能因为没有日常的跟踪而脱节，现实中往往出现一种状态：工作计划归计划，工作日志归日志，彼此井水不犯河水，各走各路。等到一年服务合同结束时，才发现计划只是计划，一年到头干了许多事却与工作计划无关。第二年制（修）订计划时只能旧事重提，把去年的工作计划重新再修订一次，这样计划便成了摆设。

因此，落实计划与绩效考核便成为法律顾问工作计划中必需的务实程序。

（四）工作计划的阶段性总结与考核

鉴于工作计划的阶段性总结与考核程序与本章后续的工作总结程序和绩效考核程序存在部分的重合，因此本小节不做详尽论述。

第五节　民营企业法律顾问的签约仪式与团队分工对接程序

法律顾问服务也需要仪式感，提供法律顾问服务笔者最深的感悟是法律顾问工作其实是生活的一部分，在工作中让客户愉悦并且感受到工作的美好是检验法律顾问工作质量的重要标准。

法律顾问签约仪式，虽然不是法律顾问服务的开始，但却是法律顾问服务的一项重要程序。

一、民营企业法律顾问签约仪式的参加人

法律顾问签约仪式虽然只是一个简单的签约行为，但却为法律顾问的后续工作推动带来重大帮助。

一般参加签约仪式的人肯定是企业的负责人与律师事务所主任或是法律顾问业务部主管律师。出席签约仪式的应该有企业的知识产权办公室主管、财务主管、业务部主管、风控部主管等企业各个部门的负责人，律师事务所应该有负责知识产权的律师、负责财务内审的律师、负责合同管理的律师、负责风险控制的律师、负责诉讼管理的律师等。签约仪式上不仅

仅是签个合同、拍张照，更重要的是要让企业各个部门的主管与律师事务所负责各个专项的律师见面，明确各自的职责与分工，方便后续法律顾问的推进工作。因此，在其他论述中，笔者将签约仪式程序表述为“律师见面会”，意思指法律顾问律师团队与企业管理团队见面，分工协调，各司其职。

二、民营企业法律顾问的签约与收费

许多刚开始尝试从事企业法律顾问的律师，不知该在什么时间段向企业提出收费请求，在收费问题上显得很迷茫。当前法律实践中，收费模式有三种：

（一）前置模式。先收费后办事，企业与律所先谈定法律顾问费用并到账之后，律师事务所指派律师开始工作。大多诉讼代理案件采用该收费模式。

（二）分期付款式。律所与企业谈定法律顾问合同，企业先支付一笔定金，律所指派律师开始提供服务。根据律师完成任务审核结果，分阶段支付后续法律顾问费用。

（三）审核结算式。律所与企业签订法律顾问合同，但企业不支付律师服务费用，待法律事务办结之后，根据预先谈定的考核标准和审核结果，结算支付律师服务费用。这种收费模式在诉讼代理业务中称之为“风险代理收费”模式。

根据法律顾问服务的特殊性，笔者根据实践经验，不建议采用分期付款式和审核结算式，而建议采用前置收费式。

理由是企业法律顾问服务的特殊性，其特殊在于：

（一）律师的身份特殊。从法学专业本科毕业参加法律职业资格考试合格，到律师事务所实习满一年之后，申请领取律师执业证，从事律师三至五年之后，才有资格出任企业法律顾问。企业法律顾问身份资格来之不易，并非一般普通劳动者。出于对企业法律顾问特殊身份的尊重，应该先付费后提供服务。

（二）律师法律顾问工作的特殊性。律师担任企业法律顾问，不只是单纯为企业争取法律利益和地位权利，法律顾问还肩负着维护国家和社会公平正义的重要使命。当企业的利益与国家和社会利益相冲突时，企业法律顾问的重要职责与义务便是充分运用自身的法律知识引导和劝说企业放弃私利，服从国家利益和社会公共利益。因此，律师的法律顾问服务质量可能存在国家和社会标准与企业标准之间的差异，若企业单纯站在私利的角度出发，当法律顾问维护国家和社会利益，可能会损害企业私利时，企业可能会因此拒付法律顾问费用，造成法律顾问与企业之间的收费争议。

（三）法律顾问服务形式的特殊性。制造业销售的产品和服务业提供的服务大多是有形的，而律师提供法律顾问服务虽然也会存在大量有形的工作日志和工作底稿，但律师的大多数法律顾问服务（思想指导、教育培训、意识形态引导、心理咨询与辅导等）都是以无形的、高层次的意识形态方式提供的。

法律顾问服务是无形的。当企业与法律顾问之间因法律顾问合同的履行产生争议时，律师事务所很难提供有形的证据来证明服务的质量与效益，最多只能提供工作时间证明、工作日志和工作底稿等代表法律顾问工作的蛛丝马迹。若发生收费争议时，不像涉及财产案件的诉讼风险代理可以依据实际获取的财产来判断诉讼代理成果。

因此，法律顾问收费前置相对更科学更合理。

第六节　民营企业法律顾问服务工作日志与工作底稿

一、民营企业法律顾问服务工作日志现状

工作日志作为律师事务所的一项管理手段，在律师的业务考核工作中发挥着重要作用。但当工作日志流于形式，或者纯粹是在记流水账时，工作日志便失去了其本身的价值，而成为业务管理中的鸡肋。

在当前法律实践中，存在以下现象：

（一）律师对于工作日志不够重视，甚至在心底里存在对抗情绪。之所以每天完成并提交工作日志，完全是为了应对团队考核。律师的自由职业者心态让律师难以管理。

（二）律师提交的工作日志经管理人员汇总后形成周报表、月报表、季度报表杂乱无章，纯粹属于文字和时间记录的堆积。既不能成为考核律师的参考数据，也不能作为客户单位汇报的证明材料。

（三）工作日志与工作计划、工作目标完全脱节。每天记录的工作日志内容是杂七杂八的琐碎小事，与订立的工作计划的推进工作完全沾不上边。工作日志所记载的内容与实现工作目标之间毫无关联，显现出律师工作处于无序状态，业务管理不成体系。

笔者曾经试用“钉钉”软件管理律师团队，并尝试以团队律师提交的

工作日志作为律师业绩的考核依据，并与律师的薪水与年度报酬挂钩。但在实践检验中却发现工作日志成为鸡肋，律师每天提交日志难以坚持，没有积极性，汇总的工作日志也难以形成系统的考核依据。经过反复思考与分析，笔者认为原因不在于“钉钉”软件的机械性，而在于律师团队管理的僵化与脱节。

笔者认为，工作日志的生成必须与工作计划和工作目标的分解挂钩，每天记录的工作日志应该记载的是律师完成工作计划的时间和空间进程，而不是与工作计划和工作目标无关的琐碎小事记载的流水账。

二、民营企业法律顾问服务工作日志示范例

以合同管理主管律师为例：

当合同管理律师到企业法律体检之后，体检报告中显示企业没有形成合同模板文件，律师审查合同的工作量大且成效不大，企业合同审批制度不健全，未形成完整的合同风险控制机制。因此，律师事务所针对体检报告所披露的内容将合同法律顾问的年度工作目标确立为：完成合同管理模板文件、完善与健全企业合同风险审查机制。

为了完成上述目标，合同管理法律顾问订立的年度工作计划为：

（一）2018.1.1 — 2018.2.5，到企业调研收集企业现在正在使用的所有商业合同版本。

（二）2018.2.6 — 2018.3.7，通过互联网和各类查询工具搜索与客户单位现使用的合同版本相对应的合同文件，并形成对比文件，分析企业合同条款存在的先进性和缺点漏洞。

（三）2018.3.8 — 2018.4.9，将在企业收集的合同文本和在互联网收集的合同文本进行对比之后，去粗取精，形成律师起草的合同模板文件初稿，并至企业召集相关合同管理人员征求意见，修正合同模板文件条款内容。

（四）2018.4.10 — 2018.5.11，将修正后合同模板文件交由企业总经理审核批准后发布实施，试运行。并在企业组织合同管理相关人员进行合同模板文件运用的指导及相关培训。同时搜集合同模板文件使用过程中的意见反馈。

（五）2018.5.12 — 2018.7.13，合同模板试运行期间的跟踪与监督，辅导及培训，意见反馈的汇总。

（六）2018.7.14，合同模板文件正式定稿，印刷成册，由总经理签发批准发布实施。

（七）2018.7.15 — 2018.8.16，到企业收集整理企业现运行的合同审批及

合同风险控制的流程及运行审批软件及文件。

（八）2018.8.17 — 2018.9.18，通过互联网和其他信息载体收集整理现行先进的合同管理软件，合同审批控制流程的相关文件，并与企业现行运行的合同控制与审批流程进行对比，形成分析意见。

（九）2018.9.19 — 2018.10.20，律师根据企业现运行的软件形成合同审批及风险控制流程修正的律师意见，并提交给企业管理层征求意见。

（十）2018.10.21 — 2018.11.22，律师提交的合同审批及风险控制流程经总经理审批后交付给各合同管理部门试运行，并适时向律师提出反馈意见。

（十一）2018.11.23 — 2018.12.24，律师将合同审批及风险控制流程修正方案结合员工反馈意见再次修正之后，报总经理审核批准发布实施，并组织企业员工开展合同审批及风险控制的法律培训。

（十二）2018.12.25 — 2018.12.31，合同管理律师年度工作总结及绩效考核，开展一次年度的合同审查及合同管理法律体检，形成合同年度审查意见、法律体检报告，并经企业管理层确认之后，形成下一年度工作计划初稿。

从以上律师年度工作计划的示范例，我们可以看出，律师工作计划的安排已详尽到月度目标。律师团队管理的工作要点便是将企业法律顾问工作计划的月度目标分解至律师工作计划的日目标。

以 2018 年第一段工作计划目标为例，1 月 1 日到 2 月 5 日合计 36 天，这 36 天合同管理律师的工作任务就是到企业去搜集合同和整理现行使用的合同版本。36 天共 5 个星期，扣除双休日及节假日律师的工作时间是 25 天，律师工作的日计划就应该明确到日。因为当今企业法律顾问服务实践中，一个律师往往服务于多家法律顾问单位，每个律师就应该根据与不同顾问单位签订的法律顾问合同所形成的工作计划分解为月度计划，再分解为律师工作的日计划。

由此，合同管理律师的工作日志应该记录是：

已完成工作任务

2018.1.2 到______企业______部门收集______商业合同＿份，企业接待人员是______，电话______，共耗时______小时。

未完成工作任务

到______企业______未碰到______领导，但已电话预约，______到企业见面。

客户单位____________，接待人员及联系电话______。

至于2018年1月2日当天，合同管理律师去哪里顺路送了份材料，或者去拿了张法律传票，或者接待了客户的咨询，均不应该是律师工作日志的记载内容。律师工作日志记载的内容应该是企业年度工作目标分解为季度目标、月度目标后由律师事务所管理部门制定的律师日工作计划的落实情况记录，与工作计划和工作目标无关的内容不在记录之列。

这样，工作日志才能完整地记载律师服务工作计划的进程及计划推进要点。律师管理部门汇总的工作日志周报、月报、季报才能正确反映企业法律顾问工作计划的完成程度，并可以根据实际推进进度，调整律师的日工作安排。同时也完整地记载了律师的工作业绩，作为律师工作季度、半年度、年度考核的依据。

总之，流水账式工作日志毫无价值，工作日志若不能与工作目标、工作计划的分解目标对接，工作日志便失去了意义和价值。

三、民营企业法律顾问的工作底稿

民营企业法律顾问的工作底稿就是律师在为企业提供法律顾问服务过程中留存下来的工作痕迹，包括初稿、修正稿、定稿、工作日志、电话记录、走访记录、邮件往来记录、会议记录等所有可记载的文件。

法律顾问在服务过程中，服务成果交付之后，阶段性工作任务即宣告完成。传统的法律顾问服务并不重视工作底稿的留存，甚至会当成废纸或垃圾信息予以舍弃。

而笔者根据多年的法律顾问工作经验，深刻认识到法律顾问工作底稿的重要性，不仅应该留存下来，而且应该进行研究和学习。

民营企业法律顾问工作底稿具有以下研究和学习价值：

（一）企业法律顾问工作底稿是法律顾问日常工作业绩的信息记录，是年度法律顾问工作总结、客户单位对法律顾问工作考核验收的重要依据。

（二）企业法律顾问工作底稿是律师事务所对法律顾问工作承办律师进行绩效考核的业绩证明，也是供实习律师和晚辈向法律顾问专业律师学习和借鉴的教材范本。

（三）企业法律顾问工作底稿在每年度结束后，由律师事务所将其汇总整理成册，以年度法律顾问服务档案的形式移交给企业，以供企业日常查询，也可用作企业开展绩效考核时的评价依据。

信息化和大数据时代，工作底稿作为专业的数据存档方式已经成为法律顾问服务的重要组成部分。

第七节　民营企业法律顾问服务的绩效考核

企业法律顾问服务的绩效考核程序是企业法律顾问服务的收尾程序，体现的是对法律顾问年度或阶段性工作的验收与评价。

一、民营企业法律顾问服务的绩效考核指标

（一）空间指标

空间指标，是指法律顾问服务的空间范围。根据长期以来的工作经验，笔者将法律顾问服务的空间范围概括为六大因素、四大体系，即知识产权、公司控制权、资产、人力资源、风险管理、应急处理六大因素；信息、合同、制度、工作底稿四大体系。知识产权又可分为商标、专利、著作权、商业秘密、技术合同等知识产权元素。

对空间指标的考核主要是判断法律顾问服务所涉及的领域是否足够全面，是否存在遗漏和被忽略的因素。

空间指标的考核方法是采取列举的方式让法律顾问律师和律师事务所对于法律顾问服务所涉及的领域开展自我检查与对比，以确认遗漏项和未覆盖的区域，为下一年度的工作重点和下一步工作计划指明方向。

示范例：法律顾问空间指标评价表（知识产权类）

序号	类目	提供服务所属的详细类目	提供服务的业务成果名称	承办律师／完成日期	备注
1	商标	商标注册 商标异议 商标复审 商标监测 商标策划			
2	专利				
3	著作权				
4	商业秘密				

（二）时间指标

时间指标是指法律顾问为客户单位提供法律顾问服务所花费的时间统计数据。时间指标包括律师事务所所有提供法律顾问服务的工作时间，包括上门服务的在途时间和加班提供法律服务的加班时间。

时间指标直接反映了法律顾问提供专业法律顾问服务的工作量。对于按工作时间计费的收费方式而言，时间指标直接与律师业务收费挂钩。

示范例：××公司法律顾问年度工作量统计表

序号	承办律师	工作（小时）	承办项目	具体承办科目的时间统计数据	客户确认签字
1	张律师	300	框架体系建设		
2	徐律师	500	日常业务、走访、座谈		
3	车律师	400	合同、制度、文件起草		

（三）人文指标

人文指标是指企业法律顾问服务员工满意度调查，涉及企业股东、高管、中层管理人员、普通员工等多个层面。员工满意调查主要衡量法律顾问的工作态度，工作方式方法，工作产生的社会效果是否符合员工的公众评价。

示范例：××律师服务质量满意度调查

序号	类目	评价分数	评价说明	评价人	评价人所处岗位	备注
1	到企业走访次数	10	经常到访			
2	提供资料的质量与完整	9	缺失资料一份			
3	接受咨询的态度及解答效果	8				
4	解决问题的结果满意度	8				

（四）风险指标

风险指标是指法律顾问在提供企业法律顾问服务期间，企业发生的法律顾问未防范到位或防范措施不力的风险后果。比如：因违规操作而发生工伤，因消防检查疏漏而发生火灾，因工作环境整治不到位而发生职业病等。

当企业风险结果发生时，就根据风险发生的原因及后果处理，对公司管理层和法律顾问进行追踪评价。若法律顾问风险提示到位、制度跟踪到位、程序监督到位、培训意识到位，而由于管理层的不作为或故意行为引发风险的，法律顾问就免责；若由于法律顾问实体制度、监督程序、培训意识跟踪不到位的，风险发生对法律顾问应该进行否定性的评价。

二、民营企业法律顾问绩效考核的程序与方法

（一）民营企业法律顾问绩效考核的方式

企业法律顾问绩效考核的方式一般分为：

1. 工作计划跟踪管理评价式

根据企业法律顾问订立的总体目标、阶段目标制定的年度工作计划、半年计划、季度计划、月计划，结合律师事务所制订的法律顾问工作的周计划和日计划的完成状况，实施日常跟踪管理的监督评价。主要评价指标是计划的完成状态及完成效果，该评价管理方式一般由律师事务所管理层实施日常跟踪管理。

2. 阶段或年度总结评价管理式

在一个项目实施完成或法律顾问年度工作结束时，由企业的管理层与律师事务所管理层联合采取法律顾问汇报总结式的阶段考评和年度考评。

该考评模式一般采用企业法律顾问律师专题汇报，并提交汇报总结的全套工作底稿和书面汇报总结材料，由企业管理层和律师事务所管理层联合听取汇报并按绩效考核的表单对企业法律顾问的工作内容和工作业绩进行综合考评，并出具年度评审认证报告，作为法律顾问工作业绩的考核证明，也作为法律顾问续签服务合同的评价依据和律师事务所对律师的薪酬考核评价依据。

（二）企业法律顾问绩效考核评价的文件

1. 企业法律顾问工作目标及工作计划分解单，法律顾问工作日志与工作周计划、日计划的相符性审查。

2. 企业法律顾问的专项服务工作底稿与企业实施项目进程的工作底稿，律师服务与企业实施进程的相符性。

3. 专项法律顾问的个人工作总结及自我评价，律师事务所的年度汇总工作总结及自我评价。

4. 企业管理层的监督检查审核意见和综合评价意见。

5. 第三方认证机构或专业评估机构出具的综合评价报告及改进意见。

结语

十八年来，在法律顾问的舞台上，笔者从一个初生的见习者成长为现在的舞者，因为众多支持客户的期待，因为同事和团队的支撑和鼓励，笔

者坚定自己的坚持和选择，虽然有太多艰辛和泪水，但是初心不变。

在一个偶然的机会，笔者找到了“综合标准化”这样一把神奇的钥匙，并且有幸能作为“中华全国律师协会综合标准化专家工作组组长”身份，为全国律师法律服务的综合标准化贡献一份微薄之力。

在遇到“综合标准化”的方法之后，我才终于明白，原来之所以在法律顾问的舞台上如此孤独地起舞，皆源于一直在追寻单项法律顾问服务的尽善尽美。虽然我所率领的中观法律顾问团队，一直在努力为客户建立公司治理制度、人力资源管理制度、合同管理制度、印章管理制度、档案管理制度、保密制度等各类制度，并一直致力于将这些制度贯彻于客户的管理体制，并希望我们的努力能让客户所认同，希望我们的智慧能让客户所欣赏。但在我们无数次的坚持和努力之后，却因为单个事项的不满意，而受到客户的拒绝与冷遇。

“综合标准化”让笔者认知到建立体系的重要性，《民营企业法律顾问标准化》书稿便在这般背景下浴火重生。书写本书稿之目的，便是想重新认知“民营企业法律顾问”的真谛，从而展现标准化的民营企业法律顾问服务体系。

尾记　致谢与感恩

本书稿由笔者用二十根书写笔在纸板上书写完成，书写的场地大多在高铁、地铁或家中的沙发上，纸质文稿成形之后，由笔者夫人钱旦女士每晚挑灯夜战用电脑键盘敲打而成，书稿在完成之后，承蒙中观法律顾问团队的各位律师分章审核并逐一校对。书稿原稿二十六万五千字，字字凝结着笔者与夫人，以及中观法律顾问团队各位律师的心血，笔者在此片言只语言谢方显过于单薄，只能铭刻于心，将本书之精华发扬光大，让民营企业法律顾问经验之光照亮探索者及法律人，仅此以报！